Thomas Klein

Wandertipps in Rhein-Main

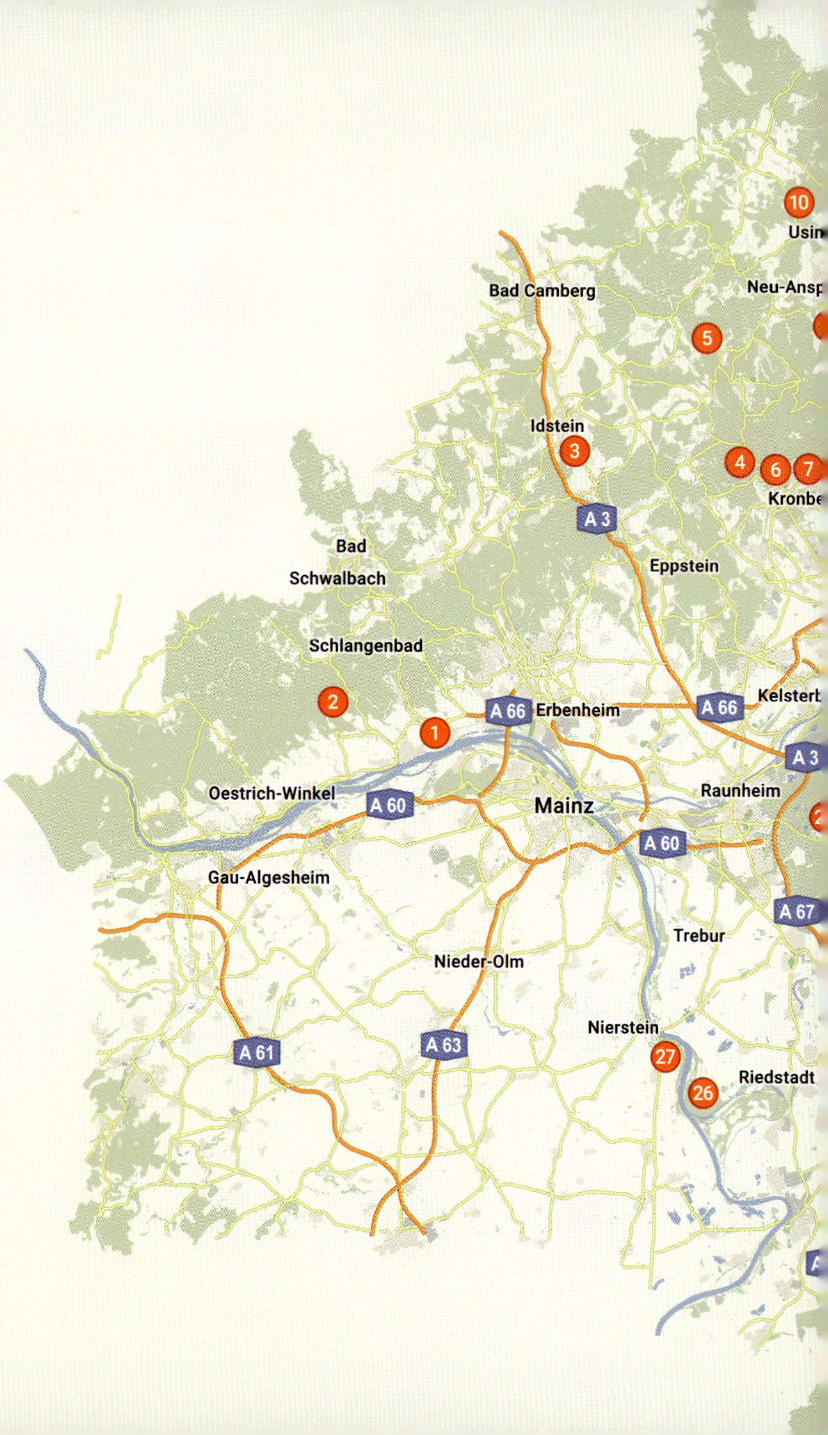
10
Usin
Bad Camberg
Neu-Ansp
5
Idstein
3
4
6
7
Kronbe
A 3
Bad
Schwalbach
Eppstein
Schlangenbad
2
1
A 66
Erbenheim
A 66
Kelsterb
A 3
Oestrich-Winkel
A 60
Mainz
Raunheim
A 60
Gau-Algesheim
A 67
Trebur
Nieder-Olm
Nierstein
A 61
A 63
27
26
Riedstadt

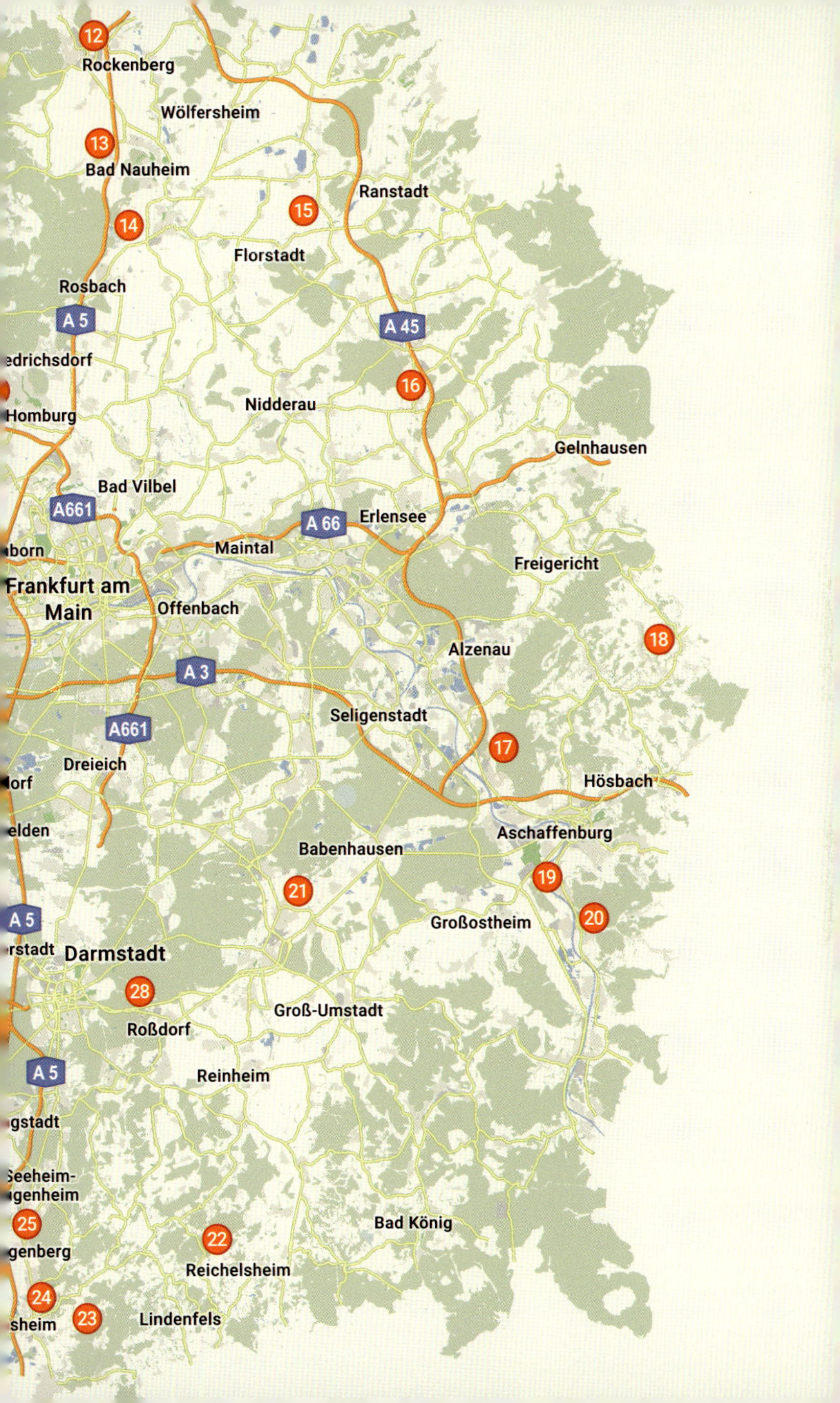

12
Rockenberg
Wölfersheim
13
Bad Nauheim
Ranstadt
15
14
Florstadt
Rosbach
A 5
A 45
edrichsdorf
16
Nidderau
Homburg
Gelnhausen
Bad Vilbel
A661
A 66
Erlensee
born
Maintal
Freigericht
Frankfurt am Main
Offenbach
18
Alzenau
A 3
Seligenstadt
A661
17
Dreieich
Hösbach
orf
elden
Aschaffenburg
Babenhausen
19
21
A 5
Großostheim
20
rstadt
Darmstadt
28
Groß-Umstadt
Roßdorf
A 5
Reinheim
gstadt
Seeheim-
genheim
25
Bad König
22
genberg
Reichelsheim
24
23
sheim
Lindenfels

Durch das Scannen des QR-Codes werden Sie auf unsere Website geleitet (alternativ dazu finden Sie hier den Link: https://societaets-verlag.de/wandertipps-in-rhein-main/). Mit dem Passwort „Jetzt Wandern!“ erhalten Sie Zugriff auf den geschützten Bereich. Dort können Sie die gewünschten Tracks kostenfrei herunterladen und mit einem Endgerät Ihrer Wahl auslesen lassen.

Sämtliche Tracks wurden vom Verlag nach bestem Wissen und Gewissen überprüft. Dennoch können wir Fehler und Abweichungen leider nicht ausschließen, beispielsweise, wenn sich Gegebenheiten vor Ort verändern.

Satz: Bruno Dorn, Societäts-Verlag

Umschlaggestaltung: Bruno Dorn, Societäts-Verlag

Umschlagabbildung: © Thomas Klein

Karten: © alle Karten Renate Dobratz außer Tour 1: © Christine Sieber

außer Seite 2/3: © OpenStreetMap contributors, Map data © OpenStreetMap contributors.

Druck und Verarbeitung: CPI books GmbH, Leck

Printed in Germany 2021

ISBN 978-3-95542-401-5

Besuchen Sie uns im Internet:

www.societaets-verlag.de

FSC
www.fsc.org
MIX
Papier aus verantwortungsvollen Quellen
FSC® C083411

Thomas Klein

Wandertipps in Rhein-Main

30 einmalige große und kleine Touren

SOCIETÄTS
VERLAG

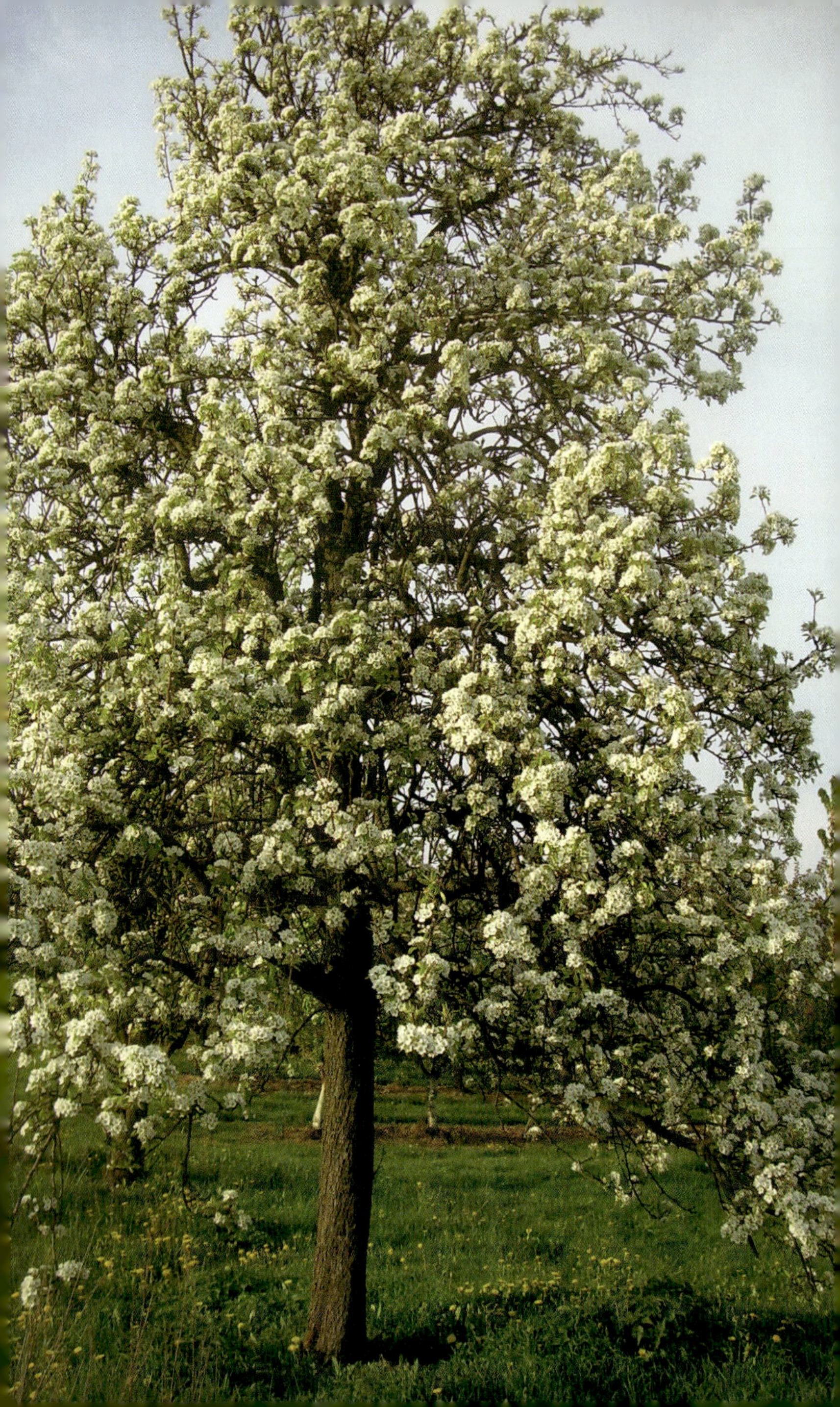

INHALT

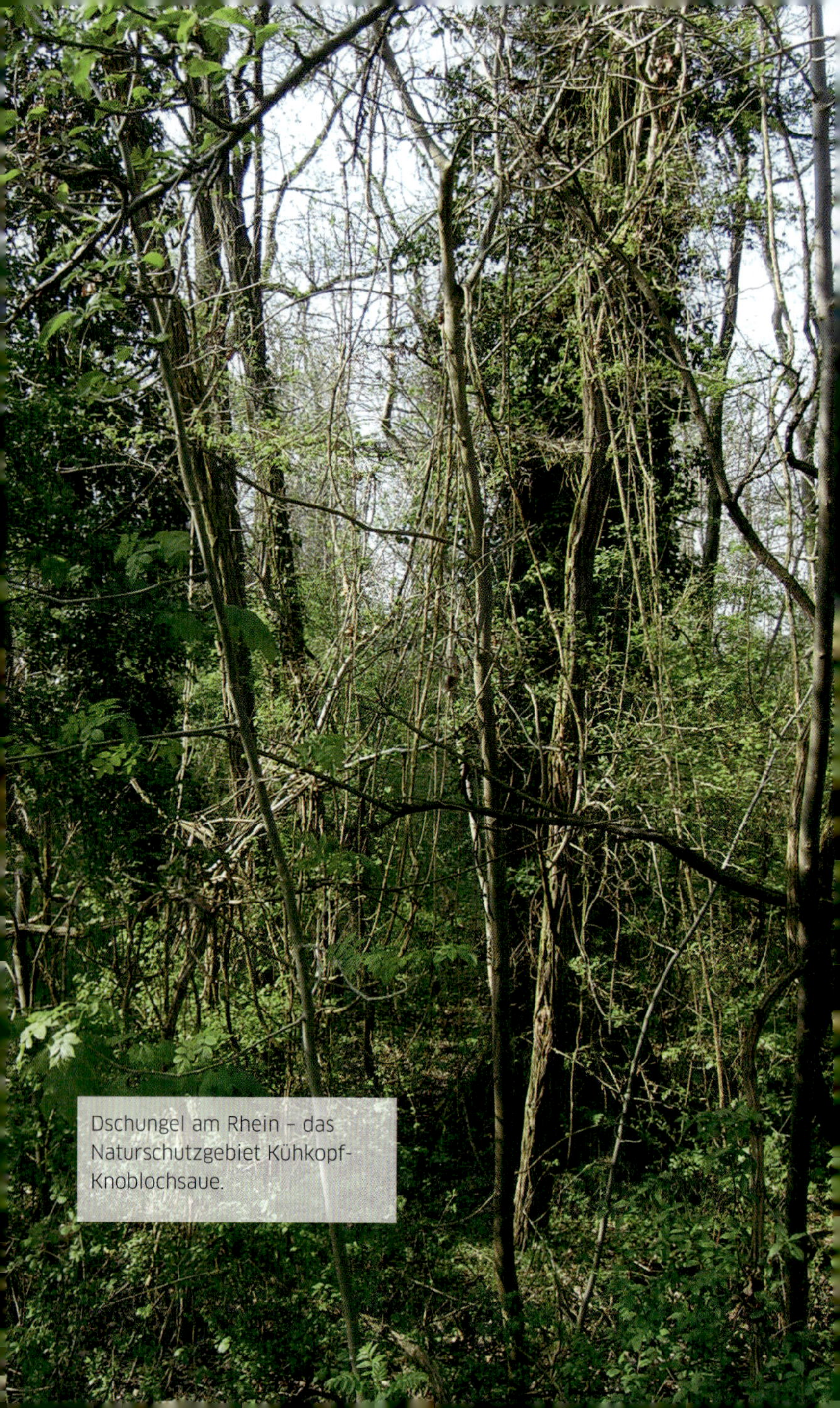

Dschungel am Rhein – das Naturschutzgebiet Kühkopf-Knoblochsaue.

Vorwort

Frankfurt und das Rhein-Main-Gebiet sind reich, gewiss. Aber eben nicht nur an materiellen Gütern, sondern auch an immateriellen, also Natur und Kultur, wobei das eine durchaus das andere bedingt. Gute äußere Bedingungen, mildes Klima, fruchtbare Böden und die verkehrsgünstige Lage bilden das Unterpfand für Wandel und Gestaltung.

Dieses Wechselspiel macht den besonderen Reiz der Region im Süden Hessens und ihrer Nachbargebiete aus. Eingebettet in einen Kranz an Mittelgebirgen, umgeben von Wäldern und weitläufigen Auen, gibt es eine unendliche Fülle an historisch-kulturellen Zeugnissen zu entdecken – von keltischen oder römischen Hinterlassenschaften über eine dichte Abfolge an Burgen, Schlössern und Klöstern bis zu mittelalterlichen Städtchen mit ihren bedeutenden Kirchen.

Es lässt sich kaum Beglückenderes denken, als dies, Landschaftsimpressionen mit Sehenswertem zu verbinden. Am besten natürlich per pedes, oder um es frei mit Goethe zu sagen: nur wo man zu Fuß war, ist man auch wirklich gewesen. So verstehen sich die „Wandertipps in Rhein-Main" als Begleiter durch die ganze Vielgestaltigkeit der Region, wobei Populäres und vielleicht weniger Bekanntes ein gleichrangiges Paar bilden.

Die 30 Routenvorschläge sind der wöchentlichen Wanderreihe der Frankfurter Allgemeinen Zeitung entnommen. Der einleitende Text beschreibt die Besonderheiten jeder Tour, dem im zweiten Teil die Wegbeschreibung samt Karte gegenübersteht. Vorangestellt sind jeweils die wichtigsten Informationen zu Streckenlänge, Öffnungszeiten oder Einkehrmöglichkeiten. Beachtet wurde außerdem, dass die Ausgangsorte mit öffentlichen Verkehrsmitteln erreichbar und die Wanderungen nicht zu lang sind, damit ausreichend Zeit für Besichtigungen, Stadtrundgänge oder auch Einkehr bleibt.

Viel Freude auf allen Wegen wünscht
Thomas Klein

1 STÖRCHE AM STROM

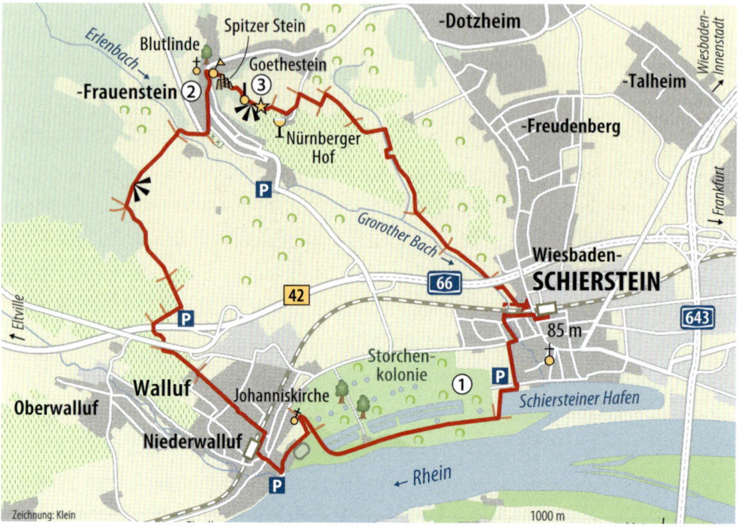

Wiesbaden-Schierstein. Der Storch ist zurück. Eine der schönsten Erfolgsgeschichten schreibt man am Rhein, wo die größte Kolonie des Landes erwuchs. Breite Wege erlauben gute Einsichten in Nester und Biotope. Sehenswert sind auch die Bauten und „Blutlinde“ in Frauenstein.

Start: In Wiesbaden-Schierstein, Bahnhof, oder vom Parkplatz am Hafen
Länge: 12 km
Höhenmeter: 250 m
Einkehr: Gasthaus „Hof Nürnberg“ bei Frauenstein (dienstags Ruhetag)
Geöffnet: Burgturm Frauenstein mit kleiner Sammlung, sonntags 15 bis 17 Uhr

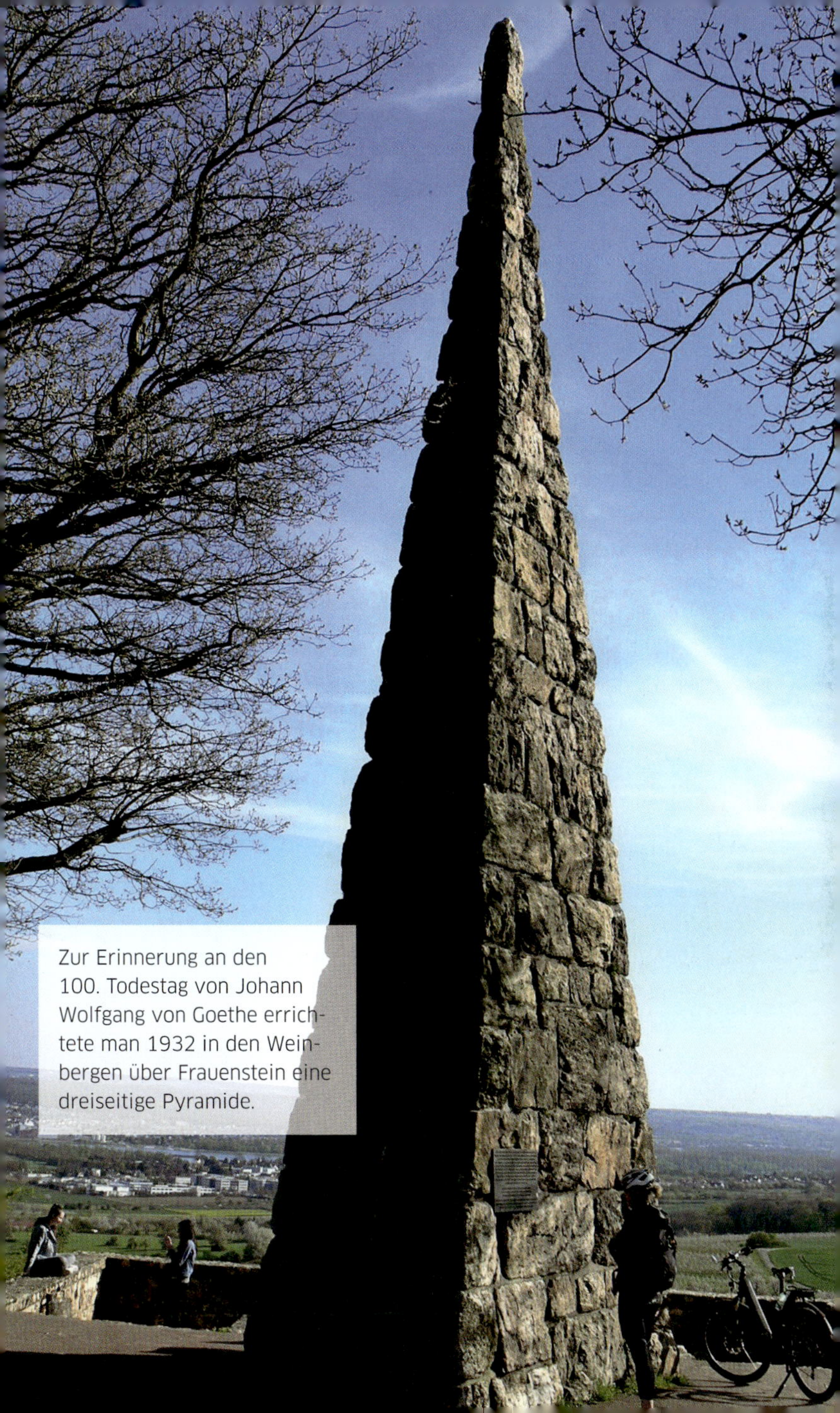

Zur Erinnerung an den 100. Todestag von Johann Wolfgang von Goethe errichtete man 1932 in den Weinbergen über Frauenstein eine dreiseitige Pyramide.

Wer baut das höchstgelegene Nest? Selbst auf den 28 Meter hohen Strommasten am Rheinufer zwischen **Walluf** und **Schierstein** haben sich Weißstörche niedergelassen. Allerdings nicht zufällig. Die Leitungstrasse führt durch ein 110 Hektar großes Feuchtgebiet zur Gewinnung von Trinkwasser. Seit Mitte der siebziger Jahre bevölkert es eine stetig wachsende Storchenkolonie, als Naturschützer darangingen, dem damals allerorten ausgebliebenen Kinderboten mit Nahrung und Nistplätzen aufzuhelfen.

Bis heute betreuen die nun im **Verein „Storchengemeinschaft"** wirkenden Ehrenamtlichen die Vogelschar. Zugefüttert wird aber schon lange nicht mehr, und Holzpodeste werden nach Bedarf aufgestellt. Die bekümmert Ciconia ciconia nur bei starkem Andrang von mehr als 40 Paaren wie in den vergangenen Jahren. Lieber setzen sie ihre wagenradgroßen Behausungen auf die Toppen der Gittermasten oder in die mächtigen Platanen und Pappeln ringsum. Einige liegen so dicht am Spazierweg, dass man bei Nestbau und Versorgung der Jungen zuschauen kann.

Über 3.000 Tiere sind bereits geschlüpft, wovon gut ein Drittel beringt wurde zum Nachverfolgen der Zuggewohnheiten. Bis Südspanien und Westafrika geht die Reise, wobei entgegen landläufiger Vorstellung die Fluktuation hoch ist. Jedes Jahr tauchen neue Paarungen auf, und selbst in Frankreich und Holland scheinen Störche zu wittern, dass sich der Flugradius dank des üppigen Nahrungsangebotes in den Rheinauen (mit großer Reiherkolonie) sowie den pestizidfreien Wiesen beschränken lässt. In den Hanglagen der Wingerte und Streuobstwiesen der Umgebung würden Störche auch weniger fündig.

Zu Goethes Zeiten sah das Landschaftsbild nicht wesentlich anders aus. Seine berühmte Rheingau-Eloge der „hochgesegneten Gebreiten" steht für die Eindrücke, die er während der Wiesbadener Kuraufenthalte 1814 und 1815 empfing. Hochgestimmt, werden mehrere Werke vollendet, er besucht das Sankt-Rochusfest in Bingen und die Brentanos in (Oestrich-)Winkel, und im Rahmen der Fahrt am 6. Juli 1815 nach Frauenstein erforscht er das Quarzit-Riff **Spitzer Stein**. Grund genug, diesen anlässlich des 100. Todestages

1932 durch eine dreiseitige Pyramide, genannt **Goethestein**, zu überhöhen.

Noch besser sind die Ein– und Aussichten vom benachbarten **Holzturm**. Nun erkennt man das eng ins Tal geduckte **Frauenstein** und seine Wahrzeichen, **kurmainzische Burg** und spätgotische **Georgskirche** mit der legendenumwitterten **„Blutlinde“** dazwischen. Niemand wagte es je, den rund 600 Jahre alten Baum zu entfernen, da er einst als Sühne für ein Verbrechen gepflanzt worden sein soll. Bricht auch nur ein Ast ab, entströmt ihm Blut, heißt es. Vor realen Verletzungen wird die einstige Gerichtslinde jetzt mit allem geschützt und gestützt, was moderne Baumpflege vermag.

Wegbeschreibung

Bei Beginn am **Schiersteiner Bahnhof** geht man mit einem Zubringer des Rheinsteigs – R auf gelbem Grund – 300 Meter entlang der Gleise bis zum Auftreten der (blauen) Hauptroute. Sie leitet sicher durch Seitenstraßen zur großen Kreuzung vor der Hafeneinfahrt (Kleinaustraße); an ihrem Ende ist ein Parkplatz. Oder man läuft quer durch Schierstein. Nach Freudenberg- und Reichsapfelstraße gelangt man über die Bernhard-Schwarz-Straße im älteren Teil, vorbei an der hochaufragenden **Christophoruskirche** mit reicher Rokoko-Ausstattung, zum Rhein.

Aus dem im 19. Jahrhundert entstandenen Fischer- und Industriehafen wurde längst ein Wohn- und Freizeitdorado, das ringsum abgehbar ist. Der Rheinsteig führt rechtsseitig vorbei, wo er dann zurückbleibt, wenn wir auf den breiten Weg zwischen Uferbiotop und den Feuchtwiesen der **Trinkwasser-Aufbereitungsanlage** einbiegen. ❶

In dem Offengelände sind die Störche gut zu verfolgen, wenn sich auch für das Beobachten des Binnengeländes ein Fernglas empfiehlt. Am nächsten kommt man den Tieren gegen Ende des Weges, neben dem sie nur wenige Meter entfernt in Baumkronen und auf abgesägten Stämmen nisten. Selbst nach dem Rechtsschwenk an der Westseite herrscht reger Flugverkehr. Erst ab **Walluf** bleiben die Vögel zurück. So man mit Radwegzeichen nicht gleich links in die Werft-

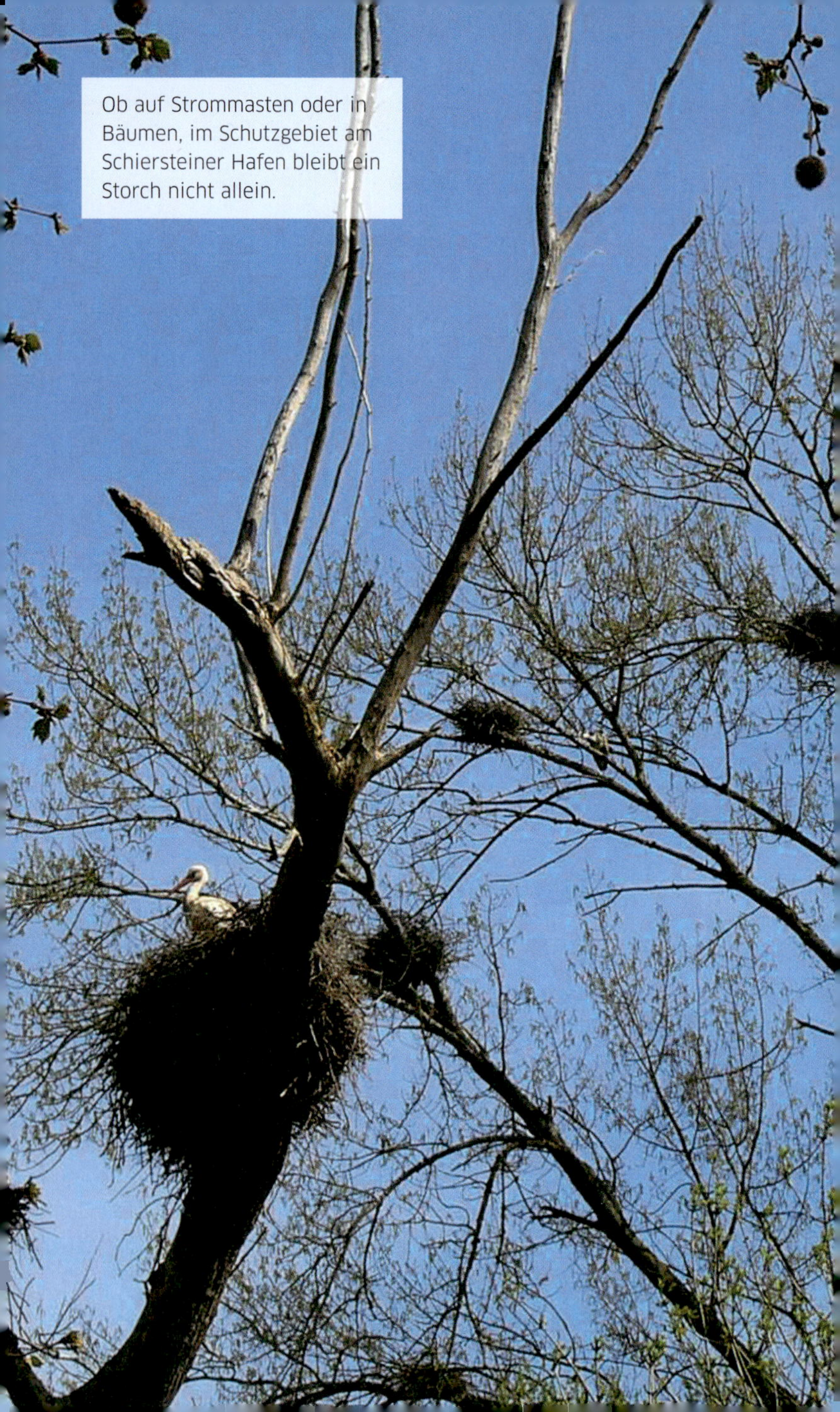

Ob auf Strommasten oder in Bäumen, im Schutzgebiet am Schiersteiner Hafen bleibt ein Storch nicht allein.

straße abknickt, schließt ein kurzer Bogen die Überreste einer **Turmburg** und der gotischen **Johanniskirche** ein.

Wir kommen am Rheinufer heraus und orientieren uns an der gewaltigen Eiche rechts zur Johannisbrunnenstraße und jenseits der Hauptstraße weiter in der am Bahnhof endenden Neustraße. Davor wird rechts die Markierung rotes Kreuz aufgenommen. Sie weist bald über die Gleise und geradeaus durch eine Eigenheim-Siedlung (Hohlweg) in die Weinberge. Die unterbricht das Unterqueren einer Landstraße sowie das anschließende Überschreiten der vierspurigen B42; drüben rechts und nach 250 Metern links hinan, dabei werden die Wingerte oben von Ackerflächen, dann durch Wald abgelöst.

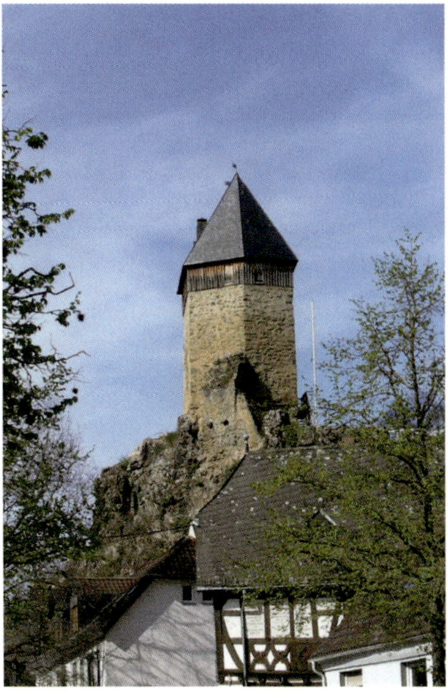

Nicht zu übersehen ist das Frauensteiner Wahrzeichen – der wiederhergestellte Turm der Kurmainzischen Burg.

Lange bleibt der Baumschirm nicht aufgespannt. Mit Erreichen der Kreuzung 400 Meter weiter biegen wir rechts ab zum grünen Punkt. Der steuert bei Panoramablick über blühende Obsthänge in die Senke des **Grorother Baches**. **Frauenstein** verbirgt sich dahinter und taucht erst nach dem Rechtsabzweig etwas ansteigend auf. Vor dem **Friedhof** verlassen wir den Punkt links zur Georgenborner Straße für den Abgang in den engen Ortskern. ❷

Nebeneinander liegen Georgskirche, Blutlinde und die Burgruine mit ihrem markant auf einem Felssockel thronenden Turm (mit kleinem Museum). Die Schildmauer lässt sich über eine Außentreppe erklimmen. Fast ebenso steil ist der zunächst gestufte Anstieg gleich dahinter am Baumrand zur Felsgruppe Spitzer Stein. Auf ihn

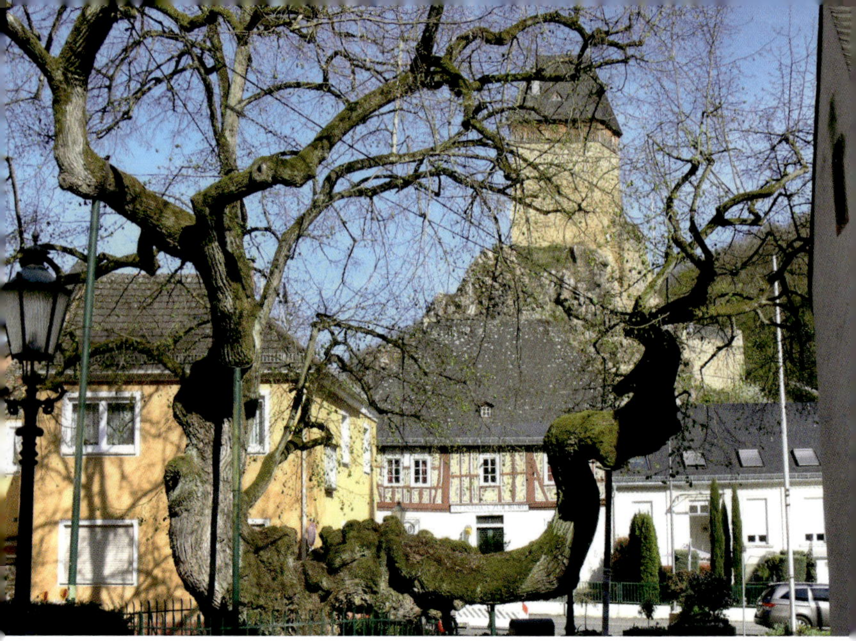

Die legendäre „Blutlinde“ in Wiesbaden-Frauenstein auf dem Hintergrund von Burgruine und gotischer Georgskirche. Vermutlich eine Gerichtslinde, überdauert sie bereits gut 600 Jahre.

folgen der Holzturm und etwas unterhalb der kaum minder aussichtsreiche Goethestein. ③

Inmitten ausgedehnter Obstplantagen heißt es weiter leicht bergab und vor dem **Gasthaus Nürnberger Hof**, in dem schon Goethe einkehrte, links. Der mittlerweile hinzugetretene Rheinsteig übernimmt nun fast das gesamte Schlussstück. Zwischen Bäumen und Agrarflächen knickt er mehrfach ab, um sich in der Talung geradeaus einzupendeln. Wenn das R einige Hundert Meter später links hinan abbiegt, kann man auch die Richtung beibehalten, zumal uns hier ein veritables Biotop begleitet.

Im weiteren Verlauf werden zahlreiche Kleingärten berührt, ehe nach Wiederaufnahme des Zeichens die Autobahn unterquert wird. Dahinter links, rechts und den Gleisen entgegen. Für den **Bahnhof** hält man sich links, ansonsten mit dem Rheinsteig rechts durch ein neueres Viertel zum Parkplatz am Hafen.

2 BIZARRE BÄUME, BESTE AUSSICHTEN

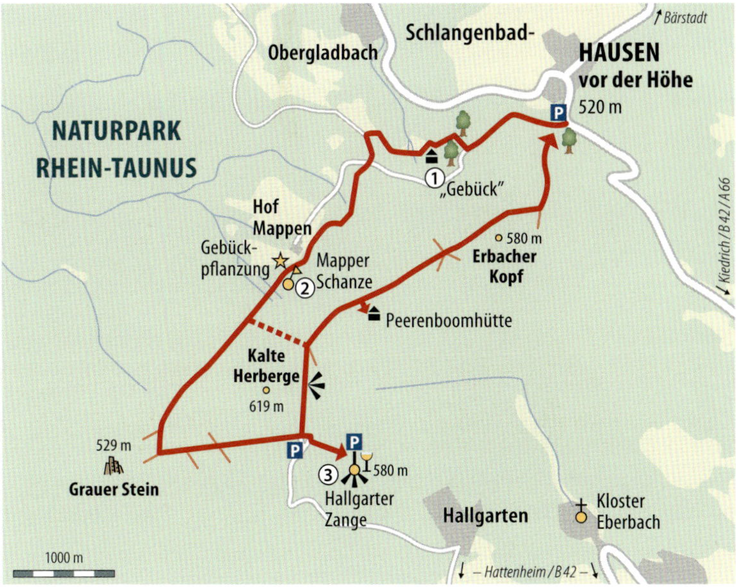

Schlangenbad-Hausen. Durch endlose Rheintaunus-Wälder geht es zu den letzten Baum- und Bauzeugen des „Gebücks" und weiter hinauf zum höchsten Blickpunkt im Rheingau, dem Aussichtsturm – mit Fahrstuhl – auf der 580 Meter hohen Hallgarter Zange.

Start: Parkplatz „Förster-Bitter-Eiche" vor der Ortseinfahrt von Schlangenbad-Hausen
Länge: 14 (9) km **Höhenmeter:** 230 m
Einkehr: „Eventlocation Hallgarter Zange" (Kletterpark, Übernachten, Lokal), freitags bis sonntags, in den Ferien auch an den übrigen Tagen (außer montags)
Geöffnet: Der Aussichtsturm auf der Hallgarter Zange steht zu den genannten Zeiten offen

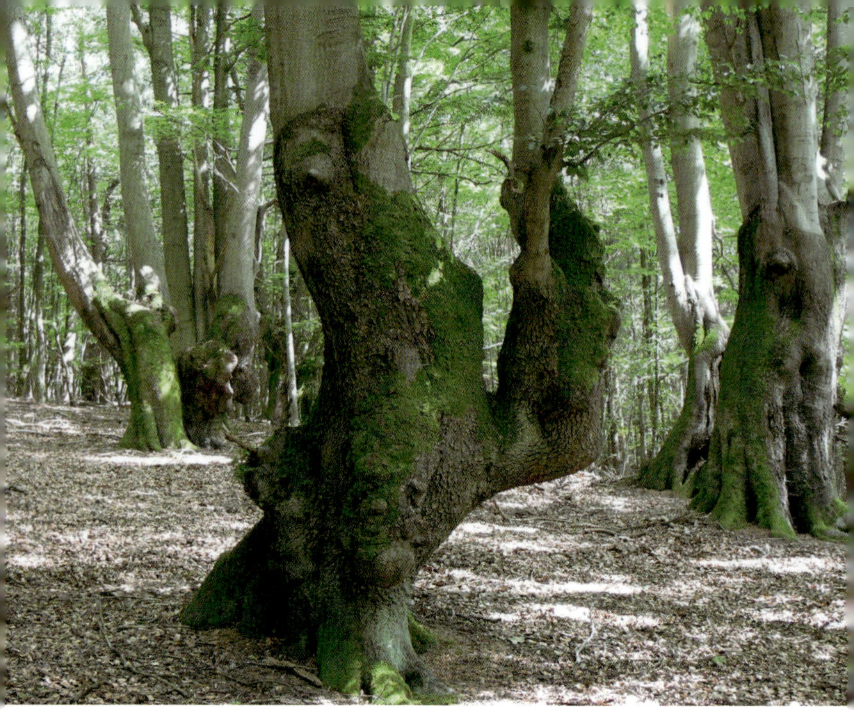

Der groteske Wuchs entstand, nachdem die Bäume zwar noch „gebückt" wurden, sich dann aber frei entfalteten.

Wer sich durch die Büsche schlug, dem drohte die Todesstrafe, und schon das Sammeln von Früchten oder Holz war mit Geldbußen belegt. Jeglicher Frevel am Heckenkunstwerk des sogenannten **Rheingauer Gebücks** wurde streng geahndet, galt doch dieser bis zu 60 Meter breite Naturwall als Lebensversicherung der rechtsrheinischen Region unter Ägide der Mainzer Erzbischöfe. Ein „Gebück-Wanderweg" folgt dem 36 Kilometer langen Verlauf zwischen Walluf und Lorsch und berührt dabei die letzten Baum- und Bauzeugen.

Tatsächlich gedieh der weingesegnete Landstrich im Schutz der undurchdringlichen Vegetationsmauer prächtig und ging den Kurmainzern auch nie verloren. Wahrscheinlich kamen sie im 13. Jahrhundert auf den Gedanken, ihre „Goldene Gans" nach Vorbild von Landwehren zu schützen. Nur eben eine Nummer größer. Das Gerüst bildeten die Äste dicht gesetzter Buchen, die zum Boden gezogen („gebückt“) und miteinander verflochten waren. Dazwischen schlängelte sich ein dichtes Rankenwerk aus Stechpalmen, Schlehen, Weißdorn, Hagebutten, Brom- oder Himbeeren.

Nur an wenigen Stellen durfte der Dschungel für den kleinen Grenzverkehr passiert werden, so an der spätgotischen **Mapper Schanze**, von der noch die spitzbogige Durchfahrt eines Turmaufsatzes steht. Dahinter wächst seit Mitte der achtziger Jahre eine 50 Meter lange Nachpflanzung. Noch weit entfernt von der ursprünglichen Intention lässt sie erahnen, dass Generationen bis zur vollen Entfaltung der grünen Mauer wirkten, von ständiger Hege und Pflege durch die – zwangsverpflichteten – Anrainergemeinden nicht zu reden.

Und doch ein vergeblicher Aufwand. Mit zunehmender Feuerkraft büßte der Verhau an Bedeutung ein und wurde erstmals 1631 militärisch durchbrochen. Danach verwilderte er, ehe ihn die Erzbischöfe 1770 zur gefälligen Bedienung freigaben. Lediglich in entlegenen Ecken wie dem Naturschutzgebiet **Wolfsrück** bei Schlangenbad-Hausen überdauerten einige Baumveteranen; gut auszumachen am stelzen- oder harfenförmigen Wuchs, während andere grotesk verdreht oder zu bizarren, mehrstämmigen Gebilden verknotet sind.

In gewisser Weise erfüllen die endlosen Wälder der Rhein-Taunusberge auch heute eine Schutzfunktion: Als Klimaregulator und Wasserspeicher bürgen sie für die Qualität der Rheingauer Weine. Einer der besten Punkte, das Rebenmeer zu überschauen, ist die 580 Meter hohe **Hallgarter Zange** – bequemerweise mit Fahrstuhl, der einen in die sechste Etage eines Aussichtsturms trägt.

Auch sonst tat sich viel Positives auf der „Zange“, nachdem das gesamte Anwesen fast 20 Jahre als Investitionsruine darniederlag. Ein tatkräftiges Gastronomenpaar erweckte nicht nur Turm, Übernachtungszimmer und Einkehr, jetzt gibt es auch einen ausgedehnten **Kletterpark** mit dem Clou langer Seilrutschen. Ganz Wagemutige können die Turmwand hinaufkraxeln, um sich von oben herabzustürzen. Notfalls übernimmt der Lift. Der hält übrigens auch in der Etage „Standesamt“. Selbst Heiraten darf man auf dem höchstgelegenen Wohnplatz im Rheingau.

Wegbeschreibung

Das Rheingauer Gebück ist nur fußläufig erreichbar. Der beste Einstiegspunkt, auch für größere Runden über die Höhen, ist der **Parkplatz „Förster-Bitter-Eiche"**. Er liegt – von Kiedrich kommend – kurz vor der Ortseinfahrt von Schlangenbad-Hausen.

Neben der großen Stellfläche steht eine der 20 Begleittafeln des Gebückwegs, daran erinnernd, dass auch hier an einem wichtigen Taunuspass der Naturzaun für ein Bollwerk unterbrochen war und ein Dörfchen wie Hausen entstehen ließ. Etwas in der Senke liegend sichten wir es, wenn es in westliche Richtung losgeht. Neben dem Gebückweg-Symbol schwarze, gegeneinander gebeugte Äste, laufen verschiedene Zeichen mit, darunter das blaue X. Sie bleiben beim Rechtsschwenk des Gebückwegs nach gut einem Kilometer zurück; 250 Meter unterhalb links und 300 Meter weiter rechts in das Schutzgebiet **Wolfsrück**.

Als bildeten sie die phantasievolle Kulisse einer Theaterinszenierung, überziehen in lockerer Aufstellung verwachsene Bäume den Hang. Die schweren Stürme der vergangenen Jahre haben ihnen zugesetzt, aber noch widerstehen sie, auch einige Solitäre, wie zu erkennen, nachdem die Markierung vor der **Schutzhütte** rechts abbog und etwas tiefer links die Waldwiese kreuzte. ❶

Drüben aufwärts und nahe der nächsten Freifläche zweimal links, kommt es 400 Meter weiter an der Kreuzung zur Wiedervereinigung mit den übrigen Zeichen; hier rechts (nicht gen Hof Mappen). Unverändert fast eben durch hohen Laubwald taucht nach gut 20 Minuten die **Mapper Schanze** auf. Ihr Bewuchs lässt sie als organischer Teil der Demonstrationshecke erscheinen, ist allerdings eher Ausdruck unterbliebener Restaurierungsmaßnahmen. ❷

Etwa 600 Meter nach der Schanze besteht Gelegenheit zum Verkürzen, indem man mit dem blauen X und anderen Markierungen links abknickt und sich dann oben am Wegestern Kasimirkreuz links dem R anschließt. Ansonsten halten wir die Hauptrichtung bei, bis wir den Gebückweg nach weiteren 1500 Metern im Gefolge des bereits mitgelaufenen roten Dreiecks links aufwärts zurücklassen.

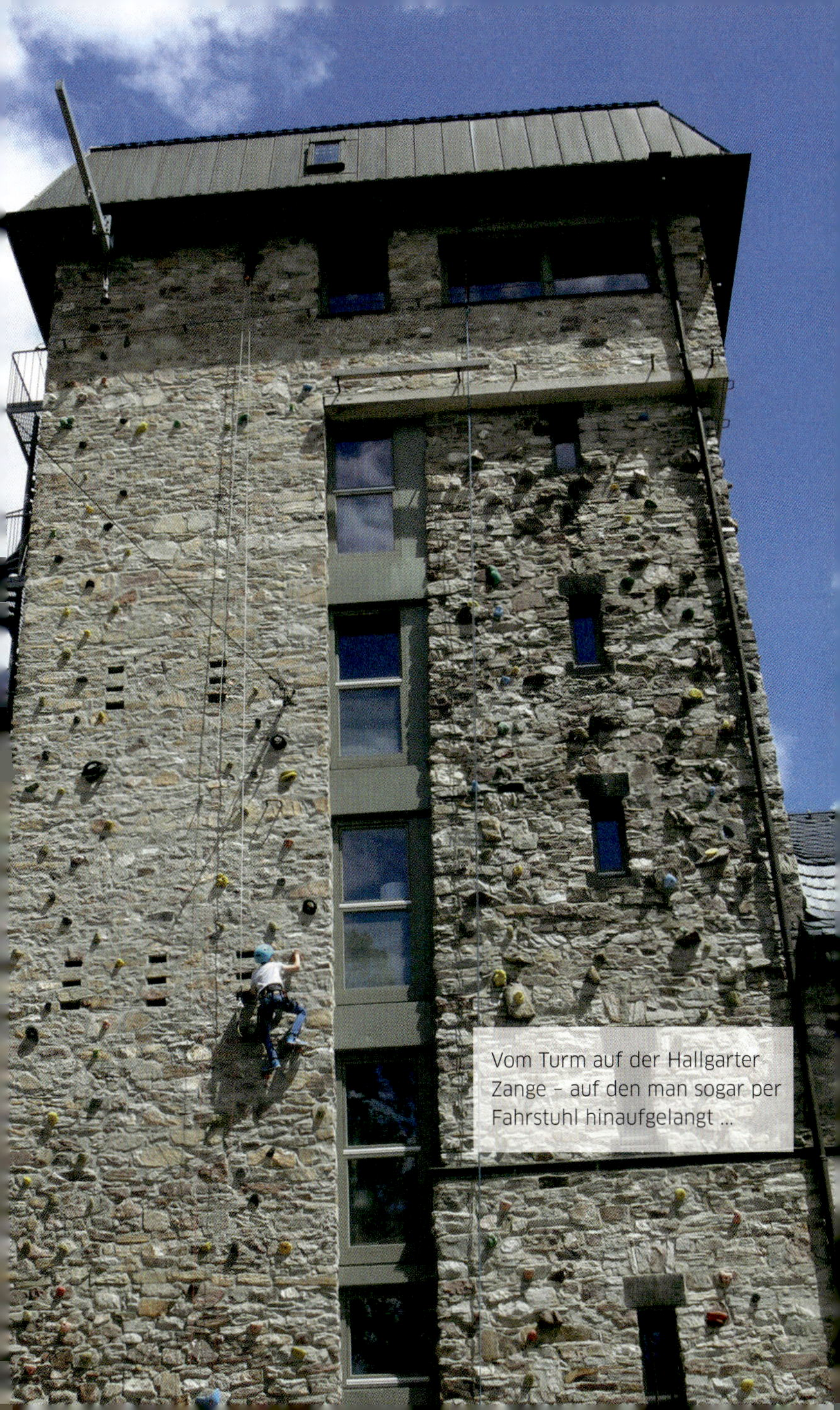

Vom Turm auf der Hallgarter Zange – auf den man sogar per Fahrstuhl hinaufgelangt …

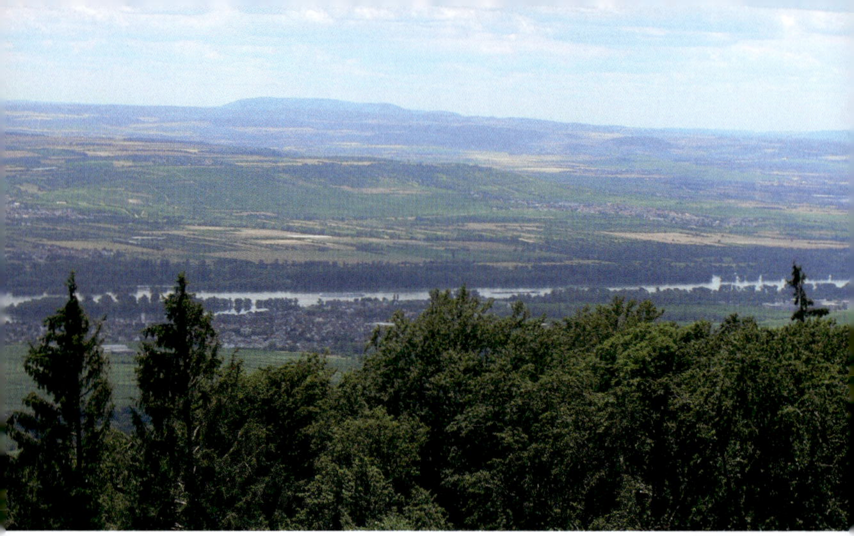

… eröffnet sich ein großartiger Blick über den Rhein bis zum nordpfälzischen Donnersberg.

Hohes Gras und Altholz brauchen nicht zu irritieren, kaum 250 Meter und erneut kommt ein komfortabler Forstweg in Sicht, womit man links zu einem ganzen Zeichenbündel abbiegt. Maßgeblich davon ist allein das bis zum Schluss gültige R des Rheinhöhenweges. Verlassen wird es nur für den Abstecher zur **Hallgarter Zange**, wenn wir nach eineinhalb Kilometern – zur Abwechslung durch Fichten und Lärchen – am Parkplatz Kreistanne eintreffen. Die befestigte Zufahrt stellt über 500 Meter mäßigen Anstiegs die Verbindung zu der aussichtsreichen Einkehr her (mit Terrasse). Der Fahrstuhl im Turm darf kostenfrei benutzt werden. 3

Zurück auf dem Boden, geht es wie gekommen retour. Hinter dem Parkplatz nehmen wir das R rechts in offenes Terrain wieder auf. Was großartige Ausblicke über den Rhein ermöglicht, steht für das traurige Erbe schwerer Unwetter, die ganze Hänge entwurzelten. In etwas weniger exponierten Lagen wie hier an der **Kalten Herberge**, dem mit 619 Metern höchsten Berg im Rheingau, sieht es besser aus. Vor der **Peerenboomhütte** ist der Sichtkorridor sogar fast zugewachsen. Und so umfängt uns auch auf den letzten Kilometern Wald, Wald und nochmals Wald.

3 EINE WAHRE SCHÖNHEIT

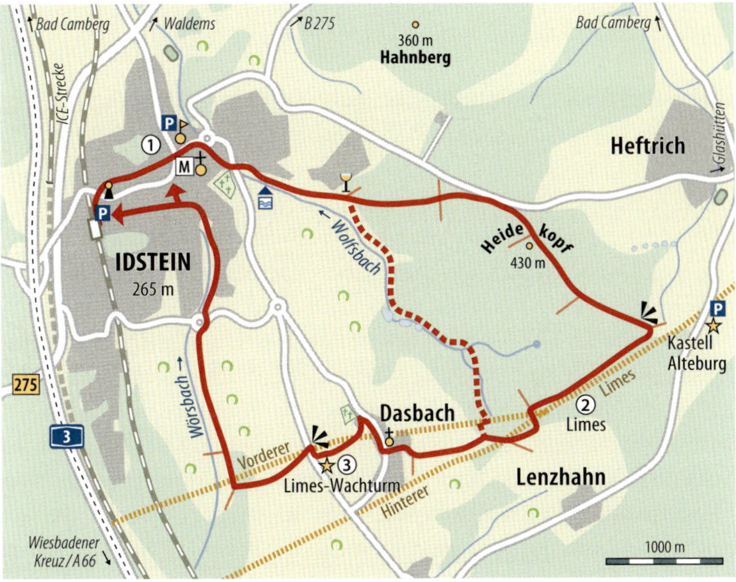

Idstein. Wem Fachwerk mehr als Balken sind, entdeckt in der Taunusgemeinde eines der schönsten Quartiere Hessens. Schon die Römer wussten um die Gunst der Lage und führten hier den Limes durch – sichtbar gemacht durch einen rekonstruierten Wachturm.

Start: Idstein, Bahnhof oder von einem innerstädtischen Parkplatz (kostenfrei hinter dem Schloss)
Länge: 14 (12) km
Höhenmeter: 280 m
Einkehr: Unterwegs keine
Geöffnet: Stadtmuseum (wie die Tourist-Info im Killingerhaus am König-Adolf-Platz), täglich außer montags 8 bis 12 und 14 bis 17 Uhr, samstags 11 bis 16, sonntags 14 bis 17 Uhr (dort

gibt es den Schlüssel zum Hexenturm). Das Schloss ist nicht zu besichtigen; Park und Schlossgarten sind frei zugänglich. Die Unionskirche steht tagsüber offen, der Limesturm im Sommerhalbjahr jeden 2. und 4 Sonntag im Monat 14.30 bis 17 Uhr

Diese Geschichte konnte nicht wahr sein, jene Legende um ein Fachwerkgebäude, genannt **Killingerhaus**, das 1650 in Straßburg ab- und in Idstein wieder aufgebaut wurde. Mag die Erzählung von der Ehefrau eines Amtmannes, die sich nicht vom schmucken Dienstsitz trennen wollte, als er in den Taunus versetzt wurde, längst widerlegt sein, enthält sie doch eine allgemeingültige Erkenntnis: Schönheit regt die Phantasie, aber auch Neid und Ehrgeiz an.

Als Urheber der Mär vom verpflanzten Haus gilt ein cleverer Lokalpatriot in den zwanziger Jahren, der darauf setzte, dass von außen Kommendes als nachahmenswert empfunden wird. Damals wirkte Idstein keineswegs so ansehnlich wie heute. Das Renaissance-Schloss (Gymnasium) und die Burgreste um den mittelalterlichen **Hexenturm** (jetzt über 165 enge Stufen besteigbar) waren heruntergekommen und die meisten der rund 200 Fachwerkhäuser verputzt. Nur eben das Killingerhaus nicht, das dank seiner farbig ausgelegten Flachschnitzereien und einem doppelstöckigen Erker unter kunstvollem Schweifgiebel erst recht aus dem grauen Einerlei herausstach.

Und tatsächlich. Seither hat – flächenhaft gefördert ab 1980 – eine bemerkenswerte Gesamterneuerung das nassauische Residenzstädtchen erfasst. Nicht alle der über 200 restaurierten Gebäude zeigen die Schmuckfreudigkeit des Killingerhauses – in dem Tourist-Information und Stadtmuseum Platz finden –, doch in summa kann Idstein heute vorbildgebend auf eines der schönsten Fachwerkquartiere Hessens blicken.

Bemerkenswerterweise findet die Pracht im sakralen Raum ihre Fortsetzung, seit man ab 1665 die mittelalterliche St. Martinskirche zur Hofkirche aufwertete und vollständig mit neutestamentlichen Szenen ausmalte. Allerdings nicht a fresco, sondern auf Leinwand durch namhafte Meister aus der Rubensschule. Die 38 gerahmten Bilder geben dem hohen Kirchenschiff eine Gliederung, die eher an

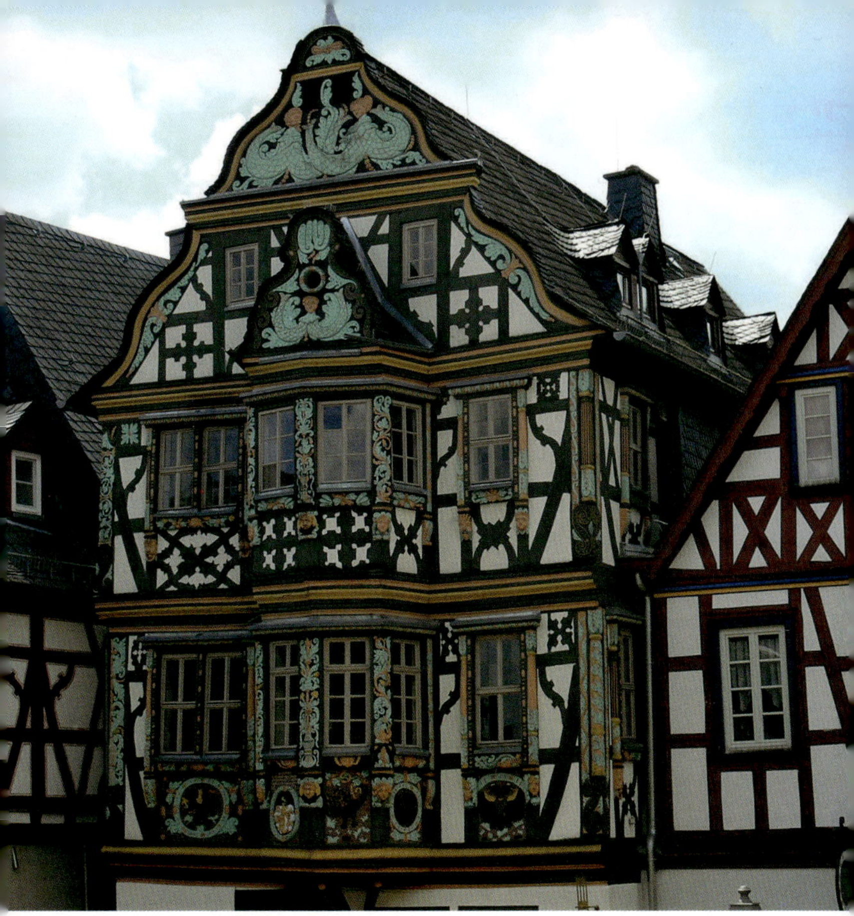

Das reich gezierte Killingerhaus in Idstein.

eine barocke Kunstkammer als ein Gotteshaus erinnert – und schon gar nicht an ein evangelisches.

Vielleicht wählte man wegen dieser Singularität Idstein aus, die Spaltung des Protestantismus in Lutheraner und Reformierte zu überwinden. Die 1817 im Herzogtum Nassau erstmals in deutschen Landen vereinte Kirche gab zum hundertjährigen Jubiläum Anlass für das Umbenennen der Martins- in Unionskirche und zum zweihundertjährigen für die umfassende Sanierung der einzigartigen Bildergalerie sowie bröckelnder Bauteile.

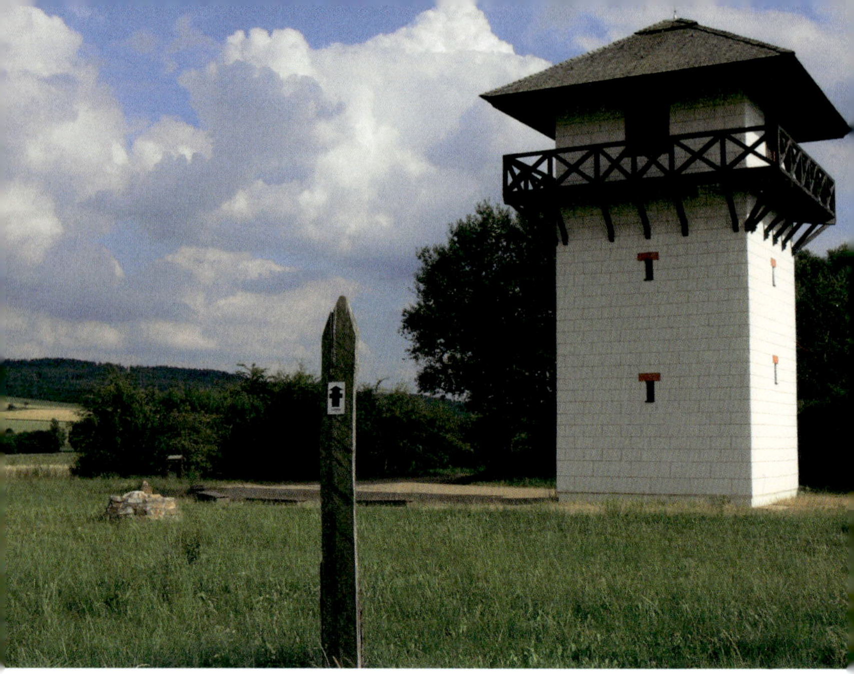

Zum Hessentag 2002 wurde ein Wachturm am Limes mit Scheinmauerung authentisch nachgebildet.

Die zu besonderen Gelegenheiten geweckten Kräfte schenkten Idstein 2002 – auf Privatinitiative – zur 900-Jahr-Feier nicht zuletzt die authentische Nachbildung eines zwölf Meter hohen, weithin sichtbaren **Wachturms** am römischen Limes (mit kleiner Ausstellung). Anders als bei früheren Rekonstruktionen unverputzten Mauerwerks – wofür hier eine Ecke zur Anschauung freigehalten wurde – ist er nach neueren Erkenntnissen weiß gestrichen und die rote Quaderung nur aufgemalt. Mit dem schönen Schein wussten bereits die Römer zu blenden.

Wegbeschreibung

Der **Bahnhof** von Idstein liegt etwas oberhalb der Altstadt. Ringsum wie auch in der Altstadt gibt es viel (kostenpflichtigen) Parkraum; frei ist die Fläche hinter dem Schloss. Über die Stationszufahrt kommt man zum vorgelagerten Verkehrskreisel, wo die Markierungen schwarzes Dreieck, grüner und roter Strich bereitstehen, um links von dem **Soldaten-Denkmal** mit der Bahnhofstraße ins Zentrum zu leiten. ❶

Am König-Adolf-Platz zwischen **Killingerhaus** und **Hexenturm** verlieren sich etwas die Zeichen, bevor es rechts in der fachwerkgeprägten Straße Weiherwiese weitergeht; vorne links und dann aus dem Kreisel rechts zur Schützenhausstraße, endend am offenen **Wolfsbachtal**. Damit haben wir die Wahl: Etwas verkürzend mit dem roten Strich zwischen Bäumen und Bächlein bis zu dessen Quelle im Wald; dorthin hatten die Römer Mitte des 2. nachchristlichen Jahrhunderts den Limes etwas vorgeschoben. Oder man folgt schwarzem Dreieck und grünem Strich für einen ausholenden Bogen durch abwechslungsreichen Mischwald unter Einschluss der römischen Grenze.

Die beiden Zeichen schlüpfen links in den unscheinbaren Pfad und gewinnen an Höhe für den Übergang zu einem Forstweg. Der zielt über gut einen Kilometer auf eine Landstraße, der man rechts etwa 200 Meter nachgeht, ehe sie rechts hinaus – nun allein mit dem grünen Strich – über den **Heidekopf** zurückbleibt. Und das bedeutet unverändert zwischen luftig stehenden Laubbäumen geradeaus.

Ging es seit einer leichten Linkskurve wieder bergab, stellen wir uns knapp vor dem Waldende auf den Wechsel rechts zum schwarzen Türmchen des Limeswanderwegs ein. Zunächst gibt sich der einstige Grenzverlauf etwas flachwellig, bevor er mit jedem Schritt hinan stärker als wallartige Erhebung zwischen dem Wurzelgeäder mächtiger Buchen erkennbar wird. ❷

Später ist der Limes nach links zu überschreiten; an jenem Triangel genannten Punkt, wo die beiden Strecken seit der Vorverlegung auseinandertraten. Die ältere oder hintere Linie kreuzt man gleich darauf in Richtung **Waldsaum**, dort 400 Meter rechts entlang, kurz retour unter die Bäume und dann links über Felder auf **Dasbach** zu, noch davor rechts und schließlich hinein.

Hinter dem **Pfarrkirchlein** mit Dachreiter knicken wir rechts ab durch Neubauten und an ihrem Ende links zu einem kleinen Fried-

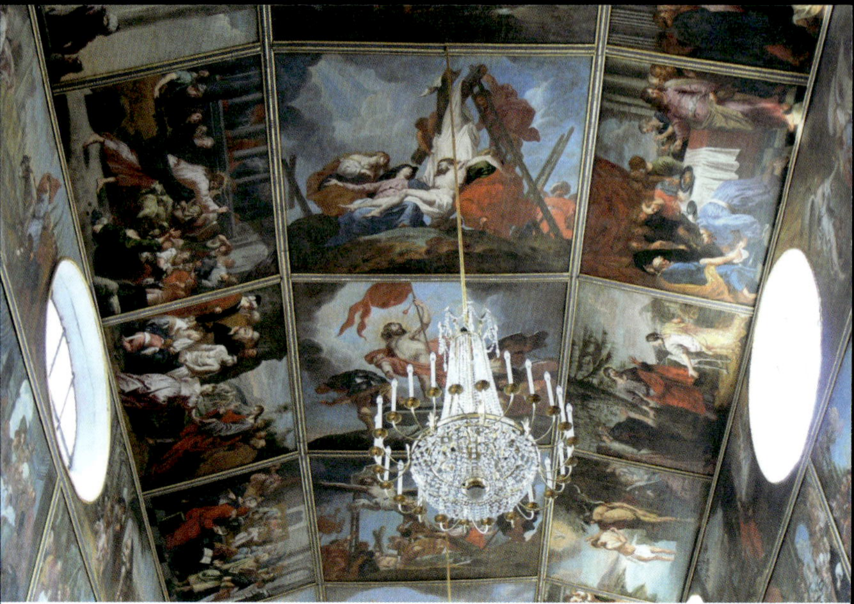

Künstler aus der Rubensschule schufen um 1670 die einzigartige Ausmalung der Unionskirche nach Art einer barocken Kunstkammer.

hof. Hier heißt es erneut links in freies Terrain und bald aufwärts dem **Limesturm** neben einer vielbefahrenen Landstraße entgegen, kaum anders wie vor fast 2.000 Jahren, als seine Besatzung den regen Grenzverkehr zur fruchtbaren Idsteiner Senke kontrollierte. ③

Diagonal quert man die Straße zu dem Wiesenweg auf der anderen Seite. Der Abgang über rutschiges Geläuf ins **Wörsbachtal** lässt erahnen, wie rigoros der Limes ins Gelände gefräst wurde. Dessen Wiederanstieg aus der Senke – und die Markierung – verfolgen wir nicht länger; vielmehr wenden wir uns unten rechts durch den Talgrund. Begleitet von wetterfesten Galloway-Rindern erreicht man in einer Viertelstunde die Unterführung der Südtangente vor Idstein.

Drüben, in der Straße Taubenberg, läuft der Wörsbach linksseitig noch mit, ehe ihn die nahtlos anschließende Straße Im Rauental überbrückt. Wenige Schritte dahinter biegt man rechts in den Kirmsseweg bis zu einer Kreuzung: Rechts gelangt man durch die Grunerstraße ins Zentrum oder geradeaus hinauf – In der Ritzbach – zum Bahnhof.

4 KLEINER STATT GROSSER FELDBERG

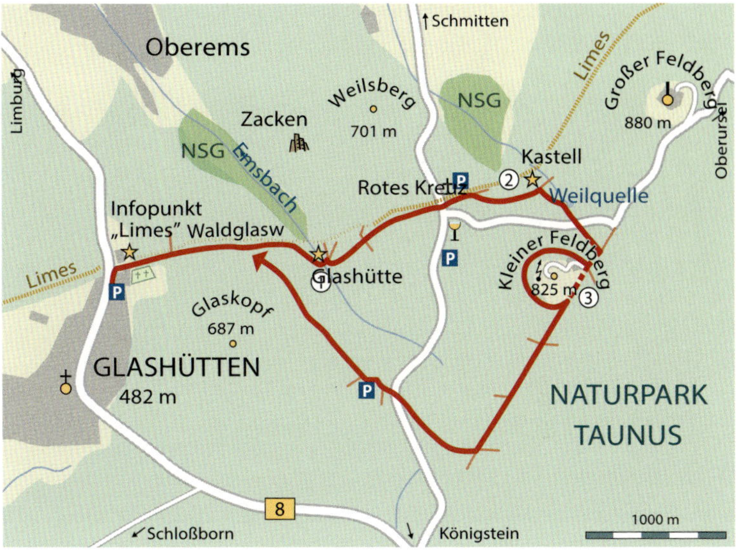

Glashütten. Der kleinere der beiden Feldberge ist in gewisser Weise der größere – er beherbergt bedeutende Forschungsstationen und überrascht mit urwaldartiger Vegetation. Der kunstvolle „Waldglasweg" zu einer historischen Glashütte sowie römische Stätten bereichern die Tour.

Start: Am Ortsausgang Glashüttens in Richtung Waldems (B8) von der Bushaltestelle Dornsweg; hier auch Parkraum (sonntags dürfen die Freiflächen der Supermärkte genutzt werden)
Länge: 10 km
Höhenmeter: 310 m
Einkehr: Gaststätte „Rotes Kreuz" am Feldberg-Zubringer (Mittwoch bis Freitag Ruhetage)
Geöffnet: Das Kastell am Kleinen Feldberg ist frei zugänglich

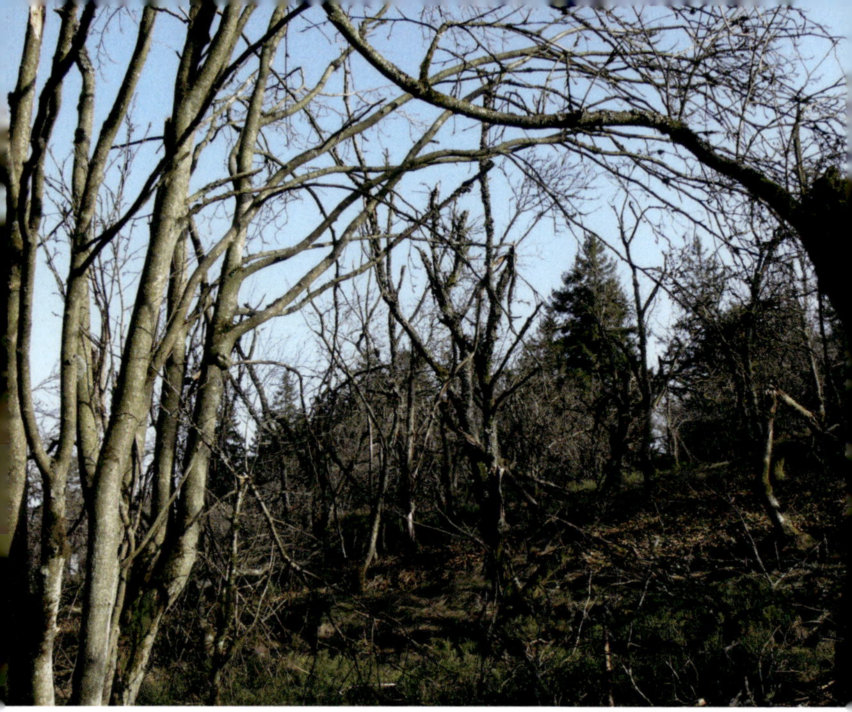

Das Gewirr der Äste und Stämme auf dem Kleinen Feldberg kann auf einem Rundweg abgegangen werden.

Wo es einen Großen Feldberg gibt, muss es auch einen Kleinen geben. Nur tut man ihm mit dieser Degradierung etwas Unrecht. Er ist bei 825 Metern lediglich 55 niedriger als sein großer Bruder, genug, um ihn zum zweithöchsten Taunus-Gipfel zu erheben. Dass er gleichwohl ein Unbekannter blieb, hat einen schlichten Grund – die gesamte Bergspitze ist Sperrgebiet. Sie beherbergt mehrere seismische, meteorologische und astronomische Einrichtungen, dazu Funkrelais für besonders sensiblen Datenverkehr.

Doch das allein unterscheidet den Kleinen nicht vom Großen Feldberg, er besitzt auch eine außergewöhnliche – betretbare – Vegetation. Damit sich sukzessive ein „Urwald“ entwickelt, bleiben abgestorbene oder umgestürzte Bäume seit einigen Jahren weitgehend unberührt. Schon jetzt wirkt es, als sollten die Observatorien vom Gewirr der Äste und Stämme zusätzlich geschützt werden. Dennoch

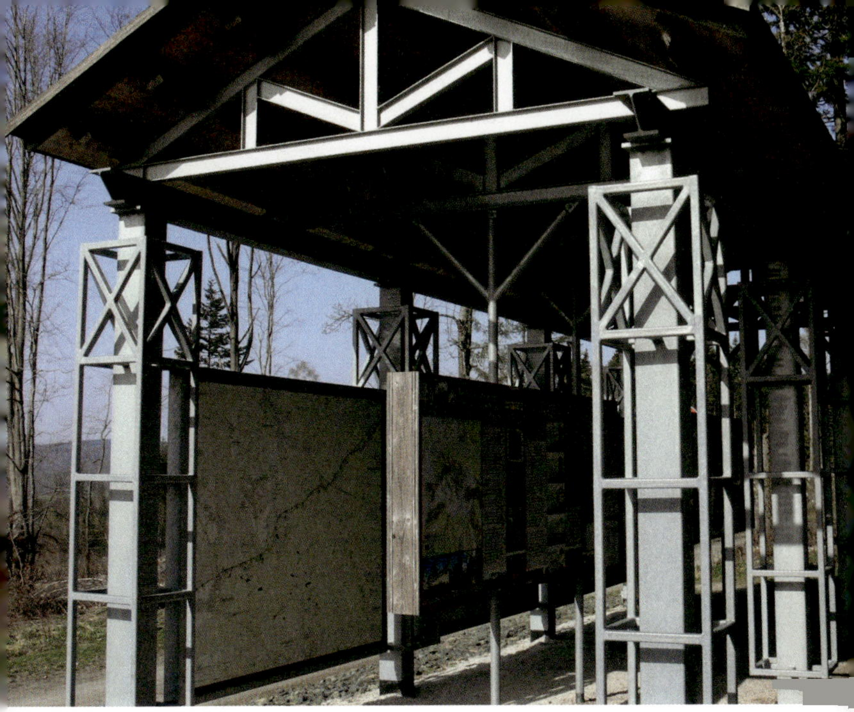

Der „Limes-Informationspavillon" am Ortsrand von Glashütten. Er entstand im Gefolge der Anerkennung des Römerwalls als UNESCO-Welterbe.

wurde die Vegetation lichter. Das kommt dem Wuchs sonnenliebender Pflanzen entgegen, und so darf man sich beim Gang um den natürlichen Wall an vielen Farben zwischen Ginster- und Erikablüte erfreuen.

Es liegt nahe, einen weiteren, menschengemachten Wall aufzusuchen: Nur hundert Höhenmeter tiefer verläuft der **Limes**. Klug hatten die römischen Strategen den nordwestlichen Steilabfall des Feldberg-Massivs zur Vorfeldüberwachung einbezogen, mag es auch für die Soldaten einer Strafversetzung gleichgekommen sein, am höchstgelegenen Limesabschnitt Wache zu schieben. Kälte, Schnee, Nebel oder Regen herrschen zur Hälfte im Jahr vor.

Mehr Annehmlichkeit versprach das mit einer Therme ausgestattete **Feldberg-Kastell** zum Schutz des Passübergangs an der heutigen Straßengabelung Rotes Kreuz. Bedingt durch die lebenswichtige Weil-Quelle lag das 150-Mann-Lager allerdings etwas entfernt an einem abschüssigen Wiesengelände. Die gesamte Anlage mit seiner Therme etwas unterhalb ist seit Anerkennung des Limes als UNESCO-Welterbe 2005 grundlegend gesichert und landschaftspflegerisch aufgewertet.

Die Form eines Wachturms inspirierte nicht zuletzt die Gestaltung eines 2011 am Ortsrand von Glashütten erstellten **Limes-Informationspavillons**. Karten und großformatige Fotos zeigen die dichte Abfolge der Wachposten und Militärlager, daneben wird an ihre jahrhundertelange Erforschung erinnert. Bereits im 16. Jahrhundert hatte der Humanist Erasmus Alberus den „Pohlgraben" als römisch erkannt und in einem Gedicht besungen.

Zugleich führte er schon damals Klage – „derselbig grab vergeht nun sehr" –, das einzigartige Monument sei bestandsgefährdet. Vielleicht dachte er an den Glashüttener Raum. Zwar ist hier der Limes über längere Strecken sichtbar, doch waren es spätmittelalterliche Glashütten, die ausgerechnet im einstigen Grenzbereich ihrem brennstoffintensiven Gewerbe nachgingen. Auf Basis der Grabungen in den neunziger Jahren ließen sich die Fundamente von fünf Öfen der im Emsbachtal angesiedelten Hütte wieder aufmauern.

Der dabei erbrachte Beleg, dass man neben der Produktion von Alltagsgeschirr auch mit der weitaus komplexeren Herstellung farbiger Fensterscheiben experimentierte, regte die Keramikerin Ines Nickchen zu einem **„Waldglasweg"** an. Über sieben Stationen wird vom Ortsrand bis zum Emsbach eine farbenfrohe Spur gelegt. In massive Glasbänke sind beispielsweise Texte zu Geschichte und Technik auf blauen, roten oder grünen Scheiben eingearbeitet.

Wegbeschreibung

Der Limes-Informationspavillon liegt am nördlichen Ende Glashüttens, nicht weit von der B8 und der Bushaltestelle Dornsweg. Die Arbeit „Erwachen" am **Friedhof** gegenüber zeigt den Beginn des Waldglasweges an. Dessen sporadischer Markierung bedarf es kaum, da das Limes-Wandersymbol schwarzes Türmchen und weitere ohnehin die Führungsdienste übernehmen. Zu beachten ist zunächst nur, nach etwa 300 Metern nicht links den Schildern „Alte Glashütt“ zu folgen; diese benennen einen Forstweg. Bald tauchen die ersten Glasinstallationen auf und begleiten bis zur tief eingeschnittenen Senke am Emsbach. Ein kurzer Abstecher weist aus der Kurve zu den rekonstruierten Grundmauern der Glasöfen. ❶

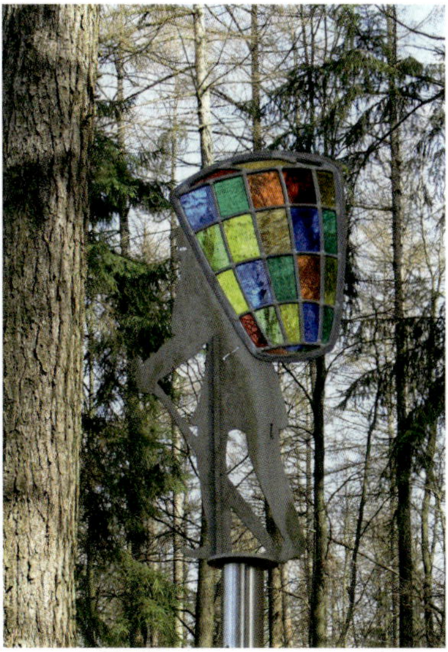

Am Waldglasweg.

Wieder zurück, steigen wir mit den Zeichen links in den buchengeprägten Hang ein. Hier, an der Geländeeinkerbung des Limes entlang, erscheint es nachgerade verwegen, in das steile Gelände Graben und Palisade zu legen. Erst oben, jenseits der Straße am Roten Kreuz, wird es flacher. Weiter geht es rechts vom nahen Parkplatz und in ausholendem Bogen dem Feldberg-Kastell entgegen. ❷

Beim Gang quer durch das Militärlager zur **Therme** zeigt sich seine erstaunliche Ausdehnung, wobei die Weil vermutlich via Leitungen angezapft wurde. Ihre Quelle liegt 250 Meter oberhalb versteckt im Wald. Über einen rutschigen Pfad führt das Naturpark-Emblem braunes Eichhörnchen hinauf; für den steingefassten Born weicht man leicht links ab.

Oberhalb davon kreuzt die Markierung eine Straße und zeigt unverändert unter dunklen Fichten hinan, bis sie knapp vor der Zufahrt zum **Kleinen Feldberg** links abbiegt; dort wenige Schritte geradeaus für den Anschluss an den grünen Punkt. Mit ihm heißt es rechts über den breiten Weg auf die historischen Gebäude der bereits vor über 100 Jahren begonnenen Forschungstätigkeit zu. Wahlweise

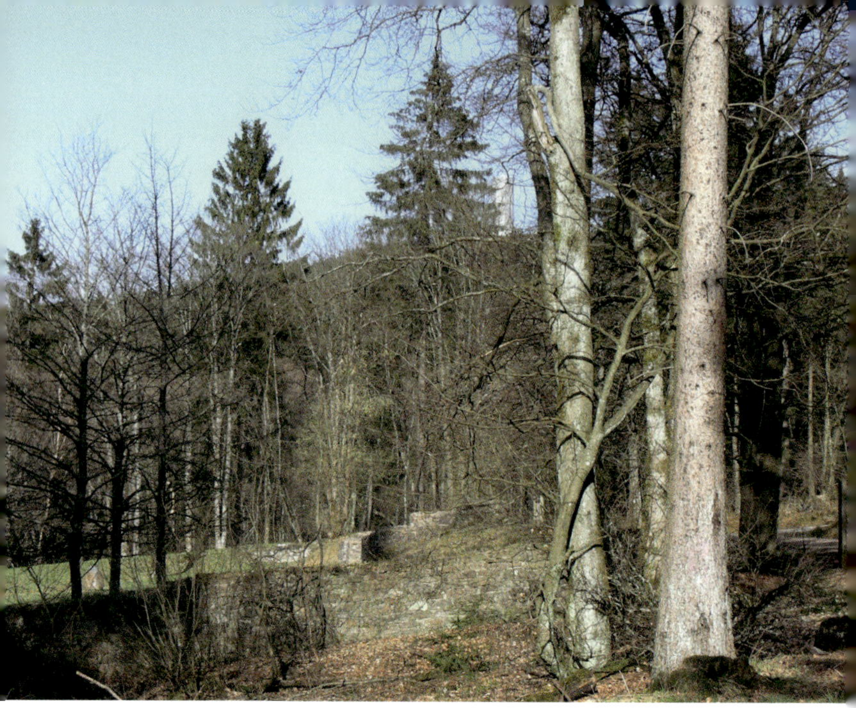

Das Feldberg-Kastell stand etwas entfernt von einem Passübergang, da hier die Weilquelle angezapft werden konnte.

kann man davor etwas verkürzend weiterlaufen oder im Gefolge des Naturpark-Zeichens roter Greifvogel (Milan) rechts einschwenken für die Runde durch die bizarre Baumlandschaft um den Gipfel. 3

Nach 800 Metern treffen wir wieder auf den grünen Punkt und mit ihm scharf rechts ohne Unterlass den Feldberg hinab, dabei alle Wachstumsstufen und Arten von Fichten bis Buchen durcheilend. Erst nach gut einem Kilometer ändert sich die Richtung – rechts ab zum schwarzen Punkt, womit auch das Gefälle mäßiger wird. Ist eine Straße und kurz dahinter der große **Waldparkplatz** rechtsseitig gequert, beginnt es im Tann nochmals zu fallen. Am Ende, wenn wir auf das bekannte Auftaktstück stoßen, läuft die Tour fast eben aus.

5 ANMUT NACH ARMUT

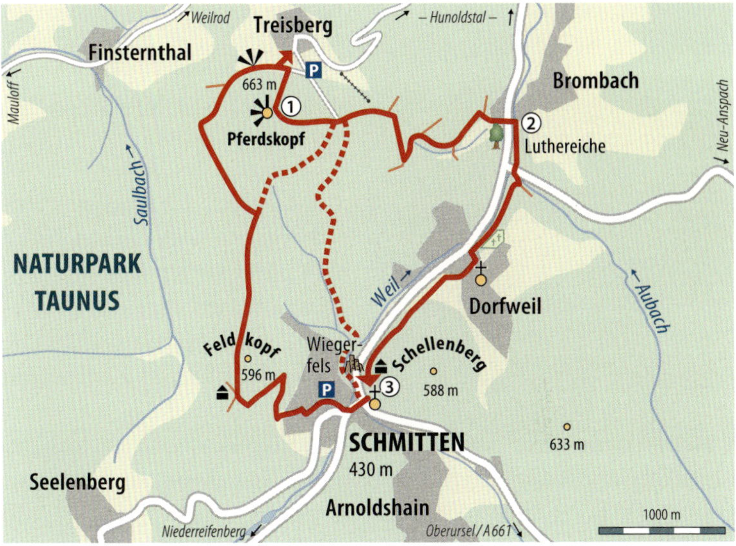

Schmitten. Wie aus dem abgeschiedenen Dorf der Nagelschmieden ein beliebter Wohn- und Wanderort wurde. Wiegerfels und Pferdskopf bieten den besten Überblick.

Start: Von der Bushaltestelle „Kirche" in Schmitten-Mitte. Am Rathaus gibt es einen öffentlichen Parkplatz; sonntags darf auch der am zentralen Supermarkt genutzt werden
Länge: 12 (9) km (ohne Treisberg) **Höhenmeter:** 390 m
Einkehr: Zwei Gasthäuser in Treisberg
Geöffnet: Der Turm auf dem Pferdskopf ist frei zugänglich

Nicht ohne Stolz nennt sich die Taunusgemeinde **Schmitten** auf großen Bannern „Dorf der Nagelschmieden". Das empfand man vor einiger Zeit noch ganz anders. Die windschiefen Katen, in denen zehnköpfige Familien über engen Werkstätten hausten, konnten

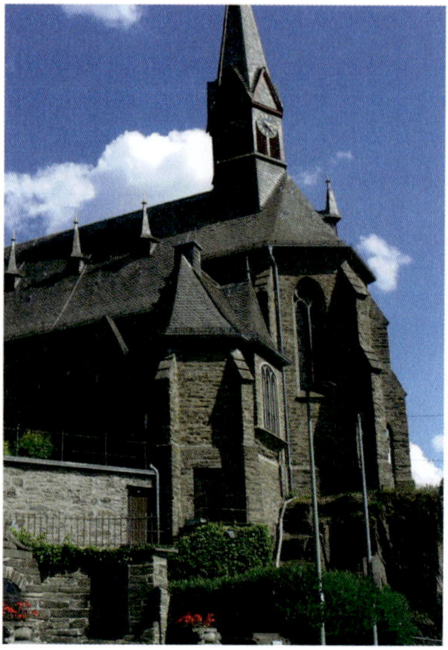

Als Zeichen ersten Wohlstands entstand 1893 eine neugotische Pfarrkirche in Schmitten.

nach dem Ende handgefertigter Nagelherstellung gar nicht rasch genug abgeräumt und jede Erinnerung an die ärmliche Vergangenheit bis ins späte 19. Jahrhundert gelöscht werden.

Jetzt, da Schmitten in Sichtweite des **Großen Feldbergs** zu einem begehrten Wohnquartier wurde, will man wissen, dass der Ortsname auf eine mittelalterliche Waldschmiede zurückgeht und warum keine nennenswerten Bauwerke aus früherer Zeit bestehen. Landwirtschaft gab in den Höhen über 400 Metern wenig her, und nur dank Graf Casimir Waldbott von Bassenheims Initiative zur Wiederaufnahme des (Nagel-) Schmiedens um 1720 hatten die Menschen im abgelegenen Weiltal überhaupt Beschäftigung. Allein die Not ließen miserable Entlohnung und Wetterunbill ertragen. Im Winter waren Schmitten und seine Nachbardörfer häufig wochenlang abgeschnitten.

Aus der Abgeschiedenheit erwuchs freilich mit der wachsenden Naturbegeisterung ein gesuchter Fluchtpunkt. Seit der 1868 gegründete **Taunusclub** Wege und Infrastruktur bahnte, entdeckten die Städter eine noch weitgehend unberührte Landschaft mit sauberer Luft. Dass ihr ein Arzt namens Wieger 1883 „heilklimatischen Reiz“ zuschrieb und gleich einen „Kurverein“ gründete, konnte kaum schaden, insbesondere nicht für ein gesünderes Erwerbsleben. Gasthöfe und Unterkünfte entstanden, sollte es auch bis 1977 dauern, bevor Schmitten das Prädikat „Staatlich anerkannter Luftkurort“ erhielt.

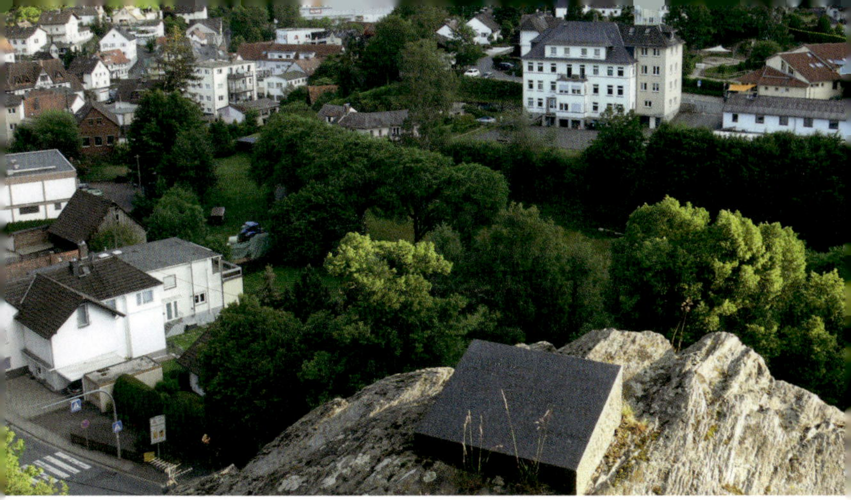

Eine Gedenktafel erinnert an das verdienstvolle Wirken des Arztes Wieger zum Wohle von Schmitten.

Die hohe Zeit der Sommerfrischler war da fast schon wieder vorbei. Heutige Ausflügler sind üblicherweise Tagesgäste. Nach allen Seiten finden sie erwandernswerte Ziele, gipfelnd im **Großen Feldberg** und dem **Pferdskopf**. Ihre Panoramen verhalten sich wie kommunizierende Röhren. Deckt der höchste, auf der Gemarkung Schmittens liegende Taunusberg das südliche und östliche Gesichtsfeld bis Spessart und Odenwald ab, schließt der 34 Meter hohe Turm auf dem Pferdskopf den Kreis über Vogelsberg und Hintertaunus bis zur Lahn.

Beide Aussichtspunkte wollen für sich erobert sein. Der Gang zum Pferdskopf ist nicht ganz so fordernd und überrascht mit stetem Wechsel im Wald- und Landschaftsbild. Selbst Felsen fehlen nicht. Für seine Verdienste, aus dem bitterarmen Schmitten eine anmutige Adresse gemacht zu haben, wurde der Stein am prominentesten Platz nach Dr. Wieger benannt.

Wegbeschreibung

Von der Bushaltestelle „Kirche“ im Zentrum Schmittens geht es in die gegenüber abzweigende Schillerstraße und aus dieser rechts zur

Seelenberger Straße. Hier nimmt man die Markierung schwarzer Punkt auf, womit durch eine kleine Anlage das Steigen beginnt.

Ohne Unterlass kraxeln wir zwischen Eigenheimen bergan – dabei einen abkürzenden Grasschlupf beachtend –, bis wir in verwilderten Obstgärten und dann im Wald per Serpentinen hinaufgeleitet werden. Erst an der vielarmigen Kreuzung Weißer Stein mit Schutzhütte lässt sich innehalten. Dort wechselt man rechts zum schwarzen Ring. Ihm obliegt die Führung über einen Höhenweg, dem abwechselnd Fichtenpartien und luftige Laubbäume Flankenschutz geben.

Nach gut 1.500 Metern teilt sich der Weg. Für eine etwas kürzere, weniger steile Variante auf den Pferdskopf kann man beim Ring verbleiben; ansonsten links mit mehreren Naturpark-Zeichen, darunter braunes Eichhörnchen und grünes Eichenblatt. Sie begleiten uns ausgangs der felsgesäumten Passage hoher Buchen gut einen Kilometer, später geht es rechts alleine weiter. Dabei tritt der Wald zurück zugunsten ungehinderter Blicke zum burggekrönten **Altweilnau**.

Bevor der 1987 erstellte **Holzturm** auf dem Pferdskopf die Aussichten noch steigert, eröffnet nach 400 Metern der asphaltierte Weg links in die Wiesen einen Abstecher zu dem frei in 540 Meter Höhe liegenden Dörfchen **Treisberg**. Es besitzt zwei Gasthäuser und ein altes Fachwerk-Schulhaus. Zurück dann geradeaus mit dem schwarzen X bis zum Parkplatz am Waldrand, rechts und nach 200 Metern links in den Hang eingestiegen (spart man Treisberg aus, dort also rechts).

Zwischen ausladenden Jungbäumen weist ein steiler Schlängelpfad auf den Pferdskopf. Das Gipfelglück machen aber erst die 150 Stufen zur Turmspitze perfekt. Nur sie überragt das Buchengrün und öffnet das großartige Panorama vom Großen Feldberg über den **Hoherodskopf** bis zum **Dünsberg** nahe Gießen. ❶

Das X führt dann links 500 Meter abwärts zu einem Querweg mit Richtungspfosten, an denen der schwarze Zeiger aufgenommen wird. Es sei denn, der Rückweg soll kürzer sein; dann bleibt das X maßgeblich. Mit dem Zeiger biegt es links ab, um sich gleich rechts davon zu lösen. In den teils dichten Wäldern verlässt es mehrfach die Forstwege, später fast nur noch über Schlängelpfade bis ins Weiltal.

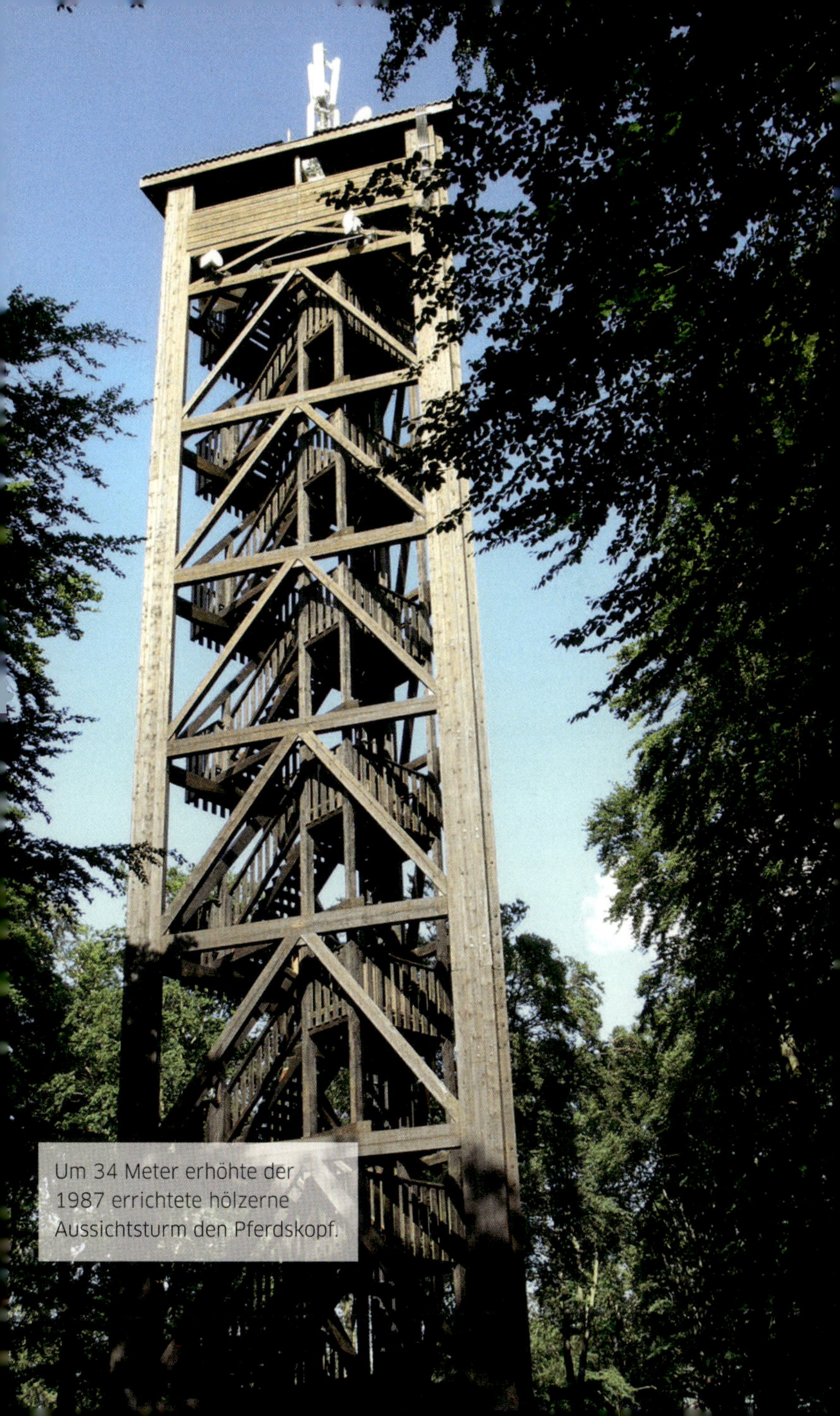

Um 34 Meter erhöhte der 1987 errichtete hölzerne Aussichtsturm den Pferdskopf.

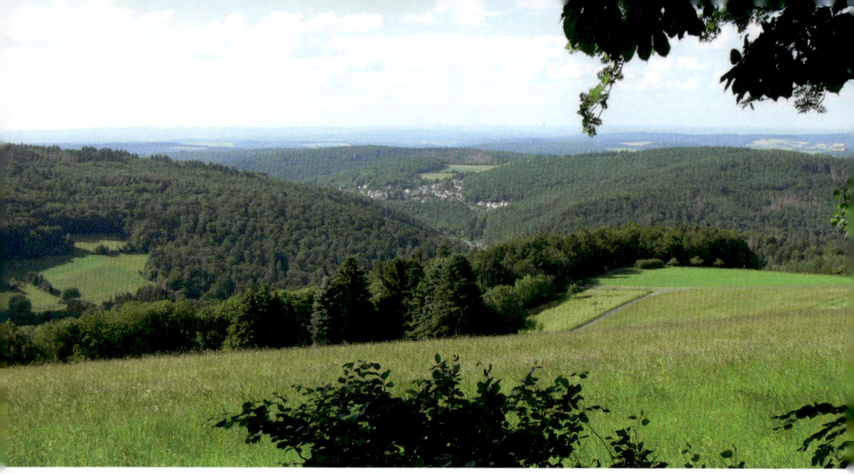

Der Blick über die Nordflanke des Pferdskopfs stimmt auf den Gipfel ein.

Der Hauptweg schwingt dagegen in weiten Bögen hinunter. Zu beachten ist nach gut einem Kilometer die scharfe Linkskehre und vor allem 300 Meter danach der Rechtsabzweig in einen holprigen Pfad. Er schließt über 700 Meter das letzte Stück zum gehobeneren Außenbereich von **Brombach**. An der mächtigen, zu Luthers 400. Geburtstag 1883 gepflanzten Eiche queren wir die Weiltalstraße und kurz dahinter rechts weiter. 2

Bald schon werden die nächste Landstraße und der Aubach gekreuzt und leicht links am Wiesenrand entlang, ehe wir nach wenigen Metern spitzwinklig rechts den Zeiger verlassen und der Ausschilderung nach **Dorfweil** folgen. Mit dem hinzugetretenen weißen L läuft man unterhalb der hochaufragenden **Pfarrkirche** quer durch den Ort (Ringstraße) und dann nochmals in Wald am Steilhang des Schellenbergs. Unvermittelt stehen wir schließlich vor der **Schutzhütte** am **Wiegerfels**. 3

Für einen Gedenkstein zur Erinnerung an den verdienstvollen Arzt hätte man keinen besseren Platz finden können: Fast über das gesamte, weit die Hänge hinaufgekletterte Schmitten reicht die Sicht. An der vorgelagerten Pfarrkirche im neugotischen Stil kommen wir nach raschem Schlussabstieg unmittelbar vorbei. Rechts an der Ausfallstraße gen Dorfweil blieben einige – später veränderte – Häuschen der Nagelschmiede erhalten.

6 HERAUSFORDERUNG UND KEIN HINDERNIS

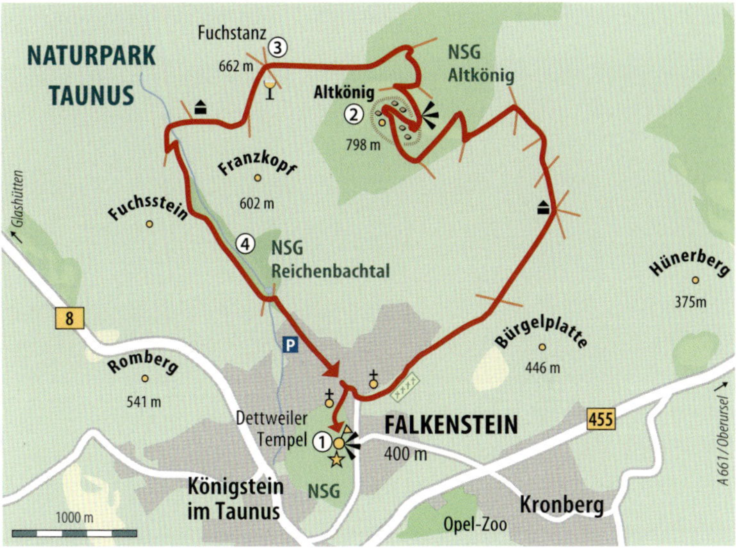

Königstein-Falkenstein. Mit jedem Schritt hinauf steigt nicht nur die Ehrfurcht vor der titanischen Leistung der Kelten, den 800 Meter hohen Altkönig durch zwei mächtige Ringwälle umgürtet zu haben. Unweigerlich stellen sich auch Fragen nach Sinn und Nutzung der Anlage.

Start: An der Bushaltestelle Ehrenmal nahe der Kirche von Falkenstein. Parken lässt sich im oder ausgangs des Reichenbachweges
Länge: 13 km
Höhenmeter: 510 m
Einkehr: Zwei Gaststätten am Fuchstanz
Geöffnet: Burg Falkenstein, täglich 10 bis 19 Uhr; in den Wintermonaten geschlossen

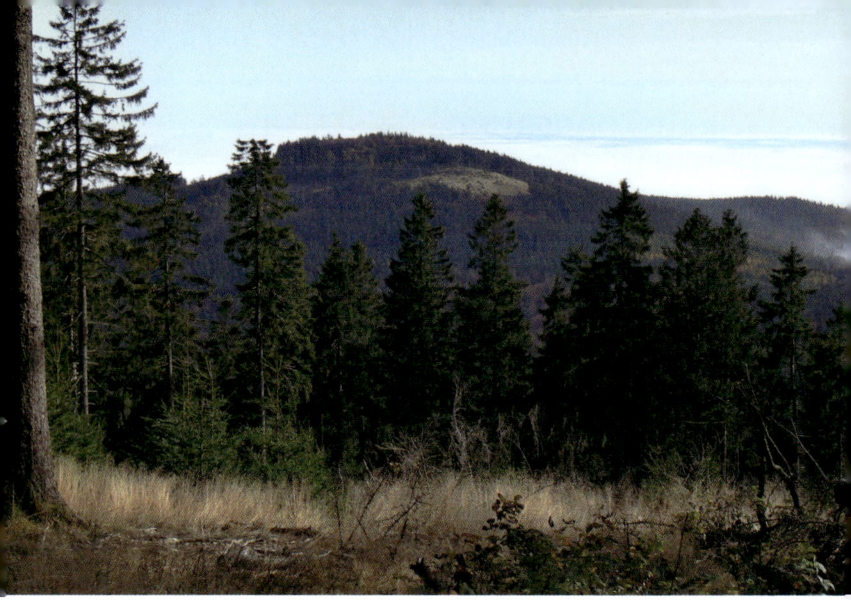

Ein seltenes Bild - nur die Kuppe des Altkönigs schaut bei Inversionswetter aus der Nebeldecke.

Aus Sicht der Rhein-Main-Ebene muss ihr Anblick imponierend gewesen sein – jene zwei gigantischen, hell leuchtenden Steinkränze, die dem knapp 800 Meter hohen **Altkönig** kronengleich aufsaßen. Inzwischen weitgehend zugewachsen, ist heute kaum noch erkennbar, welch ungewöhnlich gut erhaltenes Bodendenkmal der Gipfel mit den beiden Ringwällen aus der Keltenzeit birgt. Um sie zu erleben, muss man per pedes hinauf, was den dritthöchsten Taunusberg nicht zuletzt im kontemplativen Verständnis vom vielbesuchten Großen Feldberg abhebt.

Die Substanz ist beeindruckend genug, darüber nachzusinnen, welche Antriebskräfte hinter der titanischen Leistung zum Errichten der knapp 1.400 und 1.000 Meter langen, mörtellos gesetzten Mauern standen. Mit dem Annex zum Sichern einer Quelle umschlossen sie insgesamt 26 Hektar. Tiefere Geheimnisse werden sich nicht offenbaren, aber eine durchaus allgemeingültige Erkenntnis – des Lebens Hindernisse als Herausforderung anzunehmen. Vielleicht motivierte die Menschen, am Stammeszentrum, wenn nicht an ei-

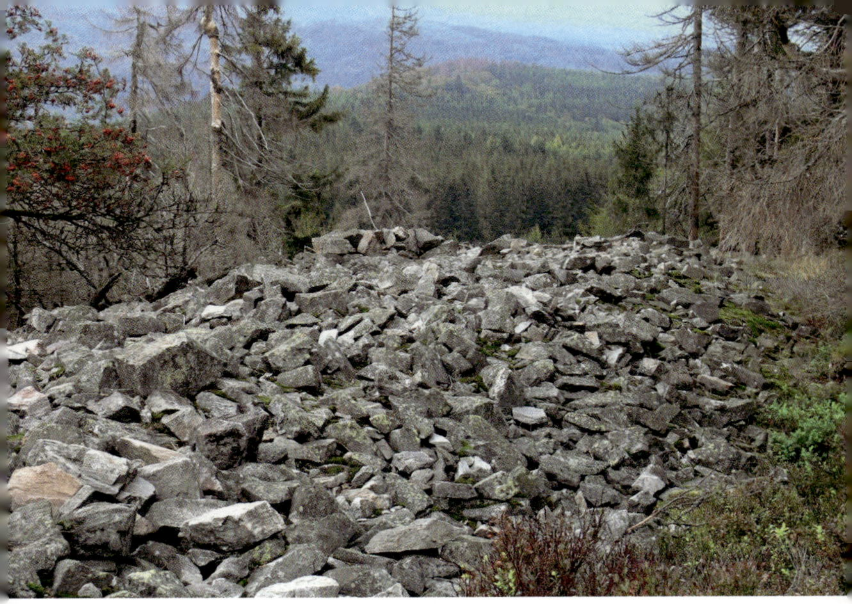

Einer der beiden Ringwälle aus der Keltenzeit.

nem Heiligtum mitzuwirken. Die schwierige Topographie spricht zweifellos gegen ein Arbeiten unter Zwang.

Schon das Material verlangte den Erbauern alles ab. In Form von Quarzithalden lag mehr als ausreichend davon herum, allerdings ist das Zurichten des extrem harten Gesteins schwierig. Dennoch passen die Platten perfekt über- und ineinander, vereinzelt sind selbst Aussparungen für die Balken erhalten, von denen die Mauern kastenartig zusammengehalten wurden.

Diese typische Architektur keltischer Festungen erkannte als erster der Altertumsforscher Carl August von Cohausen bei Grabungen 1882. Nach jahrhundertelangen Spekulationen um germanische oder römische Könige, die hier residiert haben sollen, lag er auch mit der Datierung ins 5. vorchristliche Jahrhundert der frühen La-Tène-Zeit richtig. Keine Schlüsse ließen die spärlichen Funde zu. Das könnte auf eine Fliehburg deuten, doch selbst dafür erscheint das Plateau ungeeignet und der Aufwand zum Instandhalten der witterungsanfälligen Holz-Steine-Konstruktion als zu groß.

Feuchtigkeit und Frost wird der mörtellosen Mauern größter Feind gewesen sein.

Am Ende eine respektheischende Machtdemonstration? Auch Burgen wurden ja nicht allein aus strategischen Gründen auf Erhebungen gesetzt. Da braucht man nur an den Fuß des Altkönigs zu schauen, wo in 450 Meter Höhe die **Falkenstein** thront. Anstelle einer bereits im 11. Jahrhundert errichteten Turmburg namens Nürings – deren Grundmauern restauriert sind – erwuchs zwei Jahrhunderte später eine weithin sichtbare Burg. Über ihr großartiges Panorama bis Odenwald und Spessart kommt man den Motiven der Herren auf dem Altkönig etwas näher. Wer dort saß, beherrschte das Rhein-Main-Gebiet.

Wegbeschreibung

Als „Basislager" für einen Gipfelsturm auf den Altkönig ist der Königsteiner Ortsteil **Falkenstein** gut geeignet. Der fordernde Anstieg über die südöstliche Flanke kann den Respekt vor der Bauleistung der Kelten nur noch steigern. Dagegen wirkt ein Abstecher zur Burg Falkenstein wie ein Spaziergang. Ob am Wanderanfang oder -ende, in gut fünf Minuten steht man an dem aussichtsreichen Gemäuer; einige Schritte weiter bieten sich vom **Dettweiler Tempel** fast noch bessere Ausblicke. ❶

Die Ruine ist ab der katholischen **Pfarrkirche** angezeigt. Wenige Schritte unterhalb liegt die Bushaltestelle Ehrenmal. Am Verkehrskreisel davor nehmen wir die Markierung blauer Strich auf, kurz abwärts und links an dem großen, von einer Klinik genutzten Backsteinbau in den Debusweg. Vorbei an der **evangelischen Kirche** im Jugendstil und dem **Friedhof** mit benachbartem jüdischem Gräberfeld, gelangt man zum Wald, durch den es mäßig hinan geradeaus weitergeht.

Bewegung in die Topographie kommt nach gut 1.500 Metern, wenn wir an einer kleinen Schutzhütte links mit dem nun maßgeblichen grünen Strich in den Hang einsteigen. Ohne Unterlass, teils über holpriges Geläuf, muss zwischen luftigen Fichten gekraxelt

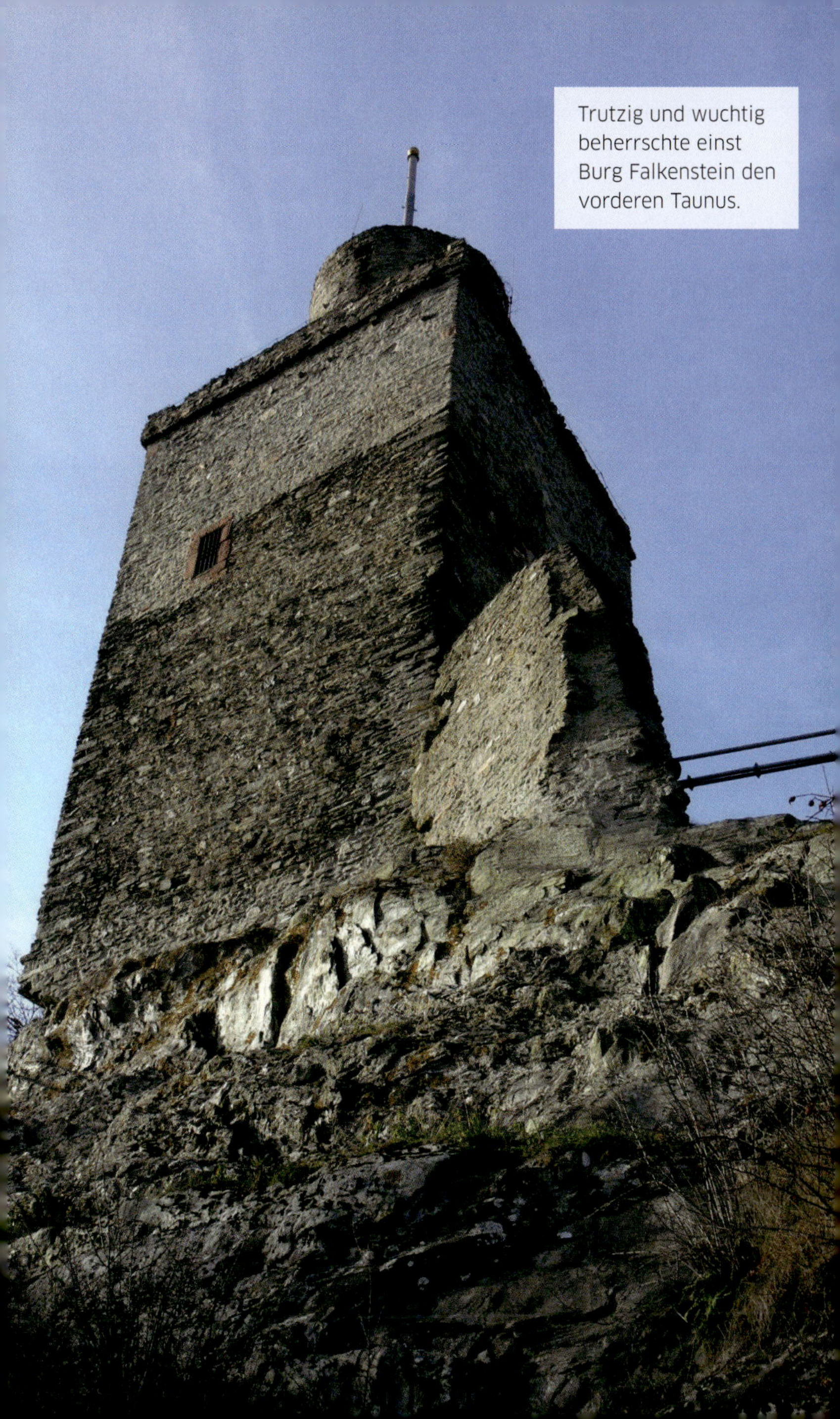

Trutzig und wuchtig beherrschte einst Burg Falkenstein den vorderen Taunus.

werden. Erst oben senkt sich der Neigungswinkel, bis es an einer gerodeten Stelle auch ebener wird. Die kommt gerade recht, um nochmals Luft zu schöpfen für die letzten Meter nach dem Rechtsknick in einen steinigen Pfad – Vorbote der Ringwälle am Altkönig.

Es dauert nicht lange, und fast unvermittelt stehen wir auf dem äußeren der beiden Ovale. An dieser Seite sind sie zu breiten Laufstegen zusammengesackt, die zu betreten erlaubt ist. Bei jedem Schritt knirscht und seufzt da der schier unverwüstliche Taunusquarzit. Überlebenskünstler wie die Buche krallen sich gar in die Gesteinsränder und trotzen – verwachsen und gezaust – den klimatischen Widrigkeiten auf dem Gipfelplateau. ❷

Etwas Platz blieb noch für Blickschneisen zum Großen Feldberg und der Wetterau. Beim Abstieg – unverändert mit dem grünen Strich – wechseln wir in die Nahsicht, um den Pfad durch die geröllartigen Wälle der Nordflanke zu bewältigen. Unterhalb davon weitet sich der Weg und findet kurvenreich Anschluss an die flache Passage links mit gelbem Strich über gut einen Kilometer zum **Fuchstanz**. Gleich zwei Lokale auf dem 662 Meter hohen Pass zwischen Großem Feldberg und Altkönig versorgen die Ausflügler. ❸

Hinter dem rechtsseitigen mit Schriftzug „Fuchstanz" vor dem Freisitz orientiert man sich jetzt an den Zeichen Punkt und Zeiger (beide schwarz) gen **Glashütten**. Der Ort steht aber nur für die Großrichtung unter mächtigen Buchen über einen Kilometer abwärts bis zu einer **Schutzhütte**. Nun zählt einzig der Zeiger. Einige Hundert Meter weiter schwenkt er nach Überschreiten des Reichenbachs links ein und kurz darauf scharf links-rechts, um dem Rinnsal per schmalem Pfad zu folgen. ❹

Der im oberen Bereich Ansätze zu einem Niedermoor zeigende Taleinschnitt ist naturgeschützt; so bleiben umgestürzte Baumveteranen liegen und dienen tellergroßen Pilzen als Lebensversicherung. Unten weitet sich die Szenerie zu einer Wiese und dann einem Weiher. Ohne den Zeiger laufen wir davor links hinüber und rechts geradewegs nach **Falkenstein**.

7 GUT VERSTECKT – WÄLLE UND WERKGRABEN

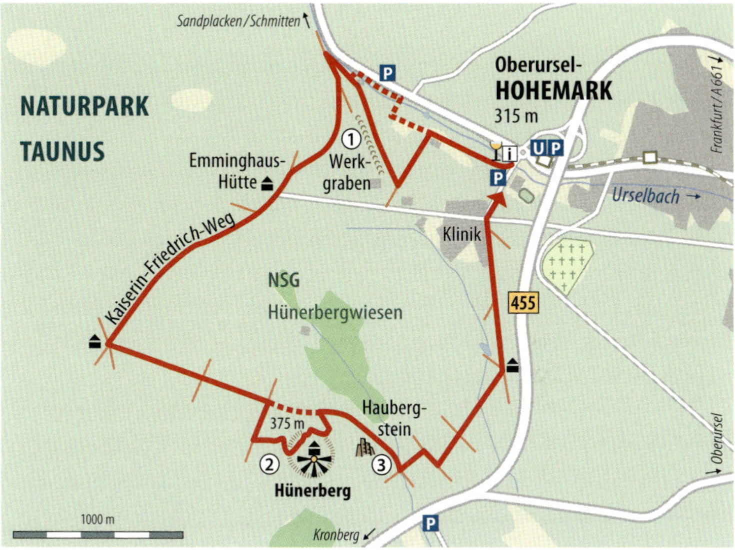

Oberursel-Hohemark. Wo heute Bäume wachsen, sah es noch um 1900 ganz anders aus. Nur wenige Spuren erinnern daran, dass hier eine große Spinnerei stand. Entdeckenswert auch der Ringwall am aussichtsreichen Hünerberg.

Start: An der Endhaltestelle Oberursel-Hohemark der U3. Dort (kostenfrei) und vor dem Taunus-Infozentrum gibt es Parkplätze
Länge: 9 km **Höhenmeter:** 240 m
Einkehr: Restaurant „Waldtraut" im Taunus-Infozentrum (täglich geöffnet); asiatisches Restaurant „Seoul" (montags Ruhetag)
Geöffnet: Taunus-Infozentrum an der Hohemark. Neben Karten und Prospekten gibt es Mitmachstationen zum „aktiven" Erleben des Mittelgebirges

„Fern und ernsthaft", schrieb Johann Wolfgang von Goethe in *Dichtung und Wahrheit*, habe ihm stets „das Gebirge" mit dem „Feldberg" vor Augen gestanden. Die Bezeichnung „Taunus" gab es noch nicht, und auch sonst war vieles anders. Bis weit ins 19. Jahrhundert zeigten sich die Gipfel kahl und steinig, während tiefere Lagen der Beweidung dienten. Selbst die prähistorischen Ringwälle um den **Altkönig** oder am **Hünerberg** glänzten noch beeindruckend in der Sonne.

Naturgemäß weckte dies den Forscherdrang. Das mystische Denken, wie es die althergebrachten Namen überlieferten, verlangte nun nach Aufklärung. Weder saß ein germanischer Herrscher auf dem knapp 800 Meter hohen Altkönig, noch hatten Hünen oder Riesen, woran das verballhornte „Hünerberg" erinnert, die Steinmassen eine Etage tiefer gefügt. Allerdings erwiesen sich bei letzterem die Grabungen um 1900 als weniger eindeutig.

Statt der erhofften Kelten wie am Altkönig entdeckte man für die letzte Ausbaustufe der knapp zwei Meter starken Trockenmauern eher Hinweise auf das Frühmittelalter. Vermutlich schützten sie eine Fliehburg. Einzelfunde reichen gleichwohl bis in die späte Bronzezeit zurück, und auch die Römer wussten den grandiosen Ausblick über die Mainebene zu schätzen.

Das offene Terrain bot sogar noch in jüngerer Zeit ungeahnte Entwicklungsmöglichkeiten. Wo heute an der **Hohemark**, dem zentralen Einstiegsportal zum Hochtaunus, die Waldungen beginnen, sah es bis ins frühe 20. Jahrhundert ganz anders aus. Statt Blätterrauschen erfüllte der Lärm eines der größten Textilbetriebe im Rhein-Main-Gebiet das Urselbachtal. Bis zu 400 Beschäftigte zählte die 1860 gegründete „Aktiengesellschaft für Spinnerei und Weberei Hohe Mark". Zahlreiche Produktionsstätten säumten den Bach, eine werkseigene Gasanlage versorgte Fabrik- und Verwaltungsbauten, wie auch die Sozialeinrichtungen als vorbildlich galten, einschließlich Unterkünfte für „Ledige und Familien", Gesangs- und Turnverein.

Dank einer technischen Pioniertat lief der Absatz glänzend. Insgesamt vier Kilometer lange Werkgräben speisten – bei nur zwei

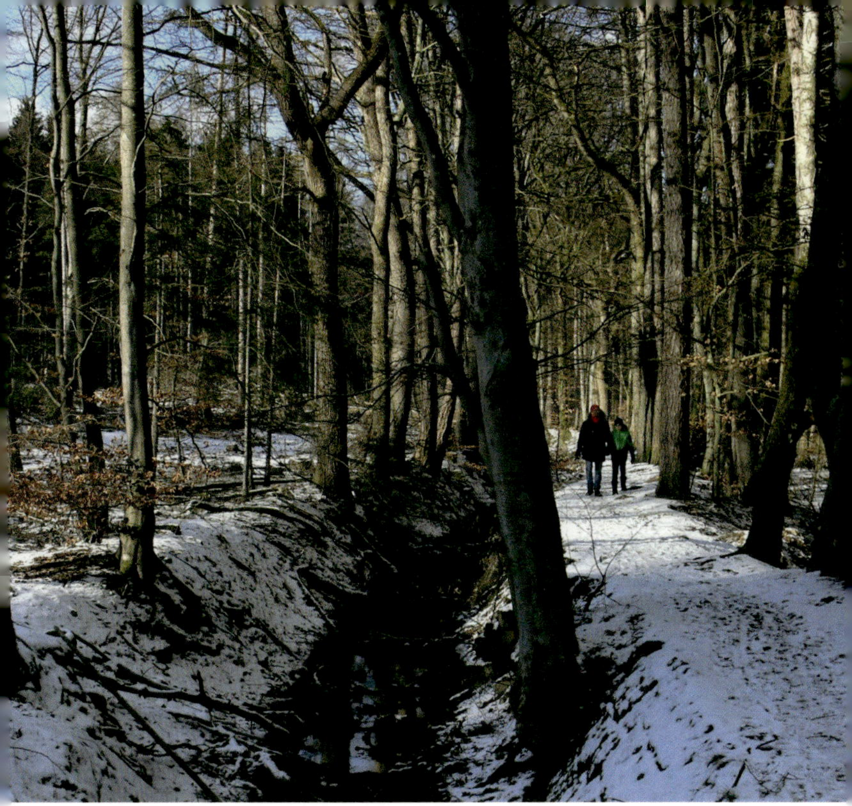

Im Gelände blieb der ursprünglich gut vier Kilometer lange Werkgraben am besten erhalten.

Meter Gefälle – eine 600 Meter messende Turbinenleitung, die wiederum auf die pfeilergestützte, 700 Meter lange Drahtseiltransmission wirkte, der damals längsten Europas. Am Ende stand eine 40 PS leistende Turbine, genug zum Antrieb von über 10.000 Spindeln.

Dennoch unterlag man auf Dauer der industriellen Konkurrenz; 1902 ging die Spinnerei in Konkurs, diente dann verschiedenen Herstellern, ehe 1919 ein Großfeuer die Anlage fast vollständig zerstörte. Da abseits liegend (gegenüber der U-Bahn-Endstation), blieben lediglich das vormalige Direktions- und einige Wohngebäude verschont. Außerdem können noch, jetzt versteckt im Wald, längere Strecken des Werkgrabens verfolgt werden.

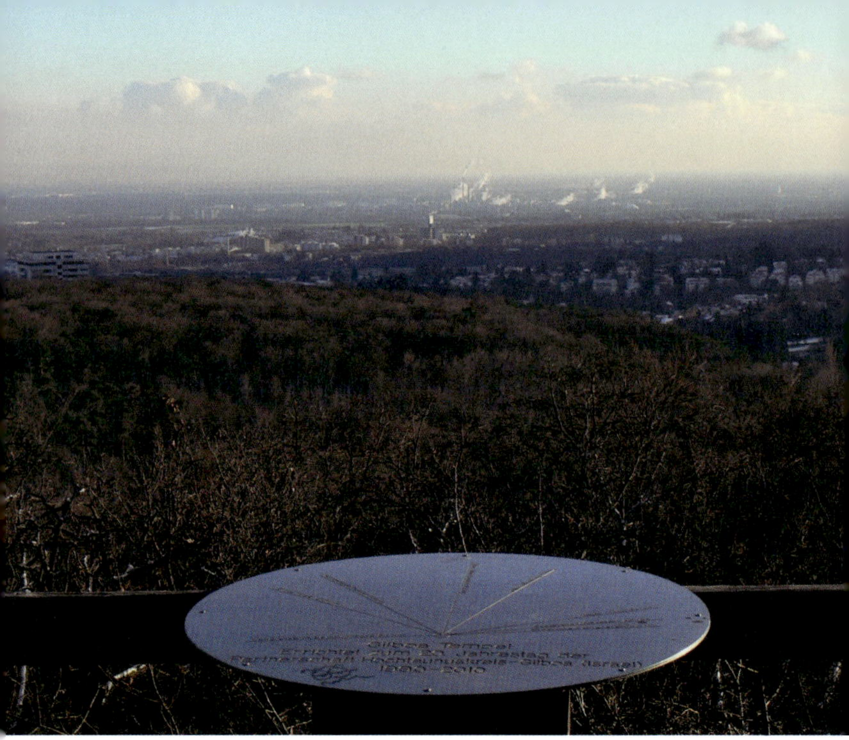

Orts- und Entfernungsangaben auf dem Hünerberg erleichtern die Orientierung im Rhein-Main-Gebiet.

Wegbeschreibung

Für den Hünerberg und die Relikte der Spinnerei bildet die Hohemark den besten, weil nächstgelegenen Zugang. Abgesehen von der guten Erreichbarkeit via U-Bahn gibt es große Parkplätze, und die Infrastruktur wurde in den vergangenen Jahren durch das touristische **Informationszentrum** sowie das **Gasthaus Waldtraut** aufgewertet.

Fast alle Wanderzeichen zeigen ins Urselbachtal. Deshalb muss keines hervorgehoben werden, zumal der Hauptweg bereits nach wenigen Hundert Metern in Höhe des ursprünglichen Pump- und heutigen Wasserwerks links ab verlassen wird (es sei denn, man spart den Werkgraben aus und verbleibt geradeaus). Davor steht eine zeichnerische Rekonstruktion der **Spinnerei** und ihrer Betriebsabläufe. Der ansteigende Pfad hält auf den Wald zu, wo wir den **Oberurseler Mühlenweg** sichten. Keine 300 Meter weiter weist sein Symbol, Bachflohkrebs vor Mühlrad, rechts zum Werkgraben. Über etwas erhöhtem Weg begleitet man die noch gut erhaltene Rinne, flankiert von einem dichten Eichen- und Buchenspalier. ❶

Das Pfädchen stößt dann hinter dem roten Gebäude – früher eine Mühle – auf den am Urselbach verlaufenden Hauptwanderweg. Allerdings nur kurz: Bereits nach gut 100 Metern lassen wir ihn scharf links in Richtung Falkenstein zurück, später auch angezeigt als Kaiserin-Friedrich-Weg. Leicht hinan wandelt man quasi auf hochherrschaftlichen Spuren, nutzte doch die Witwe Kaiser Friedrichs III., Victoria, diese Passage bei Ausfahrten von ihrem Ruhesitz in Kronberg.

Damals im späten 19. Jahrhundert war der Taunus längst erschlossen. Einem der Wegepioniere des Taunusclubs ist die **Emminghaus-Hütte** gewidmet, an der wir nach einer Viertelstunde vorbeikommen. Hier stoßen mehrere Zeichen hinzu, wodurch sich an der Hauptrichtung – jetzt mit dem blauen Strich – nichts ändert. Weiter in Nadelwald etwa 1.200 Meter bis zur nächsten, etwas einfacheren Hütte neben einer fünfarmigen Kreuzung. Daraus wählen wir den gegenüber abwärts zielenden Weg.

Einer Markierung bedarf es da noch weniger. Gut 800 Meter heißt es schnurgerade bis zum zweiten Querweg. Möchte man den **Hünerberg** auslassen, dann unverändert hinab für den Anschluss an den schwarzen Punkt. Ansonsten rechts 250 Meter bis zum Auftreten jenes Punktes: Mit ihm schwenkt man links in einen unscheinbaren Pfad für den kurzen Gipfelsturm auf den Hünerberg. ❷

Das Zeichen quert das gesamte Plateau von der Hütte an der Südflanke mit ihrem großartigen Ausblick über den Untermain bis zur rückwärtigen Schneise, vor der sich das Massiv des Altkönigs aufbaut. Ein Schlängelpfad führt wieder hinunter und ab der Kreuzung rechts zum nahen **Haubergstein**, ein wuchtiger Monolith, der gleichsam als Zugangsturm den Hünerberg bewacht. ❸

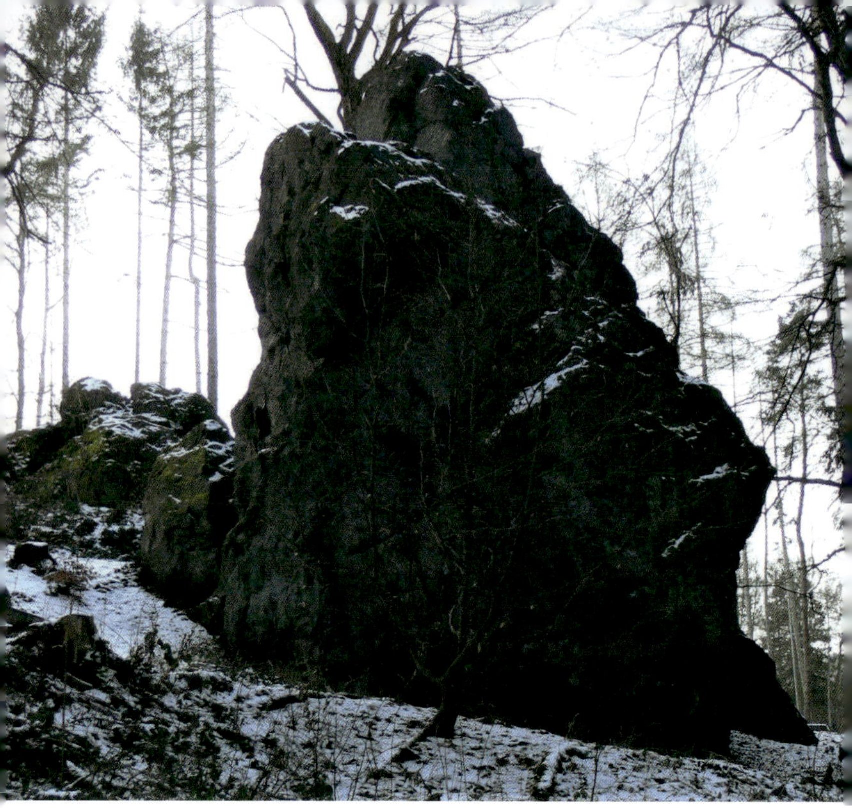

Gleichsam als Zugangsturm bewacht der wuchtige Haubergstein den Hünerberg.

An der Kreuzung 300 Meter danach halten wir uns ohne Markierung links, am nächsten Querweg – vor einer Holzbank – rechts und bald darauf links mit weißem Strich und weiteren Zeichen über knapp zwei Kilometer zur angezeigten Hohemark.

8 SAKRALE LANDSCHAFT

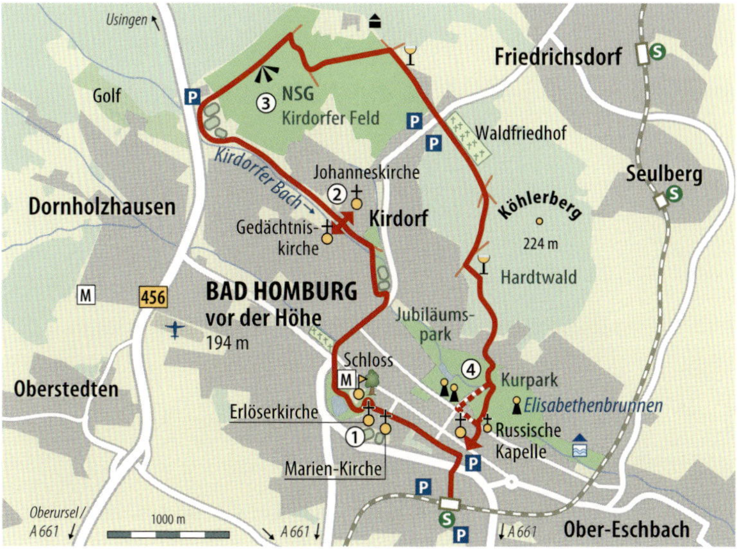

Bad Homburg. Sie wirken wie aus ferner Vergangenheit hinübergerettet, und doch sind sie Ausdruck des Zeitgeistes, die neugotischen und neoromanischen Kirchen des Kurorts. Vom naturgeschützten Kirdorfer Feld sind sie beeindruckend zu überschauen.

Start: Am Bad Homburger S-Bahnhof; die Parkmöglichkeiten sind hier wie in der gesamten Innenstadt begrenzt und kostenpflichtig

Länge: 12 km **Höhenmeter:** 80 m

Einkehr: Hotel-Restaurant Hardtwald

Geöffnet: Die genannten Kirchen stehen – abgesehen von der Gedächtniskirche – tagsüber offen; die Erlöserkirche nicht montags. Führungen durch das Schlossmuseum, täglich 10 bis 16 Uhr; der Schlosspark ist frei zugänglich

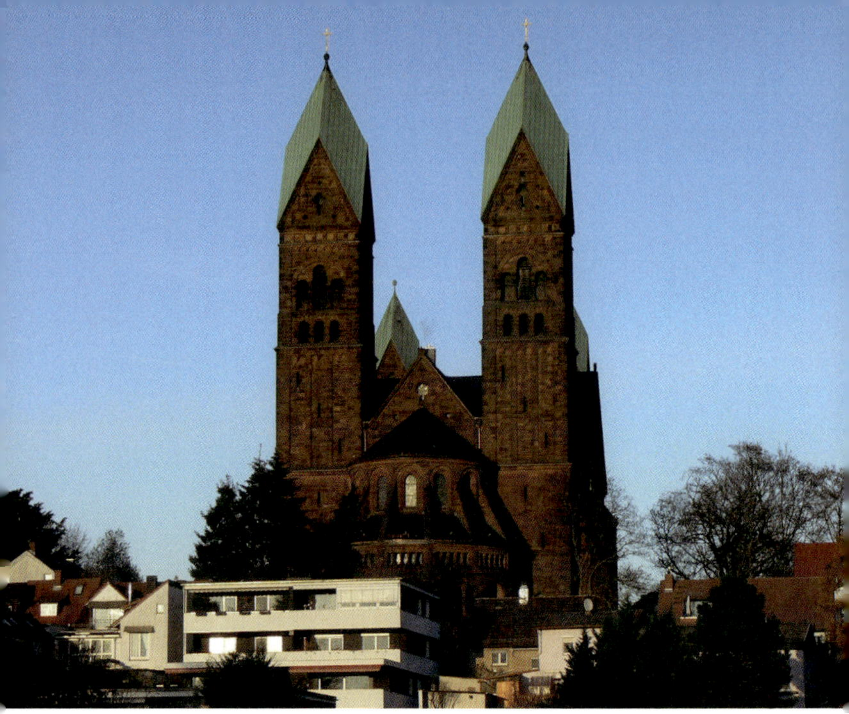

Nicht der Speyerer Dom, sondern die neuromanische Erlöserkirche über Bad Homburg.

Von oben, dem Kirdorfer Feld aus betrachtet, wirkt das Ensemble wie aus einer Zeit, als Kirchen den Menschen in jeder Hinsicht Orientierung gaben. Rückwärtig erheben sich über Bad Homburg die vier romanischen Türme der **Erlöserkirche** sowie benachbart der gotische von **St. Marien**, während vorne die Doppelturmfassade der Kirdorfer **Kirche St. Johannes** und die erhöht angelegte **Gedächtniskirche** wahrhaft herausragen.

Das bewegende Bild der Homburger Sakrallandschaft ist freilich ein nachgeholtes, idealisierendes. Keines der Gotteshäuser entstammt den Epochen, der ihre Architektur entlehnt wurde. Alle entstanden um 1900, als man auf dem Hintergrund gewachsenen nationalen, aber auch lokalen Selbstbewusstseins in einen mehr oder weniger bewussten Wettstreit um die prächtigste und größte Kirche trat. Letztmals spiegelte er die Rivalität der zwei großen Konfessionen wider,

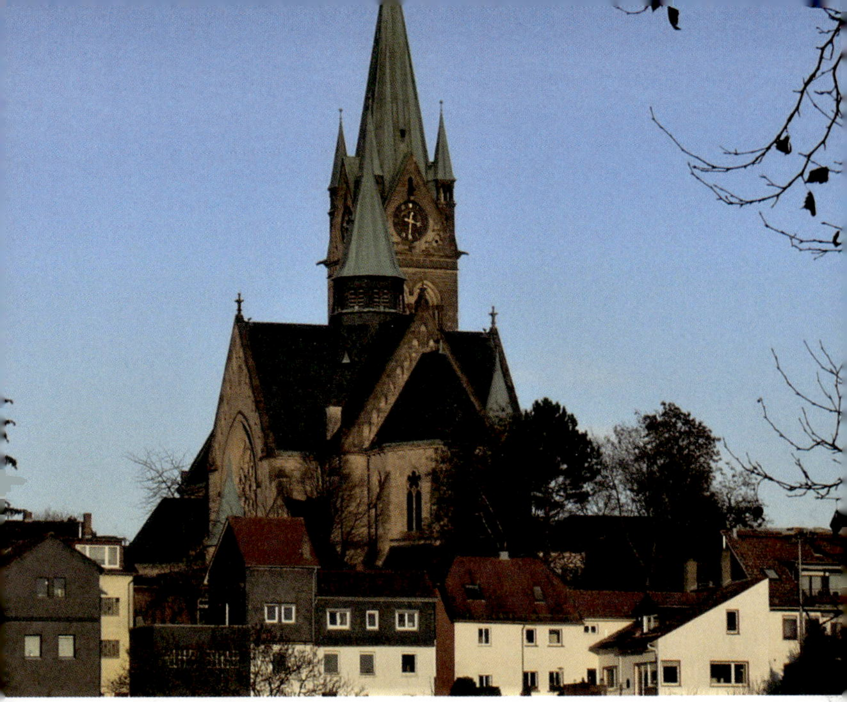
Auch sie wurde dem Mittelalter entlehnt – die katholische Marien-Kirche von 1894.

zugleich steht er für ihre beiderseits gewachsene Duldung, was durchaus Anleihen an Stilmittel und Ausstattung einschloss.

Der Zuzug Andersgläubiger erforderte im katholischen, einst mainzischen Kirdorf 1913 den Bau der evangelischen Gedächtniskirche; umkehrt erlaubte Preußen mit der Marien-Kirche 1894 eine katholische Andachtsstätte im protestantischen Homburg. Zuvor mussten Katholiken nach Kirdorf ausweichen. Raum genug gab es. Der 1.500-Seelen-Ort schuf bis 1862 mit St. Johannes ein mächtiges Gotteshaus von über 500 Plätzen, bald „Taunusdom" getauft. Das ringsum verlaufende Bildprogramm der sieben Sakramente in einer meisterhaften Mischung aus Beuroner Schule und Jugendstil wurde erst Mitte der zwanziger Jahre abgeschlossen.

Mit ihren romanisch-byzantinischen Zitaten nahm die Johanneskirche vorweg, was auf dem Höhepunkt dieser Entwicklung in Ge-

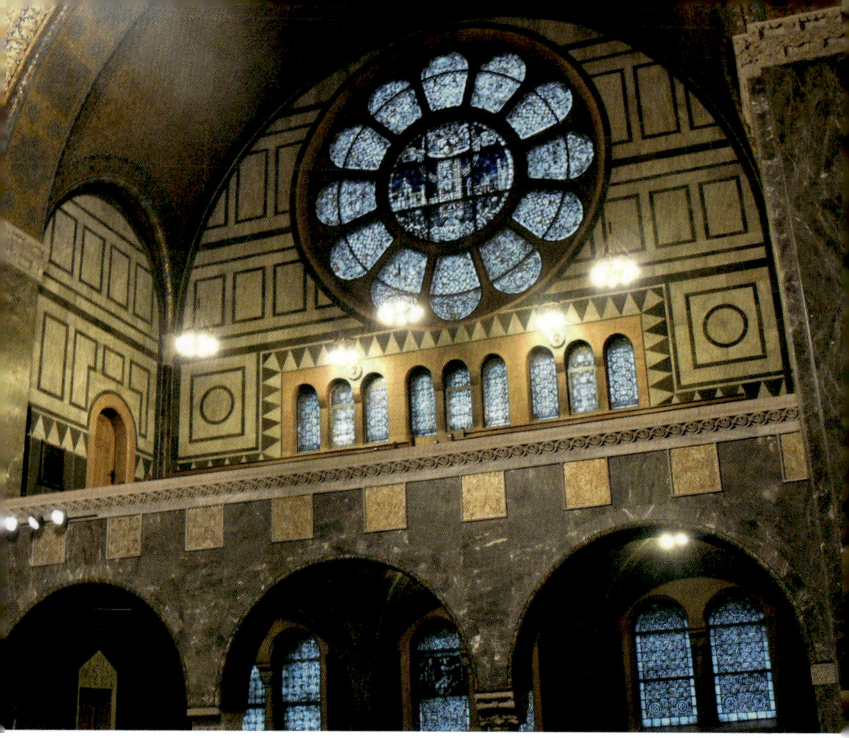

Marmor und Mosaike prägen das Innere der byzantinisch beeinflussten Erlöserkirche.

stalt der Erlöserkirche 1908 nach Plänen von Max Spitta und Franz Schlechten seine Vollendung finden sollte. Dürfte sie auch ohne den historisierenden Zeitgeist und die Vorstellungen Kaiser Wilhelm II. so kaum entstanden sein, bilden Zentralbau, Lettner und die goldglänzenden Mosaike gleichwohl eine originäre Lösung.

Für die Akzeptanz eines solch „exotischen" Gotteshauses war nicht unerheblich, dass es dem Wunsch der evangelischen Gemeinde nach einem angemessenen Neubau des aufstrebenden Homburgs entgegenkam. Jahrelang wurde geplant und gesammelt, doch erst seit Wilhelm den Kurort zu seiner favorisierten Nebenresidenz erkoren hatte, beschleunigten sich die Dinge, wobei er gut daran tat, die Bauleitung dem allseits geschätzten Louis Jacobi zu übertragen.

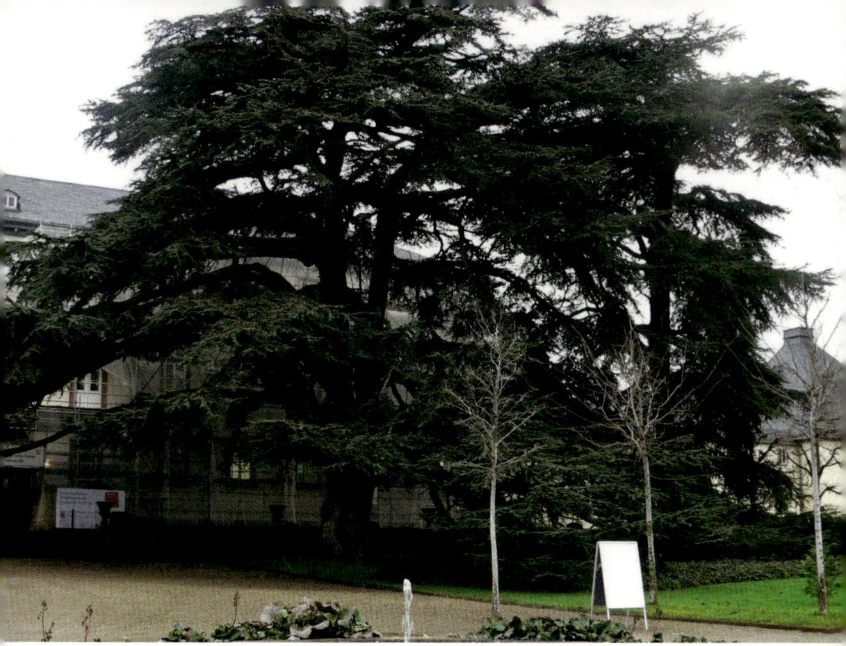

Wie zur floralen Ergänzung der Erlöserkirche gepflanzt - die ausladende Zeder am Schloss gegenüber.

Wegbeschreibung

Vom neugestalteten Vorplatz des **Bad Homburger Bahnhofs** gelangt man in Richtung Innenstadt über die Baseler Straße und dem per Steg zu kreuzenden Hessenring. So man nicht die zentrale Louisenstraße nutzt, queren wir den Rathausplatz nach links und geradeaus weiter durch die Straße Schöne Aussicht, nahtlos in die Dorotheenstraße mit ihren wohlerhaltenen Barockhäusern wechselnd. Doch selbst dieses architektonische Umfeld überging man beim favorisierten Rückgriff auf das Mittelalter für die Kirchenneubauten, wurden auch beide, Marien- und Erlöserkirche, etwas hinter die Fluchtlinie der Mansardgebäude zurückgenommen. ❶

Zu deren orientalischen Zitaten fügt sich schon eher die ausladende Zeder am nahen Eingang zum **Schlossmuseum**. Wir umgehen die Anlage der Homburger Landgrafen linksseitig in den **Park**; wahlweise können wir zum Teich abwärtslaufen oder oberhalb verweilen und dann hinunter, um am Heuchelbach dem Ausgang vor der Kreuzung Saalburgstraße/Ritter-von-Marx-Brücke entgegenzustreben; dort rechts in die Dietigheimer Straße.

Nach etwa 500 Metern auf der linken Gehwegseite steigt man kurz hinter der Brücke über den Kirdorfer Bach spitzwinklig links zur Landgrafenstraße ab und damit der Markierung schwarzer Strich. Sie führt in der anschließenden Bachstraße nach Kirdorf hinein. Soll die (nicht zu besichtigende) **Gedächtniskirche** einbezogen werden, folgt man links der Kirdorfer und dann der Weberstraße (hin und zurück etwa 600 Meter). Auch für die **Johanneskirche** im verwinkelten Kern sind einige Schritte – rechts in die Hauptstraße – abzuweichen. ❷

Am Ende der Bachstraße wechseln wir schräg gegenüber zum Weberpfad, der den Kirdorfer Bach begleitet. Dieses naturbelassene Tälchen ist schon eine Besonderheit inmitten der dicht besiedelten Homburger Gemarkung – kaum weniger bemerkenswert wie der Schutzstatus des Kirdorfer Feldes, gewissermaßen in Bestlage über der Kurstadt.

Aus dem angrenzenden **Sportzentrum** gelangt man in Höhe der Unterführung der Bundesstraße rechts mit dem blauen Punkt des Hugenottenpfads hinüber: Erst quert er den Parkplatz, dann zeigt er nach **Stadion** und **Reiterhof** in das dank flächiger Streuobstbestände geschützte Areal. Da ist viel Platz für beste Aussichten über die sakralen Türme Homburgs zu den profanen Frankfurts. ❸

Die befestigte Strecke biegt nur einmal rechts, dann links ab und endet am Rotlaufweg; hier rechts mit den nun maßgeblichen Zeichen grüner und roter Strich. Unten kreuzen sie die Landstraße am Übergang zum **Waldfriedhof**. Seinen Namen entlehnt er vom **Hardtwald**, in den die Markierungen tiefer eindringen, zunächst geradeaus, bald jedoch nach dem Friedhof an der Kreuzung halbrechts in den Schlängelpfad.

Ein Spielplatz sei uns Signal, links abzuschwenken, vorbei am **Hotel-Restaurant Hardtwald**, und gleich nochmals unter mächtigen Buchen über einen kurvigen Weg weiter bergab bis vor die in großzügigen Parks thronenden Anwesen am **Wingertsberg**. Die

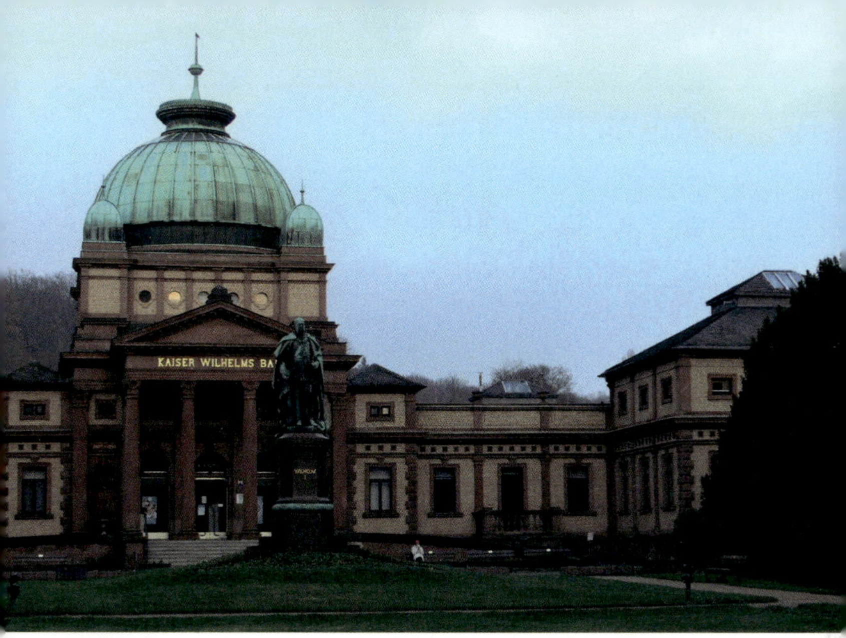

Eine Kathedrale des Kaiserreichs – das 1890 erbaute Kaiser-Wilhelms-Bad im Kurpark.

Lindenallee durch eines von ihnen, **Villa Reimers**, ist öffentlich. Die Striche weisen allerdings außen herum und in den **Kurpark** hinein. ❹

Sie geben den Weg zwischen **Kaiser-Wilhelms-Bad** und **Russischer Kapelle** vor. Oder man wählt die querende Kisseleffstraße zu den **Denkmälern** von Kaiser Friedrich III. und seiner Gattin Victoria; dann links die nach Friedrich benannte Promenade hinab zur 1899 eingeweihten Kapelle im altrussischen Stil. Durch die Friedrichstraße gegenüber findet man in direkter Linie zum bekannten Auftaktstück.

9 AUS SICHT DER RÖMER

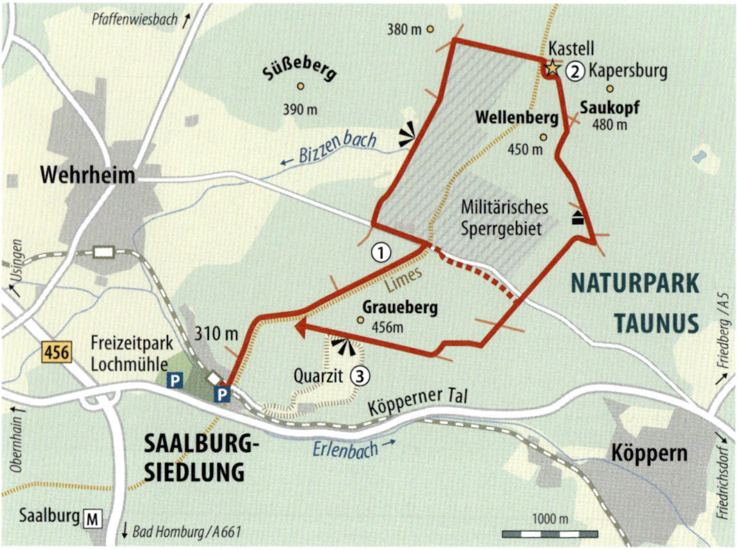

Wehrheim, Saalburg-Siedlung. Schon am Bahnsteig wird man mit Informationen empfangen. Wer sich auf römische Spuren durch den Taunus begibt, erhält zu Gehalt und Gestalt von Limes und Kastellen erschöpfend Auskunft.

Start: An der Station Lochmühle/Saalburg-Siedlung der Taunusbahn im Köpperner Tal; ringsum auch viel Parkraum
Länge: 15 (8) km
Höhenmeter: 330 m
Einkehr: Unterwegs keine
Geöffnet: Die Kapersburg ist frei zugänglich

Nach langer, schwieriger Vorbereitung über vier Bundesländer hinweg war es 2005 endlich soweit – die UNESCO erhob den römischen Limes zum Weltkulturerbe, um genau zu sein, den Oberger-

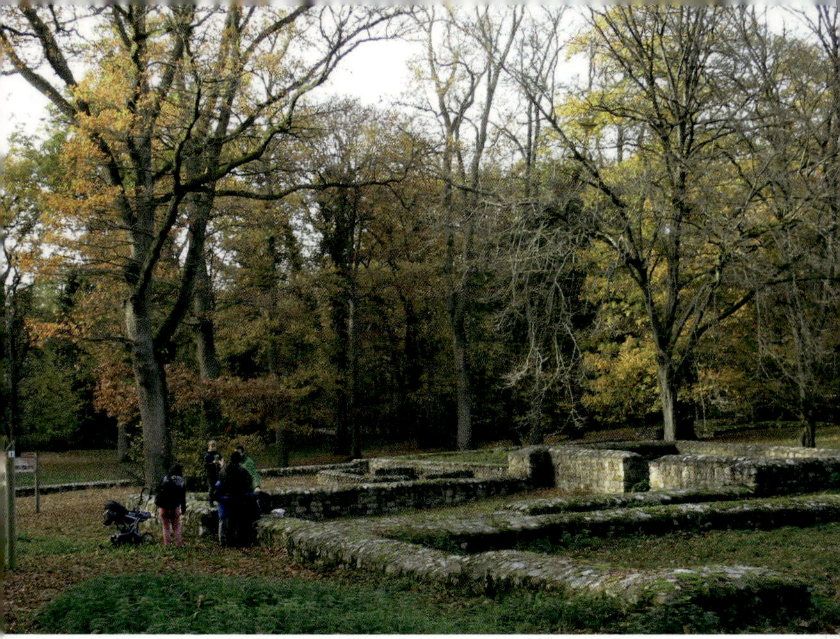

Landschaftspark oder römische Ruine? Das Kastell Kapersburg.

manisch-Rätischen Limes als Teil des Großprojekts aller „Grenzanlagen des Römischen Reiches“. Der 550 Kilometer lange „deutsche“ Abschnitt zwischen Mittelrhein und Donau rangiert da hinter dem nordenglischen Hadrianswall an zweiter Stelle. Im Bemühen, diesem größten Bodendenkmal Europas durch Rekonstruktionen, Lehrpfade oder Führungsdienste („Cicerones“) Gehalt und Gestalt zu geben, vermutlich aber ganz vorne.

Grundlage bildet das jahrzehntelange Wirken der Reichslimeskommission ab 1892, das den Verlauf samt Kastellen (120) und Türmen (900) klärte, hat auch die jüngere Forschung manch frühe Vorstellung zurechtgerückt. Heute sieht man im Limes weniger ein unüberwindliches Bollwerk, als eher Machtsymbol und Annäherungshindernis, das, wie die Germaneneinfälle im 3. Jahrhundert zeigten, keine ernsthafte Hürde darstellte. Hilfstruppen, Siedlungswilligen oder Händlern stand die Grenze immer offen. Solche Übergänge sicherten größere Kastelle, und wo regional Gefahren drohte, wurden Wall und Türme verstärkt.

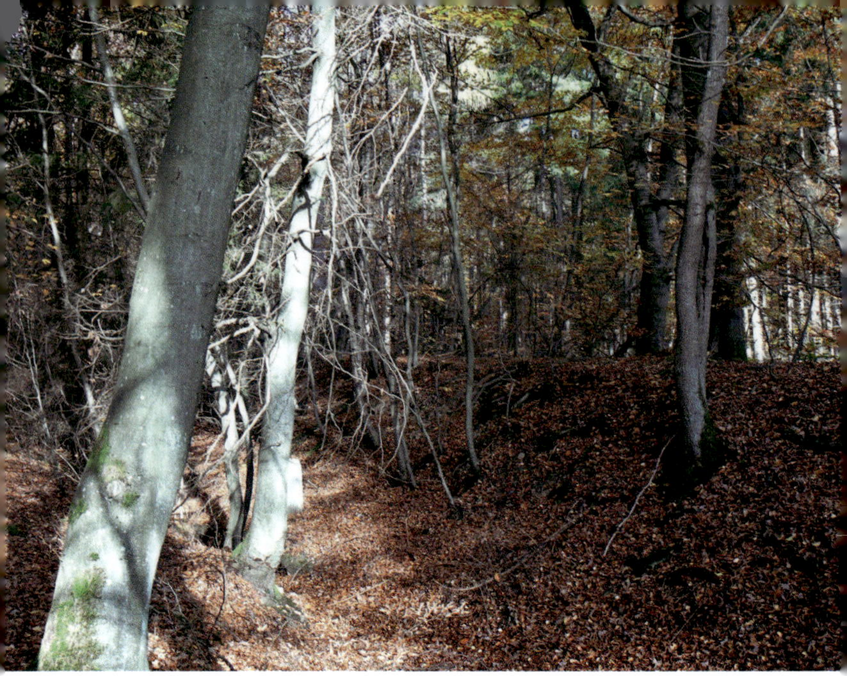

Fast glaubt man in den Bäumen die einstige Palisade am Limes zu erkennen.

Für das überlegte Anpassen an Topographie und Feindeslage bietet der Hochtaunus die beste Anschauung. Das bergig-steinige Terrain konservierte wie nirgends sonst den Wall und gibt damit zu erkennen, wie strategisch klug die Strecke östlich des Hauptkammes verlief, um unruhige Stämme wie die Chatten im Usinger Becken im Auge zu behalten.

Entsprechend waren die Türme massiver gemauert und mit der **Saalburg** ein bedeutendes Militärlager angesiedelt, flankiert von den knapp halb so großen Kastellen **Kleiner Feldberg** und **Kapersburg**. Während die Römerbegeisterung im Deutschen Kaiserreich bereits um 1900 die Saalburg wieder entstehen ließ, konnten dank der im Vorfeld zur Anerkennung als Welterbe freigesetzten Mittel auch die zwei kleineren Kastelle in Grundzügen gesichert und landschaftspflegerisch aufgewertet werden. Wo zuvor wuchernde Vegetation das Gemäuer verdeckte, erstrecken sich jetzt gekieste Wege unter schattigen Bäumen. Die Besonderheit der Ka-

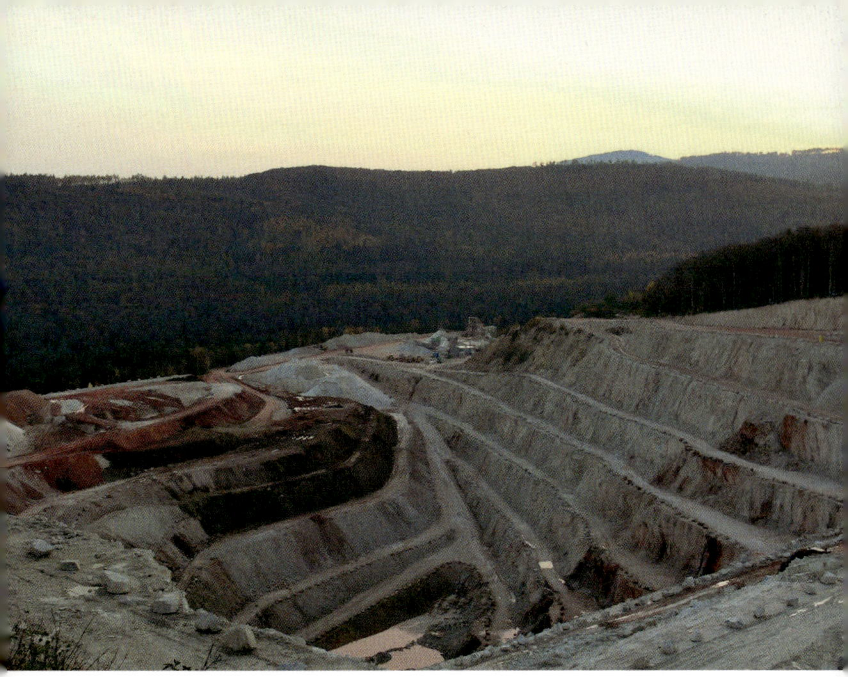

Über 140 Meter Höhe und sieben Trassen erstreckt sich am Graueberg der größte Quarzitbruch Europas.

persburg liegt im baulichen Nachweis der schrittweisen Aufgabe des Limes unter dem Druck der Germaneneinfälle bis 260 n. Chr. Am Ende wurde nur noch ein Viertel der ursprünglichen Kastellgröße von 1,6 Hektar genutzt.

Bedarf es auch der Imagination für Römer auf Wachgang, die prachtvollen Laubwälder dürften vor 1.800 Jahren kaum anders ausgesehen haben. Nur an einer Stelle sind sie weit aufgerissen – im Köpperner Tal für den größten **Quarzitbruch** Europas. Von einem Aussichtspunkt 140 Meter über der untersten der sieben Trassen kann man zusehen, wie Kipplaster das gesprengte Material von 4.000 Tonnen täglich zu den Brecher-, Sieb- und Entstaubungsanlagen transportieren. Ob bereits die Römer das limesnahe Areal nutzten, muss offenbleiben. Bei Kastellen und Türmen fand das spröde Gestein jedenfalls Verwendung.

Wegbeschreibung

Praktischerweise bringt die Taunusbahn den Wanderer direkt zum Limeseinstieg in das Köpperner Tal. Noch am Haltepunkt nahe des Freizeitparks **Lochmühle** wird man mit Informationen zu Bedeutung und Aufbau des Limes versorgt. Die Tafeln sind Teil eines 30 Kilometer langen „Erlebnispfades" durch den Hochtaunus, dessen Einrichtung gleichfalls auf die Anerkennung als UNESCO-Welterbe zurückgeht. ❶

Das gehobene Wohnviertel jenseits der Gleise wird lediglich am Rande berührt, wenn es mit dem stilisierten Limesturm (schwarz) – und weiterer Zeichen – eine Straße hinaufgeht. Gleich dahinter beginnt der Wald, wo der noch erstaunlich mächtige Grenzwall wie eine Leitplanke die Richtung vorgibt. Die meisten Markierungen biegen bald über den Wall ab; wir verbleiben beim Türmchen links davon. Erst nachdem etwa zwei Kilometer später eine dunklere Fichten- und Niederwaldpartie durchschritten und ein Sträßchen erreicht wurde, ändert sich das.

Es ist die Zufahrt des nahen Bundeswehrdepots **Köppern**. Das Limeszeichen umschifft es großräumig gen **Kapersburg** östlich. Etwas kürzer und angenehmer, weil flacher, ist die Variante links herum. Es sei denn, man lässt das Kastell aus. Dann rechts mit dem Türmchen über den Schlängelpfad parallel zur Straße und nach gut 1.000 Metern rechts in die Hauptstrecke eingefädelt.

Ansonsten heißt es links dem breiten Asphaltband zum Haupttor der Militäreinrichtung gefolgt und dahinter rechts zwischen Heckensaum und Zaun auf nun unbefestigtem Weg weiter. Einmal erhaschen wir hierbei quasi den Blick der Römer über Wehrheim und das Usinger Becken bis zum Großen Feldberg, nur um gleich wieder von Bäumen verdeckt zu werden. Noch einen Kilometer begleitet man den Zaun an der Westseite, ehe rechts aufwärts weiter daran entlang zur Kapersburg eingewiesen wird.

Oben liegt das Kastellfundament etwas versteckt. Die Grundmauern der vorgelagerten Therme offenbaren sich erst hinter dem zu kreuzenden Limes und einem Holzgebäude. Leicht ansteigend durchmisst

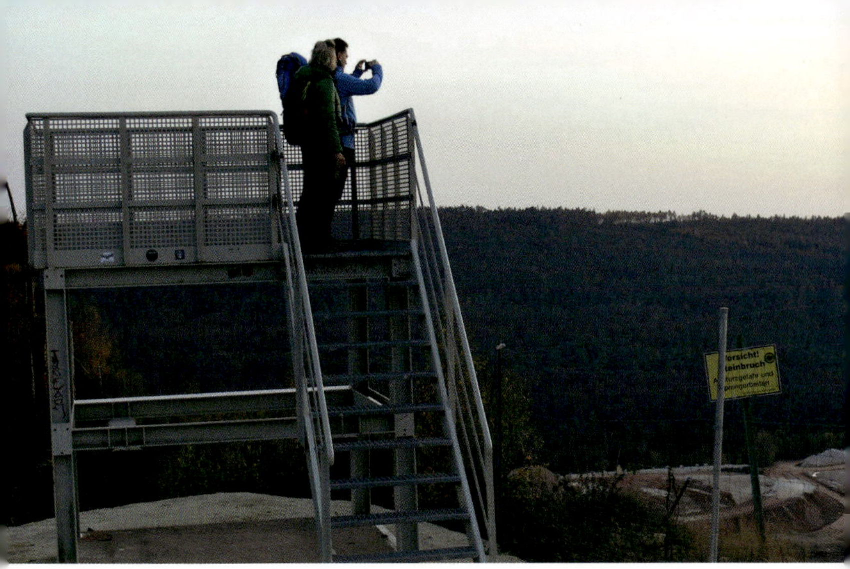

Erst eine Plattform eröffnet den Blick in die Tiefe des Quarzitbruchs.

die Via principalis auf ganzer Länge zwischen West- und Osttor das parkartige, mit Tischen und Bänken ausgestattete Gelände. ❷

Unter den bereits hier anzutreffenden Markierungen konzentrieren wir uns auf den Dreierverbund aus blauem X sowie T und liegendem U (beide schwarz) und schwenken mit ihnen oben rechts in die Tiefen der Taunuswälder. In immer neuen Aufzügen wechseln Buchen und Eichen beim Gang über den Wellenberg und dann lange abwärts, nur unterbrochen von der Zufahrtsstraße des Bundeswehrdepots.

Drüben, unter Aufnahme der Abkürzenden, findet der prachtvolle Laubwald bei unverändertem Geradeaus seine Fortsetzung, bis mit dem Rechtsabzweig 700 Meter weiter für den Anstieg auf den Graueberg umgeschaltet werden muss. Erst am höchsten Punkt ist von einer Plattform erkennbar, dass an der Südflanke das riesige Loch des Quarzitbruchs klafft. ❸

Anschließend geht es über einen holprigen Pfad nur noch bergab. Zu beachten ist unten, dass die Markierungen nach rechts den Limeswall übersteigen und dahinter links in den vom Auftakt bekannten Abschnitt einweisen.

10 VON BEEINDRUCKENDER STATUR

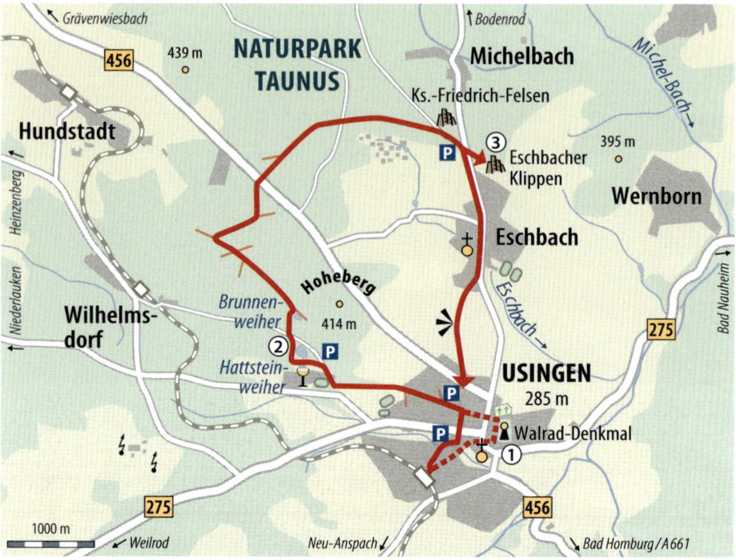

Usingen. Die Stadt im Hintertaunus ist reich an Geschichte und Geologie. Der geschlossene Altstadtkern erinnert an die Zeit als Residenz und Hugenotten-Siedlung. Und mächtige Felsgruppen wie die Eschbacher Klippen bezeugen das Walten der Erdkräfte.

Start: Am Bahnhof von Usingen; in der Bahnhofstraße oder am Neuen Marktplatz gibt es viel Parkraum
Länge: 14 km (ab Neuer Marktplatz 1,5 km kürzer)
Höhenmeter: 200 m
Einkehr: Imbiss am Hattsteinweiher
Geöffnet: Stadtmuseum Usingen, sonntags 14 bis 17 Uhr

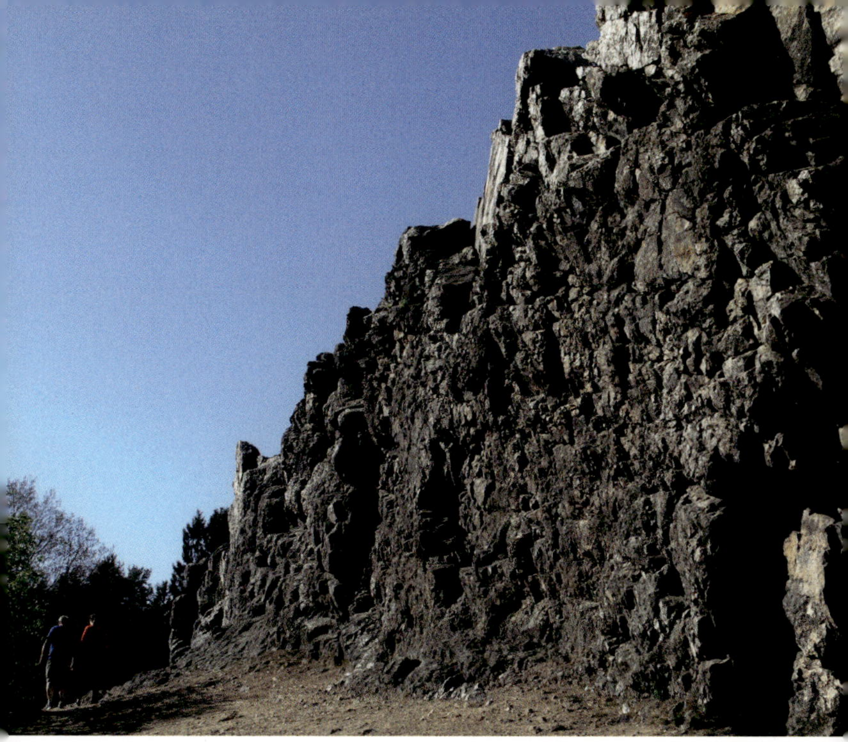

Ein Anflug von Alpen – die 60 Meter langen Eschbacher Klippen.

Alle reden von der Geologie. Ganze zu „Geoparks“ aufgewertete Regionen wie Odenwald, Eifel oder Vogelsberg verstehen sich jetzt auf populäre Vermittlung ihrer Stein-Reiche. Allein der Taunus hat den Werbe- und Wissenswert seines Untergrunds noch nicht recht erkannt. Immerhin besitzt er als Teil des bis 400 Millionen Jahre alten Rheinischen Schiefergebirges mit dem 880 Meter aufragenden Großen Feldberg die höchste Erhebung im gesamten Bergland zwischen Ardennen und Sauerland, oder dem, was nach der Wanderschaft um die halbe Erdkugel übrigblieb.

Unterwegs verlor das Gebirge mehrere Tausend Meter Mächtigkeit, wurde gepresst, gestaucht und gehoben, wobei Tonschiefer entstand, aber auch der – durch das Eindringen von Kieselsäure – für den Taunus so prägende Quarzit. Dank dieses extrem harten, der Erosion trotzenden Gesteins besitzt er allerorten großartige, den

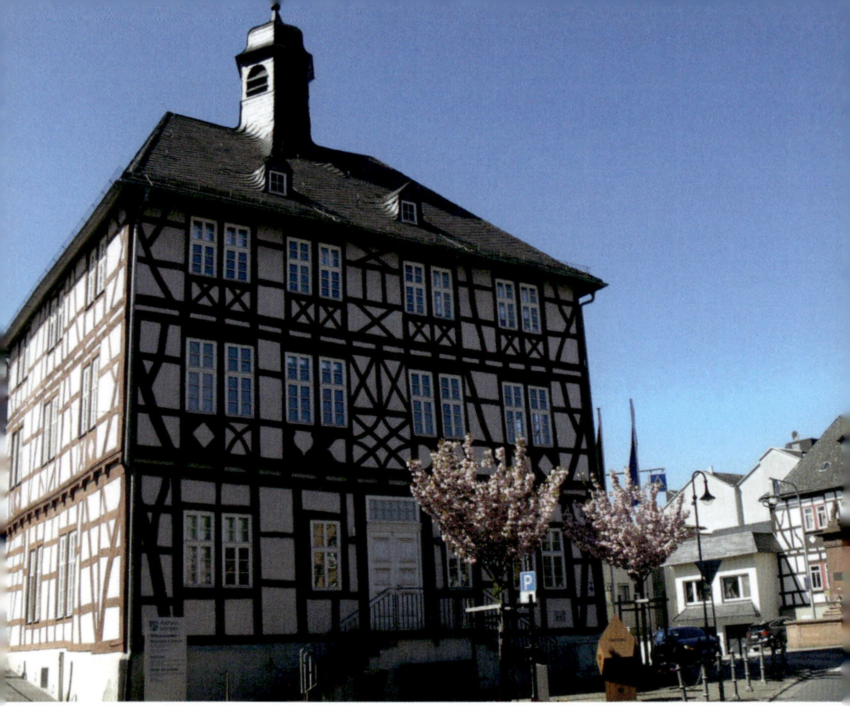

Das Usinger Rathaus aus dem 17. Jahrhundert.

geologischen Vorgängen fassbare Dimensionen gebende Felsen: Der **Rossert** bei Eppstein, **Zacken- oder Brunhildisfels** am Großen Feldberg und vor allem die 60 Meter langen und bis zwölf Meter hohen **Eschbacher Klippen** nahe Usingen.

Schon optisch von beeindruckender Statur, wirken sie in ihrer leichten Schrägstellung, als seien sie gewaltsam in den Boden gerammt worden. Und doch ist es nur der überirdische Teil eines sechs Kilometer messenden Quarzganges, den auf ferne Sicht der Verwitterungsprozess gleichfalls aus dem weicheren Tonschiefer präparieren dürfte. Zur Freude von Bergsteigern, die an den Eschbacher Klippen eine der wenigen freigegebenen Kletterzonen im Taunus vorfinden. Der Gipfelgrat kann freilich auch ohne Seil und Haken erklommen werden.

Einige ausgesucht schöne Quarzkristalle zieren selbst den Sockel des **Walrad-Denkmals** in Usingen. Die Gemeinde bezeugte damit einem Mann ihre Dankbarkeit, ohne den sie nicht für 85 Jahre zu einem Residenzstädtchen geworden wäre. Nach einer der vielen nassauischen Teilungen begründete Graf Walrad 1659 die Usinger Linie und wertete den Flecken mit Schloss und Park auf, wo der 1702 verstorbene Regent im Halbprofil aus seiner 1905 errichteten Gedenkstätte schaut. Vermissen würde er heute die Residenz. Sie brannte 1873 ab und wurde durch einen hellgelben Backsteinbau – jetzt Gymnasium – ersetzt.

Bereits zu Lebzeiten Walrads suchte Usingen eine verheerende Feuersbrunst (1692) heim, bei der nicht viel mehr als die ortsbeherrschende **Laurentiuskirche** überdauerte. Ganz im absolutistischen Geist ließ er das Zentrum nach einheitlichem Plan wieder aufbauen und eine „Neustadt", vorwiegend für Hugenotten, anlegen. Trotz dieses beachtlichen, in den letzten Jahren umfassend sanierten Quartiers war es allerdings mit den herrschaftlichen Zeiten seit Verlagerung der Residenz nach Wiesbaden-Biebrich 1744 vorbei. Nur der nassauische Löwe auf dem Brunnen am Fachwerk-Rathaus zeugt noch von der Vergangenheit als Fürstensitz.

Wegbeschreibung

Vom etwas außerhalb liegenden **Bahnhof Usingens** zielt die gleichnamige Straße in das Zentrum. Ein kleiner Stadtbummel führt von der Laurentiuskirche hinter dem Rathaus zum Schulgebäude und links davon gen **Schlosspark**; gleich vorne steht das **Walrad-Denkmal**. Am Ende der Grünanlage hält man sich links über die B456 in den Schlagweg, übergehend in die Hattsteiner Allee. ❶

Für den direkten Weg, durch das frühere Hugenottenviertel, orientieren wir uns am gelben Strich des Zeichenangebots. Wenige Meter unterhalb vom Bahnhof knickt er scharf links in die Straße An der Riedwiese und anschließend rechts in den Fußweg hinab zum **Einkaufszentrum** am Neuen Marktplatz. Hier heißt es zwischen Supermarkt und Ladenzeile rechts, dahinter gleich links über die Treppe auf den Alten Marktplatz und weiter mit der Wirthstraße zum Abzweig links in die Hattsteiner Allee.

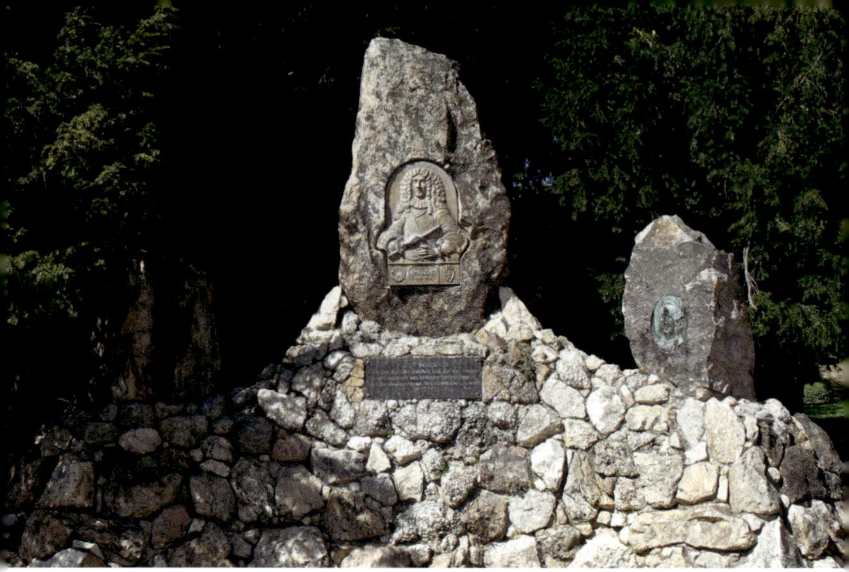

Graf Walrad verdankt Usingen seinen 85-jährigen Residenzstatus bis 1744. Das zu seinen Ehren 1905 errichtete Denkmal steht im Schlosspark.

Diese führt dann ohne Umschweife hinaus, um in das Zufahrtssträßchen für den Hattsteinweiher zu wechseln; am Waldrand rechts einbiegend. Kurz nach der Sportanlage zeigt links ein Spazierweg zu dem etwas verdeckten Teich, wobei der gelbe Strich zurückbleibt. Das in Badebereich und ein Schilfbiotop geteilte Gewässer kann vollständig umrundet werden. Prominentester Gast war übrigens 1959 Elvis Presley. ❷

Jenseits der geschützten Zone stoßen wir auf einen Querweg, hier links und wenige Meter weiter mit den Markierungen schwarze Eule und grünes Eichenblatt rechts in den unscheinbaren Schlängelpfad. Leicht bergan stellt er die Verbindung zum idyllisch gelegenen **Brunnenweiher** her.

Am dahinter verlaufenden Forstweg trifft man wieder auf den gelben Strich. Mit ihm links über eine längere Phase ansteigend tiefer in den herrlichen Laubwald. Das beständige Geradeaus ändert sich auch nicht, wenn der Strich nach gut einem Kilometer an der Kreuzung links abschwenkt. Für 250 Meter wird ohne Zeichen weitergegangen bis zum Auftreten des schwarzen Dreiecks; mit ihm rechts.

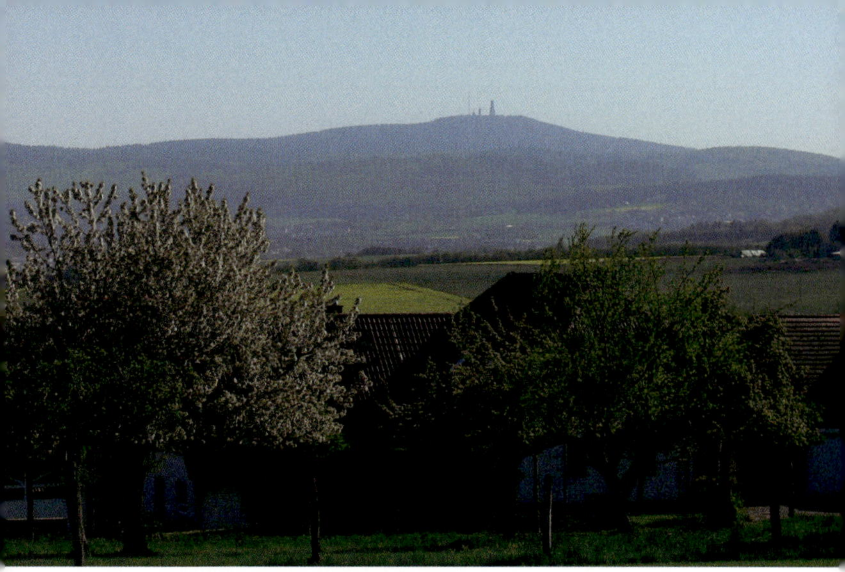

Blick von Eschbach zum Großen Feldberg.

Jetzt fast eben, bleiben wir umfangen von Eichen und Buchen vor und – ein Kilometer später – nach dem Kreuzen der B456. Drüben setzt der Weg zu einem großzügigen Rechtsbogen an, ehe er sich bei etwas Gefälle in östliche Richtung einpendelt. Als Vorbote der Eschbacher Klippen taucht dann der halb zugewachsene Kaiser-Friedrich-Felsen auf. Er wirkt fast noch steiler gegenüber den jenseits der Landstraße per Abstecher erreichbaren Klippen. 3

Wieder zurück, gilt nun das Augenmerk dem blauen Strich. Mit einer Birkenallee als Leitscheine weist er bei Sicht zum Großen Feldberg parallel zur Straße abwärts gen Eschbach. Es geht quer hindurch, vorbei an der spätklassizistischen **Pfarrkirche** von 1846, zum unteren Ortsausgang. Knapp davor biegt das Zeichen rechts in die Kantstraße, nahtlos zu einem befestigten Wirtschaftsweg werdend. Über eine Anhöhe schließt er zwischen Feldern das letzte Stück bis Usingen. Nach Queren der B456 führt die Schillerstraße zur Kreuzung mit der Hattsteiner Allee, und dann weiter hinab wie gekommen.

11 KRANSBERGER KAPELLENKRANZ

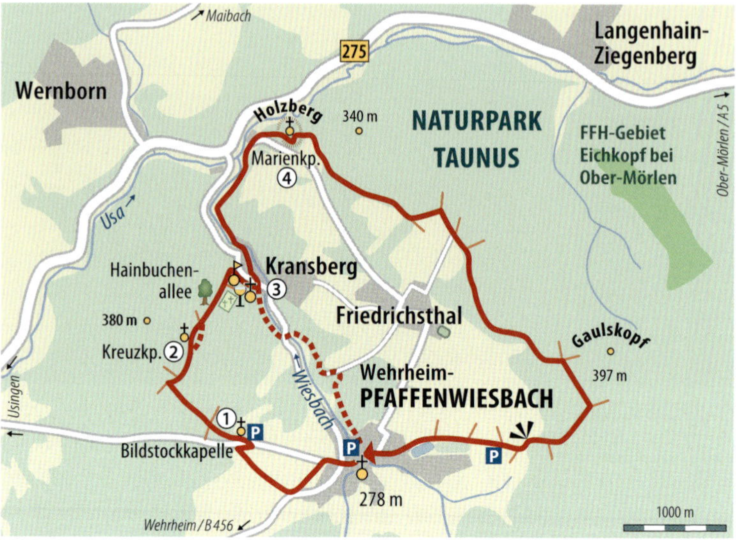

Wehrheim-Pfaffenwiesbach. Zahlreiche Gotteshäuser kennzeichnen die „katholischste" Ecke im Taunus, teils exponiert liegend, teils versteckt im Wald. Nur hier besteht mit der mittelalterlichen Marienkirche eine Wallfahrtsstätte.

Start: In Wehrheim-Pfaffenwiesbach an der Bushaltestelle Nauheimer Straße; Parken lässt sich hinter dem Alten Schulhaus

Länge: 14 (8) km

Höhenmeter: 370 m

Geöffnet: Die genannten Gotteshäuser stehen offen, nicht das Kransberger Schloss

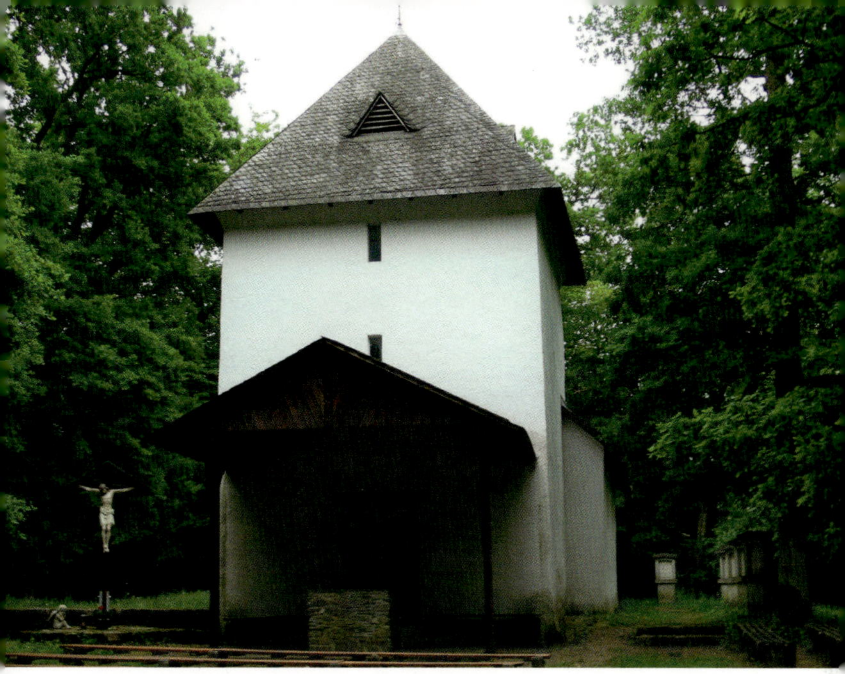

Das vielleicht ungewöhnlichste Gotteshaus im Taunus - die Marienkapelle auf dem Holzberg über dem Usatal.

Weite Teile des Taunus gelten als „evangelisch" geprägt. Mit einer Ausnahme: Etwas abseits der Verkehrsströme, östlich von Usingen, besteht mit **Pfaffenwiesbach** und **Kransberg** eine katholische Enklave, deren wechselnde Besitzverhältnisse sie zu einem Sonderfall macht. Auffallende, im 19. Jahrhundert entstandene Kirchen sind ebenso kennzeichnend wie Kapellen und Bildstöcke sowie auf dem **Holzberg** einer der wenigen Wallfahrtsstätten im gesamten Taunus.

Allerdings war das katholische Glaubensverständnis nicht immer derart ausgeprägt, wie es die exponiert stehenden Gotteshäuser vermuten lassen, so die neugotische **Pfarrkirche St. Johannes der Täufer** in Kransberg oder die neuromanische **St. Georg** von Pfaffenwiesbach. Ursprünglich waren beide Orte im 16. Jahrhundert protestantisch geworden, mussten sich dann aber trotz vehementen Widerstands der Rekatholisierung nach dem Übergang an Kurmainz 1605 beugen. Als jedoch im 19. Jahrhundert mit den

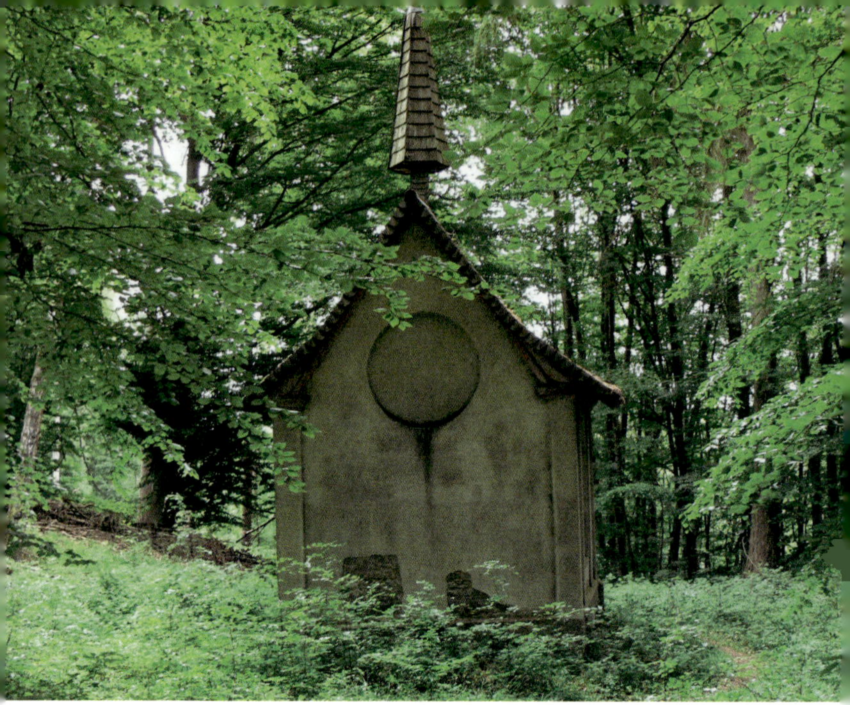

Heute mitten im Wald, überrascht die Kreuzkapelle von 1700 oberhalb von Kransberg.

Nassauer Herzögen erneut der evangelische Glauben einzog, hielten die Gemeinden am althergebrachten fest.

Für die neuen Gotteshäuser profitierte Kransberg von einem generösen Erbe, während die Pfaffenwiesbacher nur „unter unsäglichen Mühen" vorankamen. Baumängel erzwangen mehrere Renovierungen, wobei die jüngste die schönste, allerdings auch gewöhnungsbedürftigste ist. Korrespondierend mit dem sanierten Ortskern erhielten die Natursteinmauern 2015 einen weiß-grauen Überzug.

Selbst der oberhalb am Waldrand anzutreffende, von dankbaren Kriegsheimkehrern 1948 errichtete Bildstock wurde erst 2007 umgewandelt, hier zu einem Kapellchen, deren Bänke Bäume und Hecken rahmen. Mit dem Gedanken, die Natur einzubinden, knüpft man an die Kreuzkapelle nahe Kransberg an. Die tief im Wald versteckte, um 1700 gestiftete Kapelle war ursprünglich frei sichtbar.

Den Blick lenkte die Rarität einer Hainbuchenallee hinauf, von der einige knorrige Vertreter überdauerten.

Natürlich stand einst auch die **Marienkapelle** kronengleich über der Fernstraße zwischen dem Usinger Becken und der Wetterau (B276). Heute verborgen, offenbart erst der Anstieg durch dichten Eichenniederwald, welch Kleinod sich auf dem knapp 300 Meter hohen Holzberg verbirgt. Der Turm, gedrungen und wuchtig, deutet auf eine ins Mittelalter reichende Schutzfunktion als Pfarrkirche, gewandelt seit der Rekatholisierung zu einer Wallfahrtsstätte. Die Pilger verehren ein Gnadenbild Mariens, das der Kapelle auch ihren Namen gab. Zahlreiche Votivtafeln – „Maria hat geholfen" – bezeugen die von diesem Ort ausgehende Glaubenskraft.

Wegbeschreibung

Einstiegsmöglichkeiten für eine Wanderung durch die Sakrallandschaft rings um das Wiesental gibt es viele. Hier wurde Pfaffenwiesbach gewählt, da das Zentrum noch etwas von seiner kleinteilig-bäuerlichen Vergangenheit mitteilt, und sei als Zitat in Gestalt entsprechender Gerätschaften an den herausgeputzten Fassaden früherer Gehöfte.

In der Nauheimer Straße entsteigt man dem Bus. So man nicht einen verkürzten Einstieg bis Kransberg ab dem Alten Schulhaus wählt (mit grünem Strich), fliegt der blaue Schmetterling voraus. Das Naturpark-Zeichen biegt vorne links kurz in die Wehrheimer und gleich rechts in die Höhenstraße. Ein Stück oberhalb wird diese links in freies Feld verlassen, was freie Sicht auf den Ort und seine darüber schwebende **Pfarrkirche** erlaubt.

Der vergraste Weg stößt fast an eine Landstraße, kriegt aber noch die Rechtskurve und zielt unverändert zwischen Wiesen zum oberen Waldrand. Hinein geht es nach Rechtsschwenk wenige Schritte an der Straße, und dann vor dem Naturparkplatz spitzwinklig links keine 200 Meter zur **Kreuzkapelle**. ❶

Unterdessen hat sich das Zeichen schwarzer Hirschkäfer dazugesellt. Am hell gekiesten Forstweg nach 300 Metern biegen die beiden

„Tiere“ rechts ab. Der als Rundstrecke angelegte Käfer zeigt deshalb auch geradeaus. Diese Variante, weiter in einem Pfad, wählen wir, um über 400 Meter den Anschluss zum grünen Strich herzustellen; dort rechts nun wieder auf breitem Forstweg.

Der Käfer läuft zwar mit, doch die nächste Richtungsänderung nach 300 Metern rechts ist so deutlicher erkennbar. Dabei bewegt man sich in geschlossenen Hainbuchenbeständen. Es lag nahe, mit diesem Baum die Allee zur Kreuzkapelle anzulegen. Sie erreichen wir bald links abweichend in Höhe einer Sitzbank. Da vom allgemeinen Sanierungsboom verschont, wirkt das ergraute Holz von Altar und Bänken fast so alt wie die Hainbuchenallee nach Kransberg. 2

Man muss nicht zurück zum Hauptweg. Einfach den holprigen Pfad hinunter und sich dann mit den Markierungen in den weiteren Abstieg zwischen die schiefen Buchen eingereiht. Sie gehen nahtlos in die äußere Bepflanzung des Kransberger Friedhofs über. Etwas versteckt dahinter findet man den Aufgang zum Terrassen-Gasthaus **Schlossblick**. Der zielt auf das unterhalb liegende, teils neugotische **Schloss**. Wegen privater Nutzung ist dieses zwar nicht zugänglich, aber die vorgelagerte Kapelle, an der wir nach Passieren der hohen Schlossfront vorbeikommen. 3

Zur Besichtigung der Pfarrkirche läuft man einige Meter rechts in den alten Teil. Kostbarstes Ausstattungsstück ist eine aus dem Limburger Dom stammende Kanzel von 1609. Gleichfalls mit dem grünen Strich lässt sich hier auch direkt zurückkehren. Dann versäumt man freilich die Marienkapelle und die herrlichen Wälder bis Pfaffenwiesbach. Hierzu steigen wir nach Wahl im Ort ab, queren den Wiesenbach und links weiter mit den Markierungen schwarzes T und blaues X am Rande des Bachlaufs hinüber ins breite Tal der Usa.

Bereits vorne an dem Sträßchen verlässt man sie und benutzt kurz die Fahrbahn bis zu einem Klärwerk; dort geradeaus, ehe gleich rechts das Zeichen grünes Eichenblatt in den Holzberg einweist. Es ist der vorherrschenden Baumart angepasst, wenn ein Schlängelpfad in kaum zehn Minuten auf die Kuppe mit der stets offenstehenden Marienkapelle führt. 4

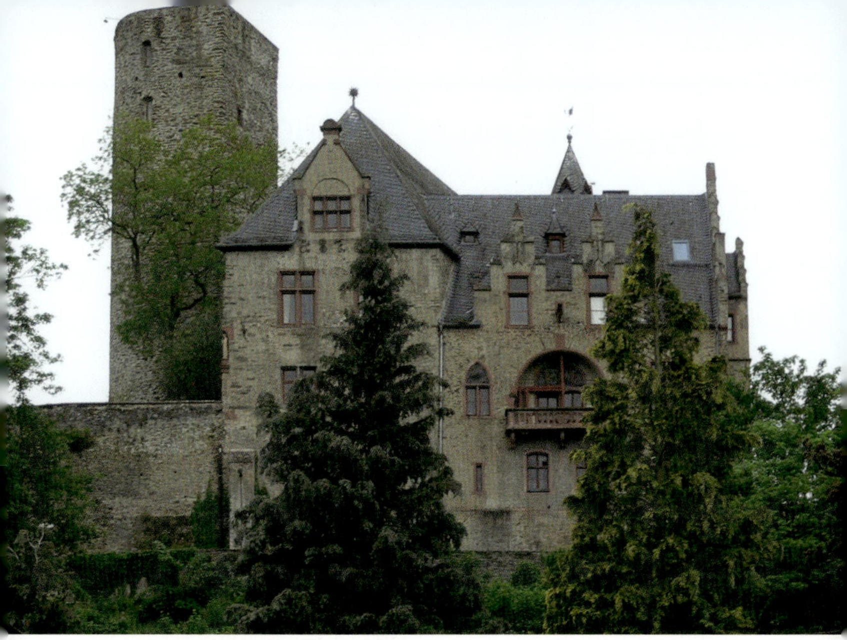

Der Turm mittelalterlich, die Wohngebäude im Geist des 19. Jahrhunderts angefügt – das Kransberger Schloss.

Ringsum deuten wellige Verwerfungen zwei prähistorische Ringwälle an. Nach Rechtsabzweig etwas unterhalb bleiben sie zurück, und weiter nun lange über einen Höhenweg. Zuerst wechseln sich bewaldete und offene Partien ab, wobei nach etwa 1.500 Metern am oberen Rand der großen Wiese roter Strich und schwarzer Winkel hinzutreten. Letzterer wird relevant, nachdem ausgangs der Fläche das Eichenblatt links wegknickte.

Es folgt eine kurzweilige Partie durch ausnehmend dichten Laubwald, in den Kiefern luftige Akzente setzen. Fast zwei Kilometer geht das so, bis der Pfad an einer Kreuzung rechts in einen breiten Weg mündet. Von ihm nach 500 Metern rechts nochmals über 500 Meter zur nächsten Kreuzung. Hier lassen wir geradeaus das Dreieck zurück. Die jetzt mitlaufenden X und T braucht es kaum, zumal sie dann, wieder im Freien an dem **Wanderparkplatz**, rechts abbiegen. Für uns heißt es auf dessen Zufahrtssträßchen nur noch abwärts in die Ortsmitte von Pfaffenwiesbach.

12 FREIHEITS- UND BEWEGUNGSDRANG

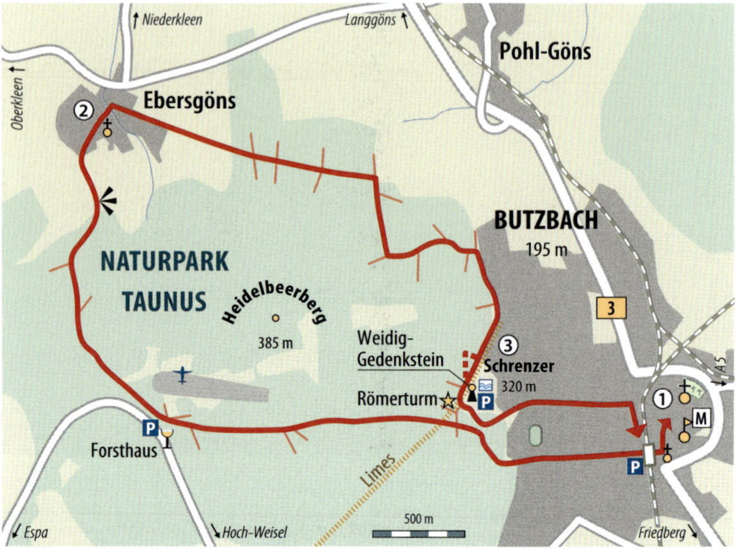

Butzbach. Seit über 700 Jahren macht Stadtluft frei, und auch der freiheitliche Geist eines Friedrich Ludwig Weidig durchweht die nach dem untadeligen Republikaner benannte Wetterau-Gemeinde mit ihrem geschlossenen Altstadtkern.

Start: Ab dem Bahnhof sind Innenstadt und der Schrenzer gut erreichbar; Autonutzer können von der Anhöhe auch direkt einsteigen
Länge: 13 km, ab Schrenzer 10 km (jeweils ohne Stadtrundgang)
Höhenmeter: 220 m
Einkehr: Forsthaus Butzbach (Dienstag bis Donnerstag geschlossen)
Geöffnet: Museum Butzbach, täglich 14 bis 17, am Wochenende auch 10 bis 12 Uhr. Die Markuskirche steht offen

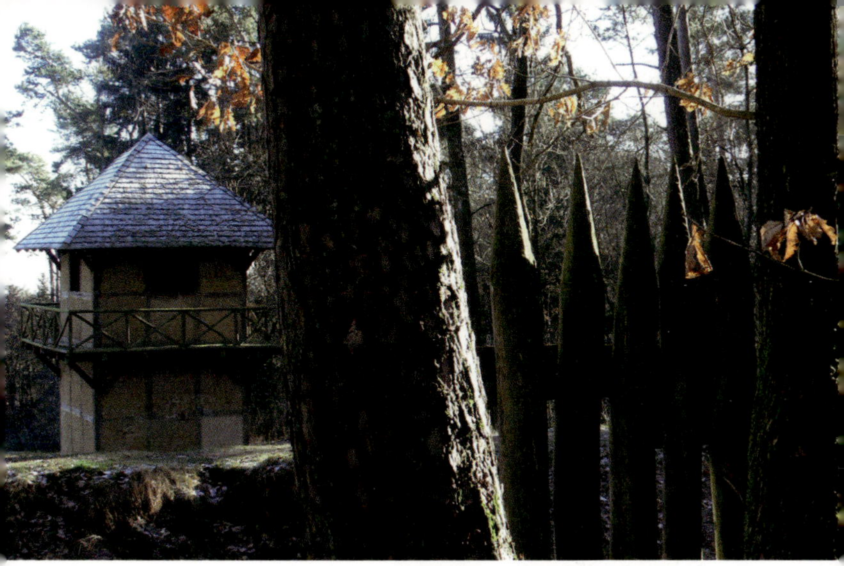

Auf seine Weise auch bereits historisch: die freihändige Nachbildung eines Limeswachturms von 1957 auf der Anhöhe Schrenzer.

Der Dreiklang aus Kirchen, Schloss und zahlreichen, denkmalgeschützten Fachwerkbauten zeichnet das Gesamtkunstwerk Butzbach aus. Es ist Ausdruck einer selbstbewussten und vergleichsweise wohlhabenden Bürgerschaft, der die verkehrstechnisch günstige Lage zwischen Taunus und Wetterau zugutekam. Bereits 1321 erhielt der Ort die Stadtrechte, die Ersterwähnung reicht gar bis ins Jahr 773 zurück.

Ganz so alt ist die Bausubstanz nicht, sieht man von römischen Hinterlassenschaften ab. Hier stand ein Kastell und oberhalb der Gemeinde verlief der streckenweise noch gut sichtbare Limes. Den wichtigsten Schub gab das Stadtrechtsprivileg durch den König und späteren Kaiser Ludwig dem Bayern. Besonders Philipp IV. von Falkenstein und einige seiner Nachfolger begriffen die Chance und förderten mit (teilerhaltener) Befestigung sowie der weitgehend bewahrten Grundstruktur sieben auf den Marktplatz zielender Straßen die wirtschaftliche Entwicklung.

Dank der Einnahmen aus Handel und Handwerk konnte man es sich im Spätmittelalter erlauben, **St. Markus** in eine dreischiffige

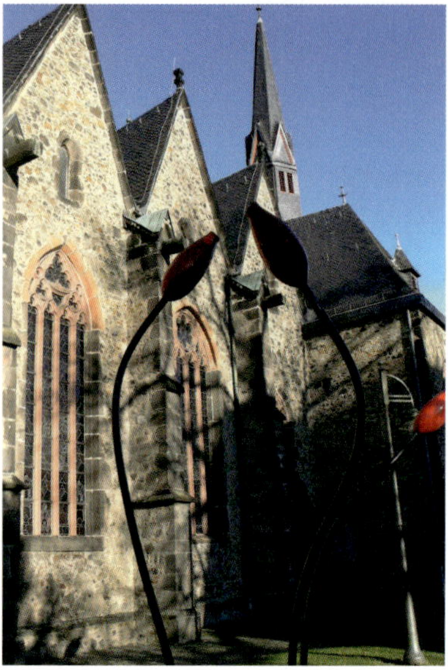

Als Zeichen seiner Wohlhabenheit errichtete Butzbach zur Spätgotik eine Hallenkirche mit Schaugiebeln.

Hallenkirche umzuwandeln. Ungewöhnlich sind ihre durchgängigen Schaugiebel und der Dreifachchor für den Orden der „Kugelherren". Kaum zufällig erhielt damals auch die ab 1440 erbaute **Wendelinskapelle** einen kostbaren Flügelaltar. Nach Alter und Erhalt gilt sie als bedeutendste Fachwerkkirche Hessens. Auch das breit gelagerte **Alte Rathaus** von 1560 am Markt und die farbenfrohen, reich gezierten Nachbarhäuser ringsum wurden in Fachwerk errichtet. Insgesamt sind heute über 100 Gebäude denkmalgeschützt.

Stets zählte Butzbach mehrere Besitzer, bis es unter einer Nebenlinie der Darmstädter Landgrafen zeitweilig gar zur Residenz aufrückte. Die wenigen Jahre zwischen 1609 und 1643 genügten Philipp III. von Hessen-Butzbach für den Ausbau eines Schlosses (heute Rathaus) samt – barock erneuertem – Park. Selbst hochgeistig veranlagt, förderte er Wissenschaft, Kunst und Bildung und berief die besten Kräfte an die Lateinschule, jener, an der später Friedrich Ludwig Weidig als Konrektor wirkte.

Ihm, dem untadeligen Republikaner und Mitstreiter Georg Büchners, lässt Butzbach späte Gerechtigkeit widerfahren. Seit 2011, seinem 220. Geburtstag, nennt sich die Gemeinde offiziell nach dem Pfarrer und Pädagogen. Jetzt kann wieder daran erinnert werden, dass Weidig 1814 auf der Anhöhe „Schrenzer" im Geiste nationaler Befreiung Turn- und Wehrübungen abhielt – was ein zum 100. Todestag 1937 in ganz anderem Ungeist ausgerichtetes „Bergturnfest" lange vergessen ließ. Im Verständnis der Turner, das Freiheits- und

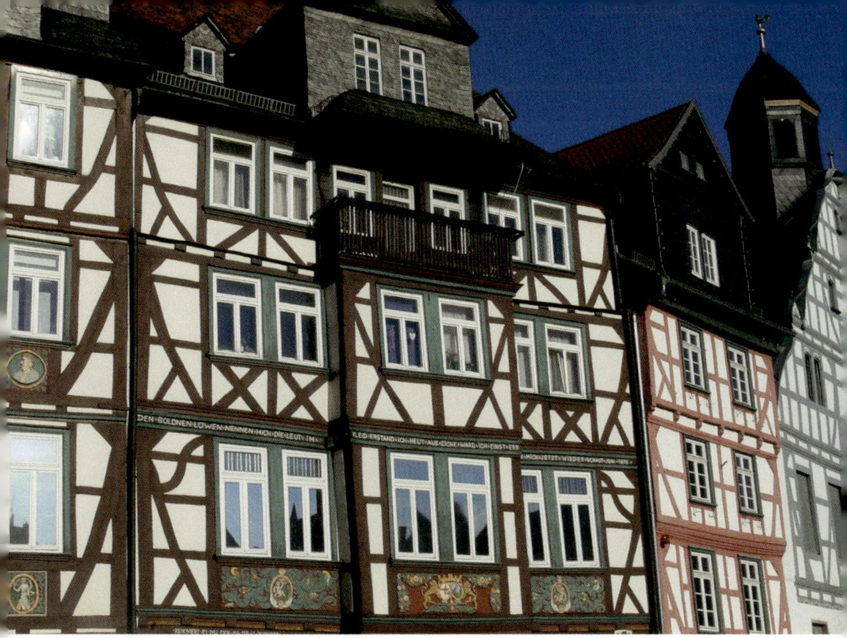

Schmucke Fachwerkhäuser zieren den Butzbacher Marktplatz, ganz rechts das Alte Rathaus von 1560.

Bewegungsdrang in eins setzt, behielt man es aber bis heute bei, und auch ein damals errichteter Findling mit Weidig im Halbprofil wurde wertfrei genug gestaltet, ihn bestehen zu lassen.

Wegbeschreibung

So man eine Stadtbesichtigung voranstellt, erreicht man vom **Butzbacher Bahnhof** in wenigen Schritten die **Wendelinskapelle** und dann durch die Weiseler Straße das großzügige Rund des **Markplatzes**. Etwas versetzt dahinter stehen **Markuskirche** und **Michaelskapelle** und ein Stück der Wehrmauer. Weiter geht es über die Schlossstraße zum **Solms-Braunfelser Hof** mit dem **Stadtmuseum** sowie dem **Landgrafenschloss**. 1

Jenseits vom Bahnhof gelangen wir durch die Taunusstraße, begleitet von den Markierungen schwarzer Punkt und blauer Strich, auf den Schrenzer. Oben biegen sie im Wald rechts ein und verhar-

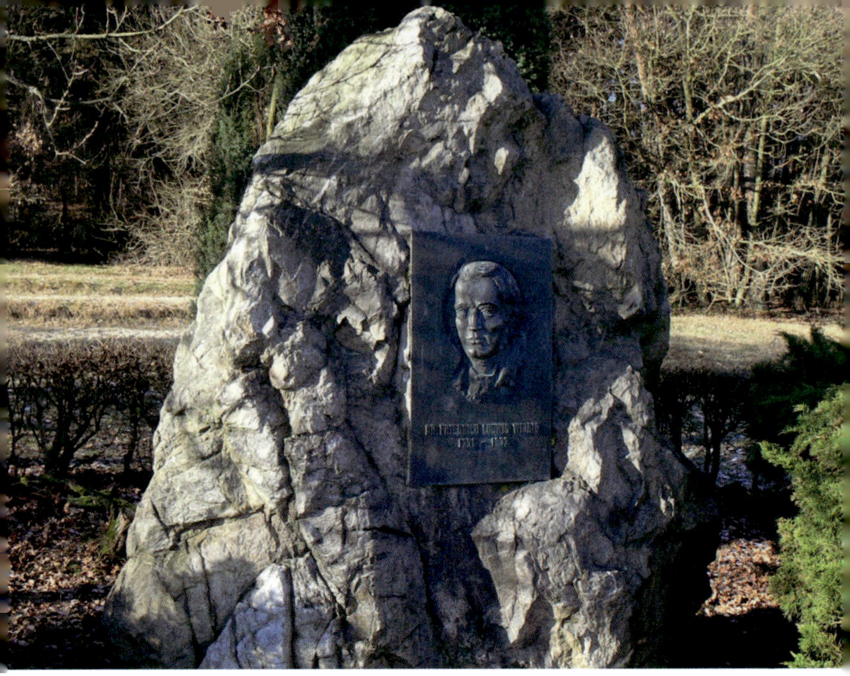

Dem größten Sohn Butzbachs, Friedrich Ludwig Weidig, ist dieser Findling auf dem Schrenzer gewidmet.

ren dann knapp unterhalb der aussichtsreichen Anhöhe. Verkürzend lässt sich auch dort in die Runde einsteigen. Dann läuft man etwas zurück und nimmt an der Kurve die beiden Zeichen ins Visier.

In ihrem Gefolge beginnt sogleich eine stimmungsvolle Partie zwischen ausnehmend hohen Buchen und Kiefern, dabei freilich stets auf einem Schlängelpfad neben dem Forstweg bleibend. Das wellige Terrain ist nicht allzu fordernd, aber eine Versuchung wert darf die nach gut einer halben Stunde auftauchende Einkehr **Forsthaus Butzbach** sein.

Anschließend halten wir uns nahe dem Forsthaus rechts über einen Holzsteg unverändert in Richtung Wald, wonach wir schon mal das hinzugetretene schwarze Dreieck im Auge behalten. Ihm ist sich anzuvertrauen, wenn die drei Markierungen bald auseinanderstreben. Das ändert nichts am fast ebenen Weg durch luftigen Forst. Erst einsetzendes Bergab deutet auf einen Szenenwechsel.

Unvermittelt steht man vor dem fruchtbaren Übergangsgebiet von Wetterau und Hüttenberger Land, hinter dem sich wie ein Vulkankegel der **Dünsberg** erhebt. Im Vordergrund zieht uns **Ebersgöns** an, ein Ort, der mit abgeschlossenen, von Sinnsprüchen gezierten Fachwerkgehöften kaum typischer für die Region sein könnte. Auch freistehende Gebäude sind in Holz gehalten, und selbst dem **Pfarrkirchlein** wurde eine hölzerne Außentreppe angesetzt. ❷

Kaum haben wir es in der Straße Zum Weißen Stein passiert, heißt es sich auf einen Farbwechsel einstellen – das rote Dreieck löst das schwarze ab. Mit ihm verlassen wir rechts hinaus (Zur Pfingstweide) zwischen großzügigen Eigenheimen den Ort; zunächst durch Felder, dann erneut unter stattlichen Bäumen.

Eine Weile ändert sich am Geradeaus wenig, ehe nahe einer Streuobstwiese rechts abgebogen wird. Das bedeutet noch etwas Hinan, ehe ab dem Linksknick 500 Meter weiter Gefälle bis zu den Neubauten am Rande Butzbachs einsetzen. Davor schwenkt das Dreieck im Verbund mit dem Limeswanderweg rechts ein und führt zwischen Wald- und Grundstücksrand entlang, um schließlich nach 700 Metern den gut sichtbaren Limes zu queren.

Die Zeichen umgehen ihn oberhalb; man kann und darf auch über die Wallkrone auf den **Schrenzer** steigen, endend vor einem bereits 1957 nachgebildeten **Wachturm** samt Palisade. Größe und Lehm-Reisig-Gefache entsprechen kaum mehr heutigem Erkenntnisstand, dennoch bleibt er unverändert, da als „wichtiges Zeugnis aus der Frühzeit archäologischer Rekonstruktion" geltend, wie es auf einer Erläuterungstafel heißt. ❸

An der großartigen Aussicht ändert diese Einschätzung ohnehin nichts. Quasi mit dem strategischen Blick der Römer über Wetterau und Vogelsberg laufen wir abwärts zum **Gedenkstein** für Friedrich Ludwig Weidig und rechts zu den Parkplätzen oder weiter die Kleebergstraße hinunter und rechts (Nussallee) gen Bahnhof. Es lässt sich natürlich auch wie gekommen in der Taunusstraße zurückkehren.

13 SONNE, MOND UND STEINE

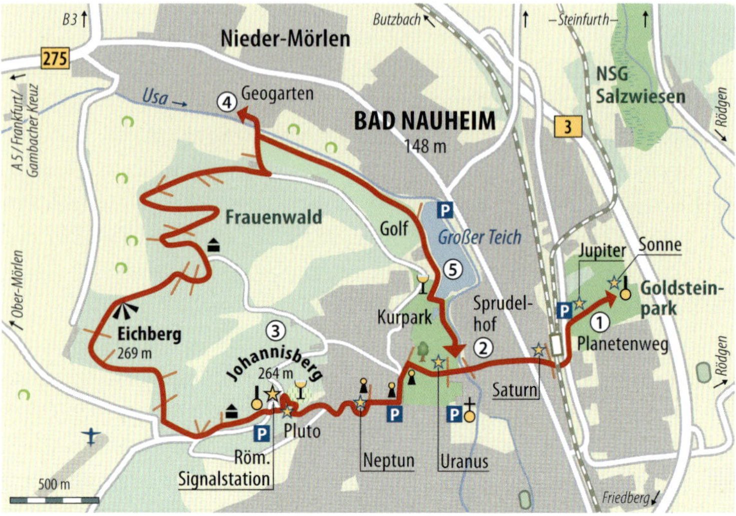

Bad Nauheim. Zum Durchwandern von Raum und Zeit besitzt der Kurort mit dem künstlerisch gestalteten Planetenweg und der Erdzeituhr im Geogarten von Nieder-Mörlau zwei außergewöhnliche Einrichtungen.

Start: Ab Bad Nauheim, Bahnhof; dort ein Parkplatz, auch sonst viele Stellflächen und Tiefgaragen im gesamten Stadtgebiet
Länge: 11 km (mit Goldsteinpark und Geogarten, aber ohne Stadtrundgang) **Höhenmeter:** 210 m
Einkehr: Café-Restaurant „Johannisberg“ (kein Ruhetag)
Geöffnet: Die genannten Einrichtungen sind frei zugänglich

Wie stehen die Sterne? Nach astrologischem Verständnis in guter oder doch in ungünstiger Konstellation und lassen weiteres Unheil befürchten? Oder sind sie nicht viel eher Herausforderung zu ihrem Erobern, und sei es „nur“ des Sonnensystems, wie die immer häufi-

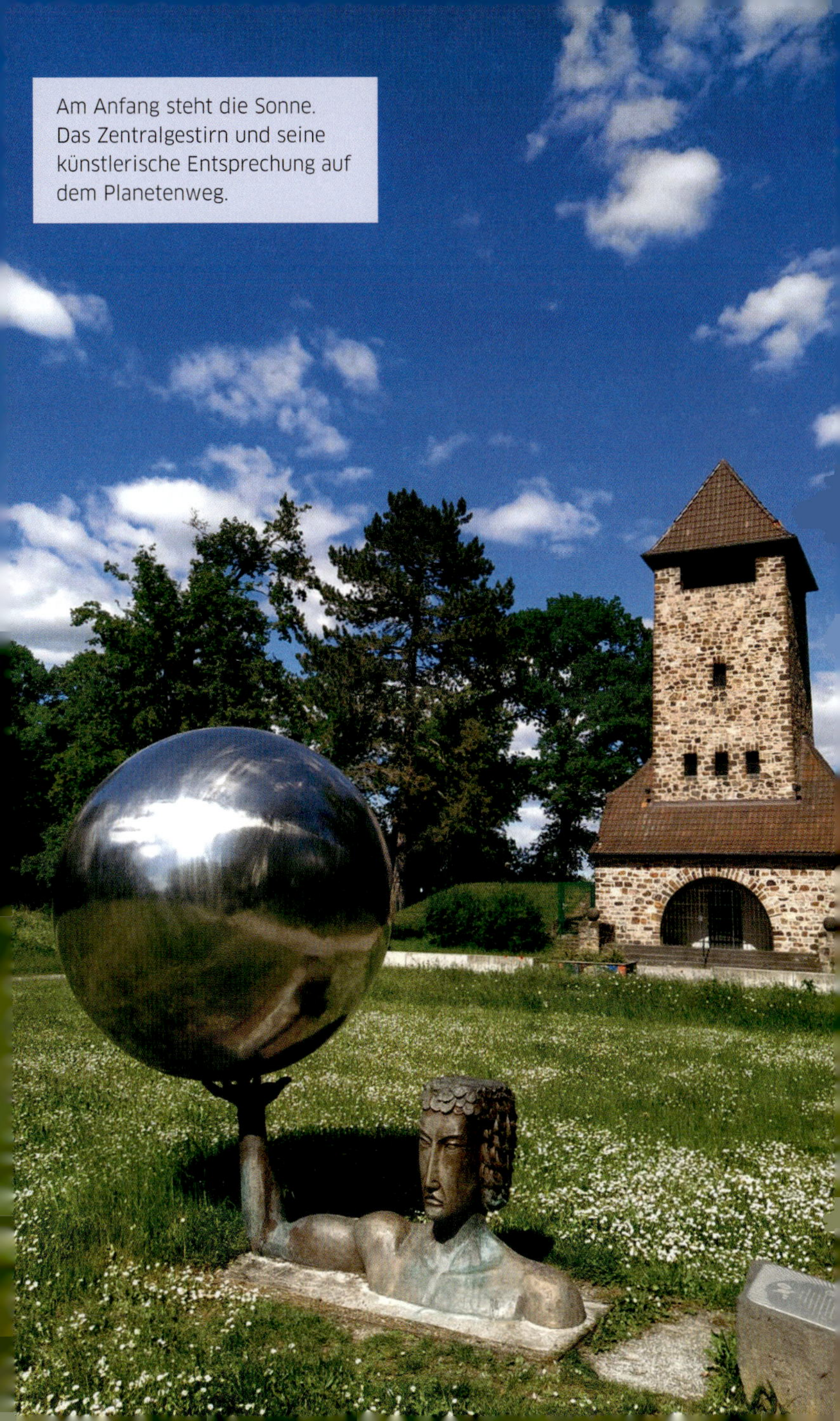

Am Anfang steht die Sonne. Das Zentralgestirn und seine künstlerische Entsprechung auf dem Planetenweg.

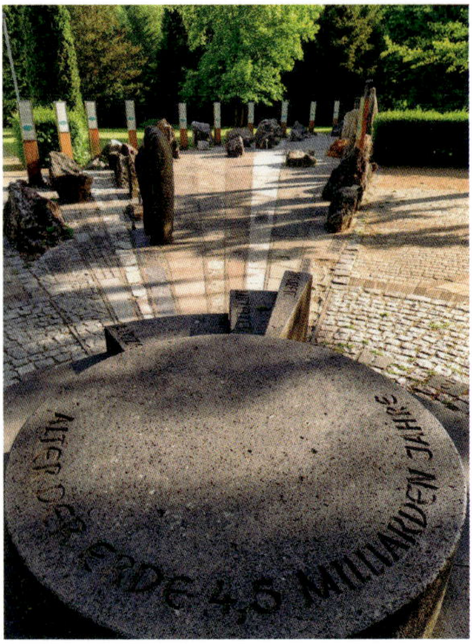

Die Erdzeituhr im Geogarten von Nieder-Mörlen.

geren Raumfahrtmissionen eindrücklich belegen? Dass beides zusammenspielt, das Mythische und der menschliche Wissensdrang, dafür fand der 2010 zur Landesgartenschau angelegte **Planetenweg** quer durch Bad Nauheim außergewöhnliche gestalterische Mittel.

Der Fuldaer Bildhauer Rainer Landgraf hatte die Vision, die dem römisch-griechischen Pantheon entliehenen Namen in freie, vollplastische Darstellungen umzusetzen. Da beflügelt der Götterbote Merkur den innersten Planeten, Venus baumelt lässig in ihrem halb geöffneten Himmelskörper, Mars steckt in einem rostroten Kampfwagen und auf Jupiter reitet der blitzeschleudernde Zeus. Dagegen lässt Landgraf keinen Zweifel, wer sich als das Höchste der Erde versteht – aus der Weltkugel schaut ein übergroßer Menschenkopf.

Die Planeten können und sollen bei einer künstlerischen Gestaltung nicht maßstabgerecht sein, aber die zwei Kilometer lange Strecke schon, entsprechend pro Schritt 2,8 Millionen Kilometern im All, oder zur Erde ist es nur ein Hüpfer, während man zu den äußeren Himmelskörpern – der 2006 degradierte Pluto fehlt nicht – schon eine halbe Stunde benötigt.

Natürlich nicht gerechnet das Beschauen und Bestaunen des architektonisch-gärtnerischen Gesamtkunstwerkes Bad Nauheim, das der Planetenweg zwischen **Goldsteinpark**, **Großem Sprudelhof**, **Kurpark** und **Johannisberg** praktischerweise passiert. Verlängert man durch dessen Wälder die Tour bis Nieder-Mörlau erhält man zur kosmischen auch eine fassbare irdisch-zeitliche Dimension.

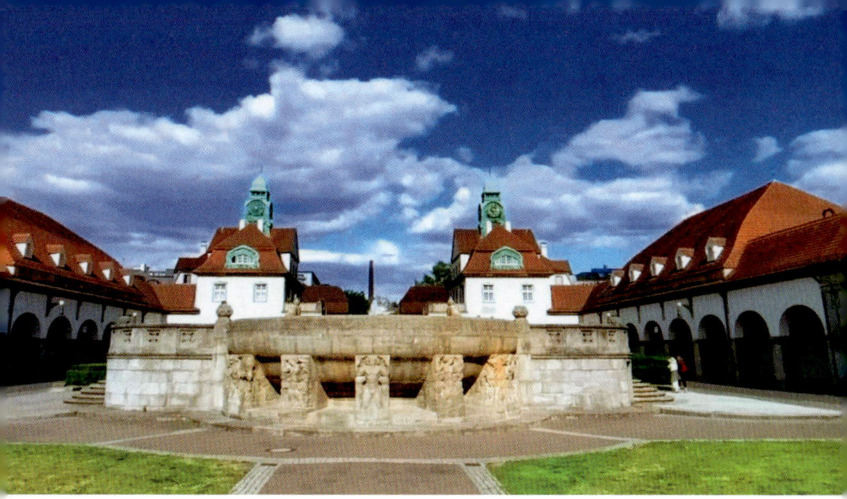

Nicht von dieser Welt – das einzigartige Jugendstil-Ensemble im Bad Nauheimer Kurpark.

Dort, versteckt hinter der Frauenwaldhalle, veranschaulicht im **Geologischen Garten** ein in 24 Segmente unterteilter Kreis die 4,5 Milliarden Jahre Erdgeschichte als einen „Tag“. In den ersten 20 Stunden zeigt der fiktive Zeiger „nichts“ an, nur die letzten vier sind analog dem sich entfaltenden Leben seit 600 Millionen Jahren und entsprechend alter, teils Fossilien tragender Steine aufgefächert.

Betrachtet man die Entwicklung regional, entstand der Taunus ab 21.30 Uhr, das Lebenselixier Bad Nauheims, seine permischen Zechsteinsalze, nach 22 Uhr, und erst vor wenigen Minuten endete der mit Basaltsäulen angedeutete Vulkanismus im Vogelsberg. Für das Auftreten der Spezies Mensch müsste man schon auf den Sekundenzeiger schauen. Den blauen Planeten bevölkert Homo sapiens sapiens noch nicht eine Minute, hier symbolisiert durch Fußabdrücke eines Kindes aus der Nachbarschaft. Lucy lässt grüßen.

Wegbeschreibung

Der Planetenweg zwischen Goldsteinturm und Johannisberg ist nicht ausgeschildert. Selbst am **Bahnhof** fehlt ein Hinweis, dass für

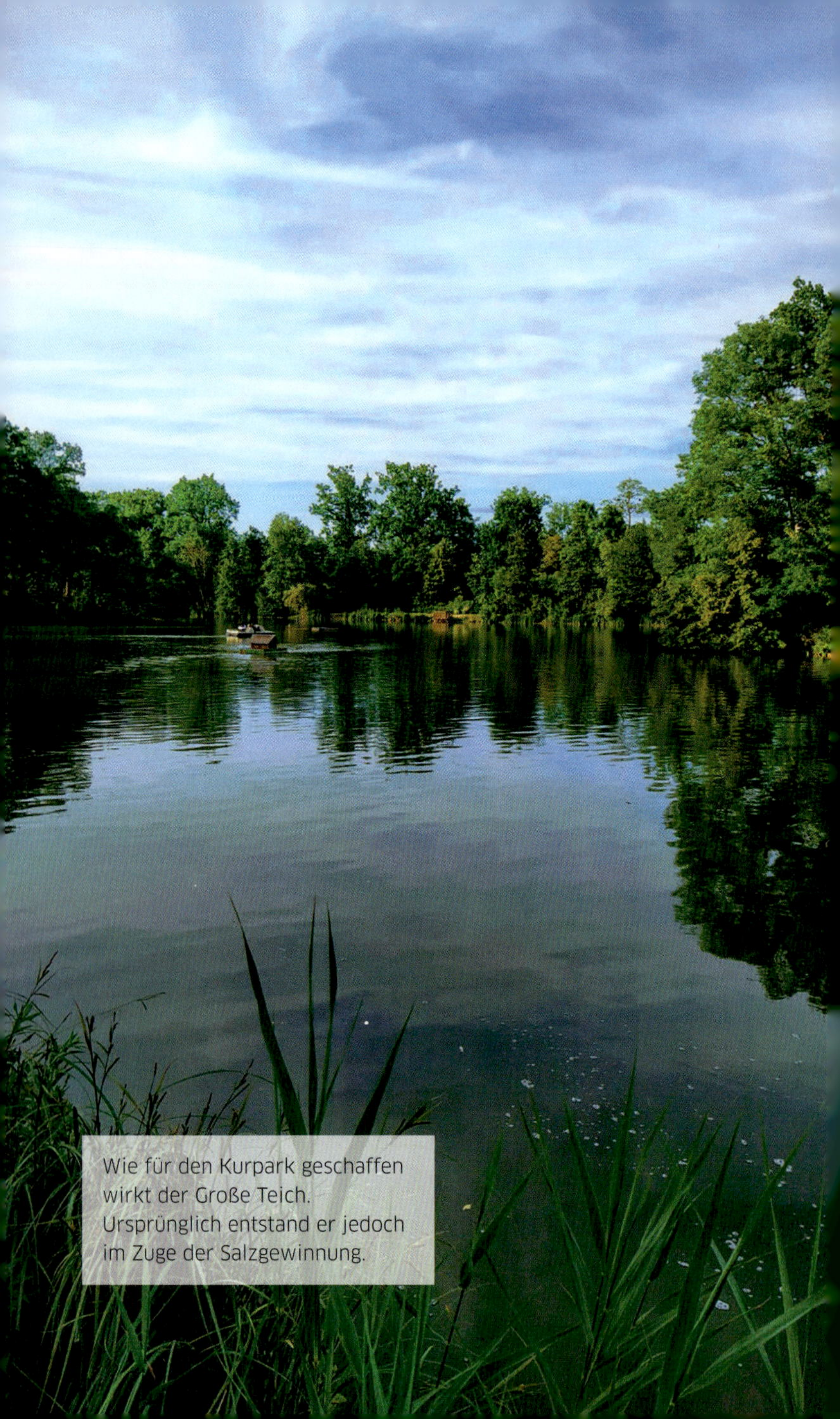

Wie für den Kurpark geschaffen wirkt der Große Teich. Ursprünglich entstand er jedoch im Zuge der Salzgewinnung.

den Startpunkt an der „Sonne“ – unter den Gleisen hindurch – ein Abstecher zum jenseitigen **Goldsteinpark** zu unternehmen ist. Dort folgen auf das silbrig glänzende Zentralgestirn am (gesperrten) Goldsteinturm die vier inneren Planeten kurz hintereinander, ehe der schon ein Stück draußen liegende, von der Sonne rund 780 Millionen Kilometer entfernte Jupiter auftaucht. ❶

Damit geht es wie gehabt zurück, um jetzt vor den Bahnhof zu treten, wo der weitere 700 Millionen Kilometer entfernte Saturn übersehen werden könnte, da er halb im Marmorboden steckt und seine „Ringe“ auf dem Belag nachgezeichnet sind. Dann kommt erstmal länger nichts. Das heißt, am Ende der Bahnhofstraße begegnet man in Gestalt des einzigartigen **Jugendstil-Sprudelhofs** gleichsam Architektur von einem anderen Stern, jetzt, nach umfassender Sanierung, einschließlich Bahnhof und Versorgungseinrichtungen, beeindruckender denn je. ❷

Kurz danach überschreiten wir die Usa und gelangen geradeaus zum **Kurpark**, in dem Uranus zwischen mächtigen Eichen und Blutbuchen fast verloren wirkt. Diese dürften bereits zur Zeit Heinrich Siesmayers gepflanzt worden sein, dem geistigen Vater des Parks um 1857, an den wenige Schritte weiter ein **Gedenkstein** erinnert. Noch einen Prominenten trifft man nach dem Linksknick am **Jugendstil-Theater** gen Parkausgang, wo dem während seiner Friedberger Militärzeit in Bad Nauheim wohnenden Elvis Presley eine Stele gewidmet wurde.

Vorne biegt man rechts zur Parkstraße ab und hält auf den großen Soldatenhain am Hang zu. Linksseitig davon schaukelt Neptun über einer steinernen Welle, nun schon 4,5 Milliarden Kilometer vom Zentralgestirn entfernt. Fehlt noch Pluto. Dafür geht es nach Neptun den Fußweg einige Schritte bis zu der steilen Treppe, dort empor und nach links in Serpentinen durch einen noch recht jungen Weinberg, über den der Unterweltsherrscher in seiner Planetengrotte wacht.

Einen „Balkon“ für den himmlischen Gesamtblick auf das Sonnensystem betritt man dann gleich darauf, hier die (frei zugängliche) Terrasse des Café-Restaurants am **Johannisberg**. Wenige Meter

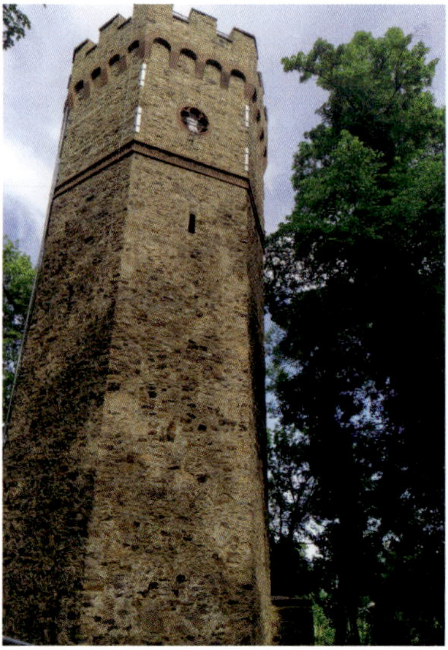

Auf dem Johannisberg gibt es eine Sternwarte, in der jeder durchs Fernrohr schauen darf.

rechts davon erlaubt die auf einem früheren Kirch- und Aussichtsturm stehende **Sternwarte** den realen Blick auf Sonne, Mond und Sterne (dienstags darf jeder durch das 4-Meter-Teleskop schauen). Auch die Römer wussten die exponierte Erhebung zu nutzen; vermutlich für eine Signalstation, wie das freigelegte Fundament daneben nahelegt. ③

Wir setzen den Weg parallel zu dem Zufahrtssträßchen in westliche Richtung bis knapp vor den Waldausgang fort, dann rechts und stets über hell gekiesten Forstweg in immer neuen Kurven durch luftigen Laubmischwald erst eben, danach abwärts (vor der **Kirchner-Hütte** links). Fast schon im Tal der Usa wird an dem rot geklinkerten **Wasserwerk** scharf links abgebogen und zwischen **Sport- und Golfplatz** der breite Talgrund gequert. Drüben erreicht man mit kurzem Abstecher den **Geogarten** hinter der **Frauenwaldhalle**. ④

Retour, laufen wir rechts der Usa am Zaun des Golfplatzes entlang, bis er nahtlos in den Kurpark mit dem Großen Teich überleitet. So idyllisch er dank seiner Weiden und Inselchen wirkt, er entstammt Vorbadezeiten und sollte ausreichend Wasser für die Pumpen der Gradierwerke vorhalten. ⑤

Auf mehreren Hundert Metern stehen sie noch oder wieder, wie zu sehen, wird abschließend ein Gang durch das Kurviertel am südlichen Stadtrand angehängt. Ansonsten vor dem Großen Teich leicht links haltend gen Sprudelhof und wie gekommen zum Bahnhof.

14 ALS LÄGE SCHNEE

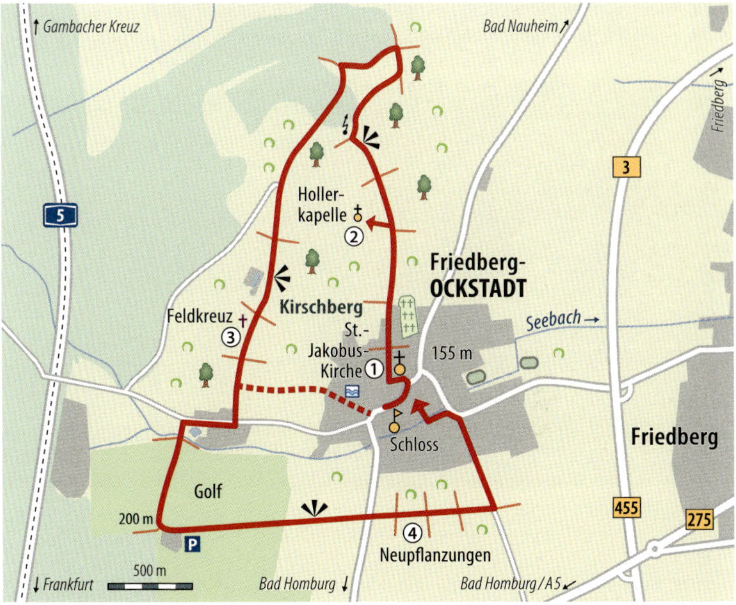

Friedberg-Ockstadt. Blütenrausch zwischen Taunus und Wetterau. Über 40.000 Kirschbäume entfalten ihre Knospen und verwandeln die Hänge in ein weißes Meer, licht genug für großartige Aussichten bis zum Vogelsberg und Spessart.

Start: Im Zentrum von Friedberg-Ockstadt, Bushaltestelle Schloss; Parken in der Borngasse kurz nach der Ortseinfahrt
Länge: 8 (6) km
Höhenmeter: 85 m
Einkehr: Unterwegs keine
Geöffnet: Das Schloss ist nicht zugänglich, kann aber von außen eingesehen werden. Die Jakobus-Kirche steht offen

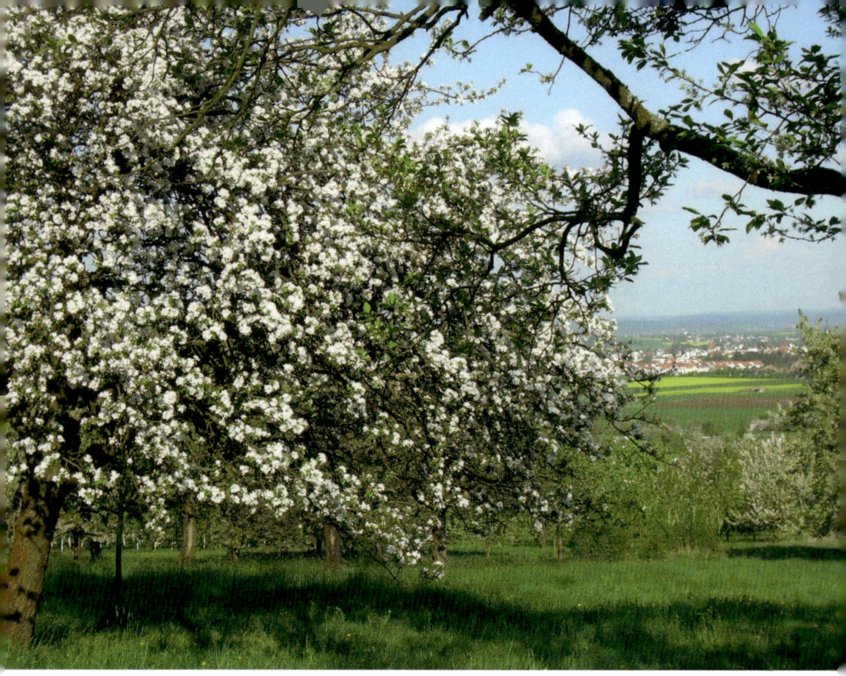

Je dichter die Äste, desto älter der Baum: Das Kirschenparadies von Ockstadt.

Wenn das Wetter mitspielt, ein stabiles Hoch ohne Nachtfröste vorherrscht, dann fällt die Obstblüte noch schöner und üppiger als ohnedies aus. Gleichsam über Nacht scheinen sich dann die Knospen eines der größten Kirschengebiete Hessens zu entfalten: Als läge Schnee über dem 100 Hektar großen Areal bei Friedberg-Ockstadt, derart geschlossen wirkt das Blütenmeer am sonnigen, windgeschützten Südwestrand des Taunus.

Das ist selbst für Kenner ein seltener Anblick, da bei den hier angebauten 40 Sorten sonst zeitlich unterschiedliche Blütenstände vorherrschen, wie auch der Reifegrad zwischen Juni und Anfang August differiert. Entsprechend abwechslungsreich sind die Gewächse. Neben plantagenartigen Pflanzungen, deren Höhe zugunsten vereinfachter Ernte niedrig gehalten wird, stehen knorrige, jahrzehntealte Patriarchen lokaler Arten. Teilweise sind sie Überbleibsel der Realteilung, die ein Bewirtschaften der immer kleiner werdenden Grundstücke und damit die Baumpflege nicht mehr lohnte.

Die Anfänge der Ockstädter Kirschenkultur reichen bis ins späte 18. Jahrhundert zurück, als der damalige Ortsherr Gottfried von und zu Franckenstein in einer Art früher Strukturmaßnahme erst Kartoffeln und dann die wohlschmeckende Frucht einführte, nachdem mit der Unabhängigkeit der USA die Verarbeitung von Baumwolle weggefallen war. Heute besitzt fast jeder Ockstädter eine Obstbaumparzelle, wenn auch nur wenige den Anbau hauptberuflich betreiben. Vorwiegend beliefern sie Supermärkte und die Verkaufsstände zur Saison. Die Ernte von über 40.000 Bäumen will abgesetzt sein.

Nicht nur dank der vorausschauenden Strukturpolitik wird Ockstadt bis heute vom Wirken der Franckensteiner geprägt. Ihre ins 15. Jahrhundert zurückreichende, zum Barock stark veränderte **Wasserburg** bildet den Ortsmittelpunkt und ist seit dem Rückkauf eines Nachfahren 1998 wieder zu einem Schmuckstück geworden. Gebäude, parkartiger Innenhof und die markant zur Straße vorspringenden Rundbastionen sind ansehnlicher denn je.

Das reichsunmittelbare Geschlecht hat sich übrigens der Reformation verweigert. Ockstadt blieb als einzige Gemeinde der Wetterau stets katholisch, noch im frühen 20. Jahrhundert demonstrativ bezeugt durch den Bau der doppeltürmigen, weithin sichtbaren St.-Jakobus-Kirche im Neobarock mit Jugendstilelementen.

Wegbeschreibung

Der Rundgang durch das Ockstädter Kirschenparadies beginnt im historischen Kern an der Bushaltestelle Schloss. Die rondellartigen Türme der hohen **Schlossmauer** passierend, gelangt man mit Bach- und Borngasse zur monumentalen **Jakobus-Kirche**. ❶

An der Westfront vorbei streben wir in der Kapellenstraße hinaus in die Felder, die mit jedem Schritt mehr von Kirschbäumen gesäumt sind. Fast ist hinter dem Blütenvorhang die weiß gehaltene **Hollerkapelle** zu übersehen; erreichbar nach 500 Metern mit kurzem Abstecher von der Wegekreuzung. Das 1726 aus Trümmern eines im Dreißigjährigen Krieg untergegangenen Dorfes errichtete

Kirchlein wird nur zu besonderen Anlässen wie Hochzeiten oder Feiertagsprozessionen geöffnet. ❷

Wieder an der Kreuzung, laufen wir nun langsam den Hang hinauf, wobei der hohe **Funkturm** die Richtung vorgibt. Vor dem Gittermast biegt man rechts ab und folgt dem Rand eines Wäldchens, was großartige Ausblicke über die Wetterau zum Vogelsberg eröffnet. Der Forst tritt rasch zurück und man sieht sich zwischen ältere, solitär stehende Kirschbäume versetzt. Am nahen Querweg heißt es links dem nächsten Waldstück entgegen und dort erneut links.

Auch hier verläuft der Weg davor, bis er nach 300 Metern in eine Betonpiste mündet. Wie dann zu sehen, war dies die Zufahrt zum Übungsgelände einer amerikanischen Panzereinheit, woran noch einige halb zugewachsene Unterstände erinnern. Land- oder forstwirtschaftlich ungenutzt, ist das weite Offengelände jetzt als FFH-Gebiet ausgewiesen. Kurz vor seinem Ende nach etwa 350 Metern schlüpfen wir links – vorbei an einer früheren Betonsperre – in den unscheinbaren Übergang zu einem breiteren Weg, mit dem die Kirschhaine im Wechsel zwischen hochstämmigen und jüngeren Beständen ihre Fortsetzung finden.

Inmitten der blühenden Pracht haben die Ockstädter Obstbauern 2006 dem „Herrn" ein Granitkreuz gestiftet, auf dass er die Früchte vor „Blitz und Ungewitter" bewahre. Der exponierte Punkt gibt einmal mehr den Blick frei über Ockstadt zu dem auf einem langgestreckten Felsrücken wie aufgedockt liegenden Friedberg. ❸

Wir halten jenseits davon das Geradeaus bei, ehe sich an der zweiten Kreuzung links die Möglichkeit zum direkten Rückweg eröffnet. Nun auch flankiert von Walnuss- und Apfelbäumen kommt man rasch an den Ortsrand; Pfingstbrunnenstraße und Am Schwimmbad führen hinein.

Wegen der schönen Aussichten und auch der Aussicht, die aktuellen Anbaumethoden der Kirsche kennenzulernen, lohnt es, noch eine Schleife anzuhängen. Allerdings ist hierbei Asphalt in Kauf zu nehmen, beginnend an der Straße, auf die unser bisheriger Weg 300 Meter nach dem Feldkreuz stößt; dort rechts etwa 250 Meter hinan zum Linksabzweig gen Friedberg. Hinter der Senke entpuppt sich

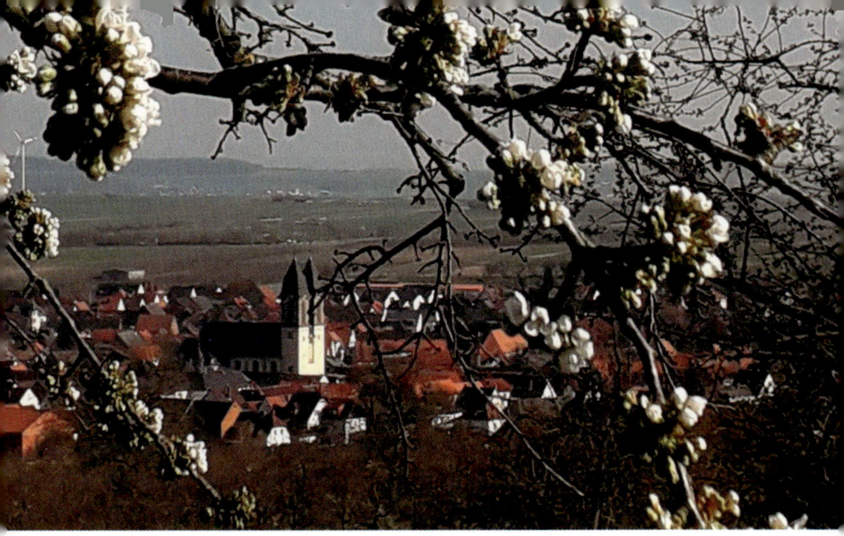

Immer im Bild, die ortsbeherrschende Jakobus-Kirche.

das Sträßchen bei leichtem Anstieg als Zufahrt einer weitläufigen **Golfanlage**.

Mit der Linkskurve vor dem Clubhaus nutzt man dann die östliche Anfahrt. Erneut reicht der Blick tief ins Land, selbst die Kammlinien von Spessart und Odenwald zeichnen sich schattenrissartig ab. Jenseits der Landstraße treten diese zurück zugunsten der Nahsicht auf die recht jungen Kirschplantagen südlich von Ockstadt. Ähnlich wie Rebzeilen werden die auf Effizienz und Resistenz getrimmten Bäumchen an Drähten gezogen. Wo sie etwas auswachsen, sind sie gekappt und durch Metallgestänge fixiert. ❹

Wie die süßen Früchtchen in fester und flüssiger Form schmecken, ist dann zum Abschluss überprüfbar, wenn 500 Meter nach der Straßenquerung links gen Friedberg abgebogen wurde. Vor den ersten Häusern Ockstadts steht ein großer **Obsthof**, und ausgangs der Ober-Wöllstädter-Straße verbreiten zwei **Brennereien** wohlige Düfte.

Anschließend wird in die Friedberger Straße gewechselt. Um dem Verkehr auszuweichen, biegt man nach kaum 150 Metern links in den Fußweg neben einem **Wassergraben**. Der kann 200 Meter weiter zur Gartenstraße überschritten werden, endend zwischen Schloss und Jakobus-Kirche.

15 WETTERAUER VOGEL-SCHAU

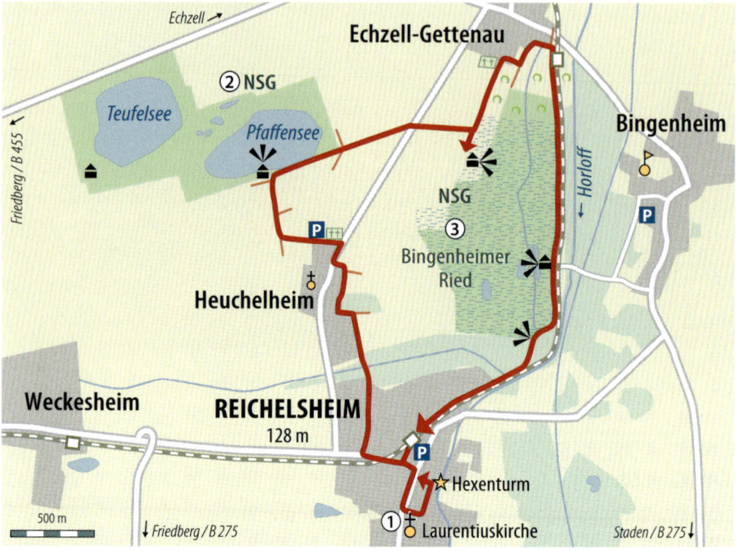

> **Reichelsheim.** Alle Vögel sind wieder da, seit die Flüsse der Wetterau renaturiert wurden. Mit dem Symboltier Storch voran, haben rund 250, vielfach bestandsgefährdete Arten im und um das Bingenheimer Ried nun beste Bedingungen.

Start: Am Bahnhaltepunkt von Reichelsheim; davor auch viel Parkraum
Länge: 9 (8) km
Höhenmeter: Gering
Einkehr: Unterwegs keine
Geöffnet: Die Laurentiuskirche steht offen

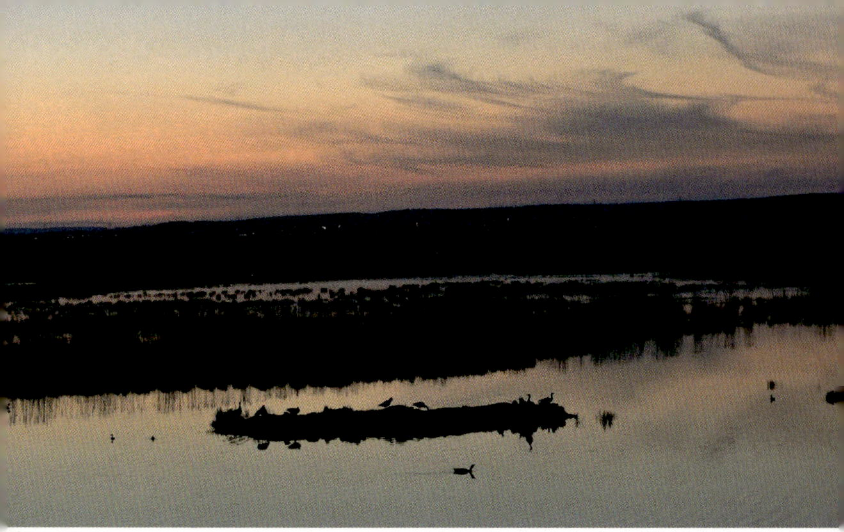

Abendstimmung über dem einzigartigen Vogel-Refugium des Bingenheimer Rieds.

Wenn im Frühjahr die ersten Schwäne und Enten bereits flügge sind und als kleine Wollknäuel zwischen den achtsamen Eltern hin- und herrudern, da versorgen andere Bodenbrüter noch emsig ihre Jungen auf den Inselchen oder in den Schilfgürteln. Für das Futter müssen sie an dem reich gedeckten Tisch der Flachwasserzonen des **Bingenheimer Rieds** nicht lange suchen. Wer hier, wie die Geschwader der Grau- und Nilgänse, fliegt, scheint dem Treiben eher ein optisches Äquivalent in den Lüften verleihen zu wollen.

Das war nicht immer so. Was im Einzugsgebiet der Horloff und den meisten Gewässern der Wetterau derart „naturnah" wirkt, musste der Mensch erst in tätiger Reue schaffen. Wo heute das Froschgequake noch lauter ist als das Gezirpe und Geschnatter der Vogelwelt, gingen Bauern ihrem Tagewerk nach, seit in den fünfziger und sechziger Jahren systematisch Flüsse kanalisiert und Feuchtwiesen entwässert wurden.

Erst als die Erkenntnis reifte, dass damit zahlreichen Arten die Nahrungsgrundlage verlorenging – unübersehbar durch das Ausbleiben von Zugvögeln – begann man gegenzusteuern. Allerdings waren es Privatpersonen und Umweltverbände, die in einem zä-

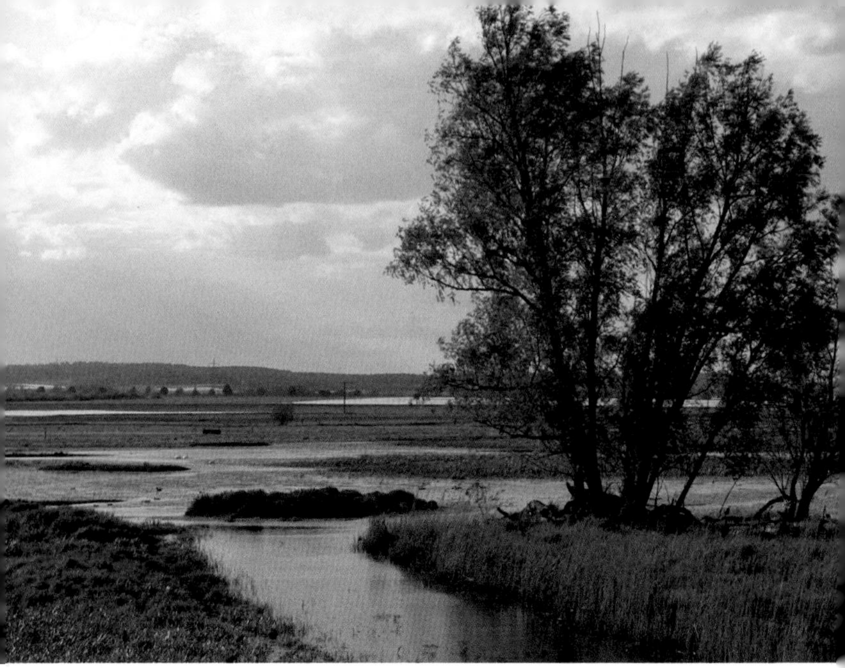

Für Watvögel ist das sumpfartige Terrain im Süden gut geeignet.

hen und auch kostspieligen Ringen ein Umdenken bewirkten. Per Ankauf oder Tausch konnte Land der Nutzung entzogen werden, kleinere Schutzzonen entstanden, und schließlich erkannten selbst Politik und Verwaltung die Zeichen der Zeit.

Jetzt ließen sich eher großräumige Lösungen finden, dennoch kommt es einem Wunder gleich, mit dem 1989 begründeten, 7.400 Hektar großen „Auenverbund Wetterau" ein Feuchtgebiet über fünf Flussläufe geschaffen zu haben – dem nun bedeutendsten in Hessen. Begünstigt wurde der Prozess durch das Ende des Braunkohleabbaus bei Wölfersheim und Echzell um 1990. Nicht nur **Teufel- und Pfaffensee** entwickelten sich nach Volllaufen der Tagebaulöcher zu wertvollen Biotopen.

Die Natur dankt es mit außergewöhnlicher Vielfalt. Rund 250 Vogelarten werden samt Durchzüglern alleine hier und im benachbarten Bingenheimer Ried gezählt, darunter rare Spezies wie Rothalstaucher und Rohrweihe, Kiebitz und Krickente und natürlich

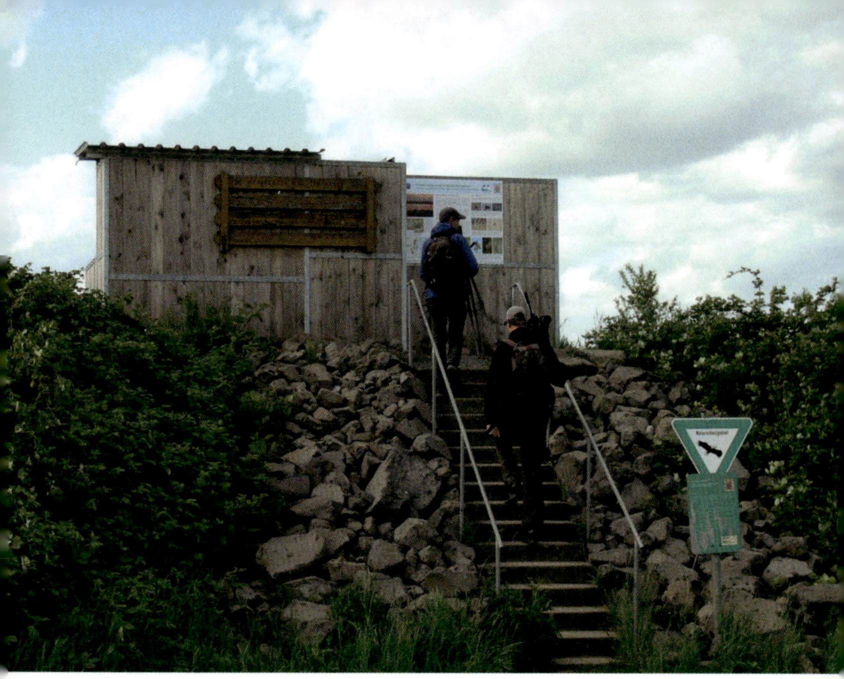

Zugang zum Beobachtungsstand am Pfaffensee.

der als Symboltier für das Rückgewinnen ihrer Lebensräume stehende Weißstorch. Aus anfänglich zwei Paaren wurden weit über hundert im gesamten Wetteraukreis. Von den Wegen um das Bingenheimer Ried oder den Beobachtungsposten hat man die eleganten Flieger stets im Blick.

Wegbeschreibung

Bevor man der Wetterauer Vogelschau beiwohnt, lohnt ein kleiner Rundgang durch **Reichelsheim**. Sehenswert ist insbesondere die spätgotische **Laurentiuskirche** wegen ihrer über 500 Jahre alten Ausmalungen mit den Heiligen Drei Königen links und dem Heiligen Christophorus rechts vom Chor. ❶

Ab dem Bahnhaltepunkt läuft man die Raiffeisenstraße bis zur Einmündung in die Bad Nauheimer Straße. Für die knapp ein Kilometer lange Schleife geht es links und dann mit der Bingenheimer Straße rechts gen (geöffneter) Pfarrkirche. Davor in die Straße Römerberg, links zur Neu-, überwechselnd in die Turmgasse. Sie verweist auf den **Hexenturm** aus dem 15. Jahrhundert, dessen dunkel dräuender Basalt düstere Geheimnisse zu bergen scheint.

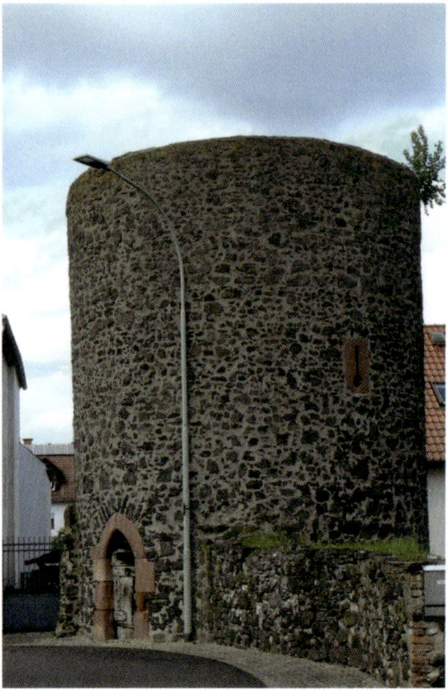

Aus dem 15. Jahrhundert stammt der Hexenturm der Reichelsheimer Stadtmauer. Sein Name dürfte freilich einer Analogie zum düster dräuenden Basalt entspringen.

Ausgangs schließt sich der Kreis an der Bingenheimer Straße, und zurück wie gekommen, um mit der Bad Nauheimer Straße weiterzulaufen (ohne Ortsbesichtigung hier also rechts). Nach Queren der Gleise biegt man 100 Meter dahinter rechts in die Ringstraße, wo auch das Zwischenziel **Heuchelheim** angezeigt ist. Zunächst will das Eigenheim-Viertel geradeaus durchmessen sein, ehe ein Fußweg in die Wiesenzone bis vor die kleine Gemeinde überleitet.

Wir folgen dem Häuserrand, erst gegen Ende links, vorne kurz rechts und am Bauhof links wieder hinaus. Selbst dort inmitten von Lärm und Maschinenpark nistet ein Storchenpaar. Auf Futtersuche in den Feldern begleiten die Tiere zum Pfaffensee – 200 Meter nach dem Bauhof rechts –, an dem sie mangels Flachwasserzonen freilich weniger unterwegs sind. Wie aus der erhöht stehenden **Schutzhütte** zu erkennen, ist dies das Revier von Schwimmvögeln – wenigstens zwölf, teils äußerst seltene Enten- und Taucherarten bevölkern die ehemalige Braunkohlengrube. ❷

Parallel zu dem undurchdringlichen Heckenkranz setzen wir über vergrastem Untergrund rechts den Weg fort, vor und hinter der zu querenden Landstraße dann befestigt. Der bald erreichte Querweg markiert den westlichen Ausläufer des Bingenheimer Rieds; einige Meter nach rechts ragt ein neuerer Beobachtungsstand auf. Die weiten Grasflächen davor haben primär Nilgänse und Schwäne erobert.

Wieder retour, sichtet man zahlreiche Kopfweiden. Auch sie bleiben als Teil einer gewachsenen Kulturlandschaft bewahrt, besaßen die Zweige der über Generationen in den feuchten Niederungen gehegten Bäume nicht zuletzt eine wichtige Aufgabe im Fachwerkbau. Der unterdessen aufgetretene „Auenweg" führt Gettenau entgegen und dann im Halbbogen vor der Bebauung entlang. In Höhe der Bahnstation lassen wir ihn ziehen, da er trotz ausgebauten Weges nicht an der Ostseite des Bingenheimer Rieds verläuft. Als buchstäbliche Leitschiene dient jetzt der Gleisdamm.

Nächster Zwischenstopp ist der nach etwa 1.500 Metern erreichte beste Aussichtspunkt. Das bereits 1996 erstellte Holztürmchen gibt den Blick frei über die größeren Wasserflächen und ihre nesterbesetzten Inselchen. Anders das Bild vom Posten 400 Meter weiter. Dort sind die Auen flach genug, damit Watvögel wie Graureiher, Bekassine oder die ringsum auf hohen Holzpodesten brütenden Störche auf Nahrungssuche gehen können. Und über allen vollführt die gut an deltaförmigen Flügeln erkennbare Rohrweihe ihre waghalsigen Flugmanöver. ❸

Der offene Beobachtungsposten wurde einem Unterstand für Rinder angesetzt. Sie sind, neben Ponys, gleichfalls Teil des Schutzgebietes, um den Wuchs niedrig zu halten. Die Viehweiden reichen bis an die Bebauung von Reichelsheim, womit, vorbei an großzügigen Eigenheimen, der Endpunkt nicht mehr fern liegt. Bei Ankunft am Bahnsteig empfiehlt sich, auch für Autofahrer, diesen zu nutzen, da rechtsseitig kein Zugang besteht.

16 LEBEN AM LIMES

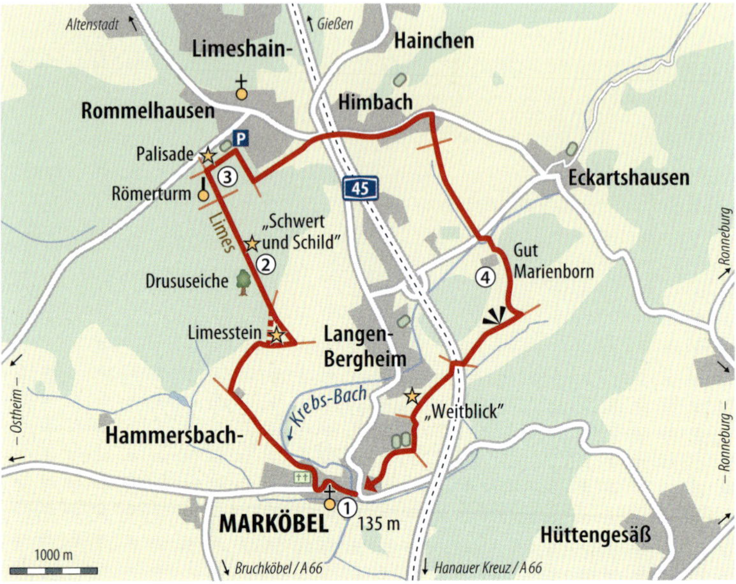

Hammersbach-Markröbel. Dank UNESCO-Welterbe nimmt der fast vollständig verschwundene Limes wieder Gestalt an. Anschaulich-unterhaltsam sind vor allem die Rekonstruktionen – Wachturm, Grenzwall, Großplastiken – in der Wetterau-Gemeinde Limeshain.

Start: In (Hammersbach-)Marköbel, Bushaltestelle Untertor; Parken am besten im neueren Bereich
Länge: 15 km
Höhenmeter: 180 m
Einkehr: Unterwegs keine
Geöffnet: Der Limesturm ist frei zugänglich

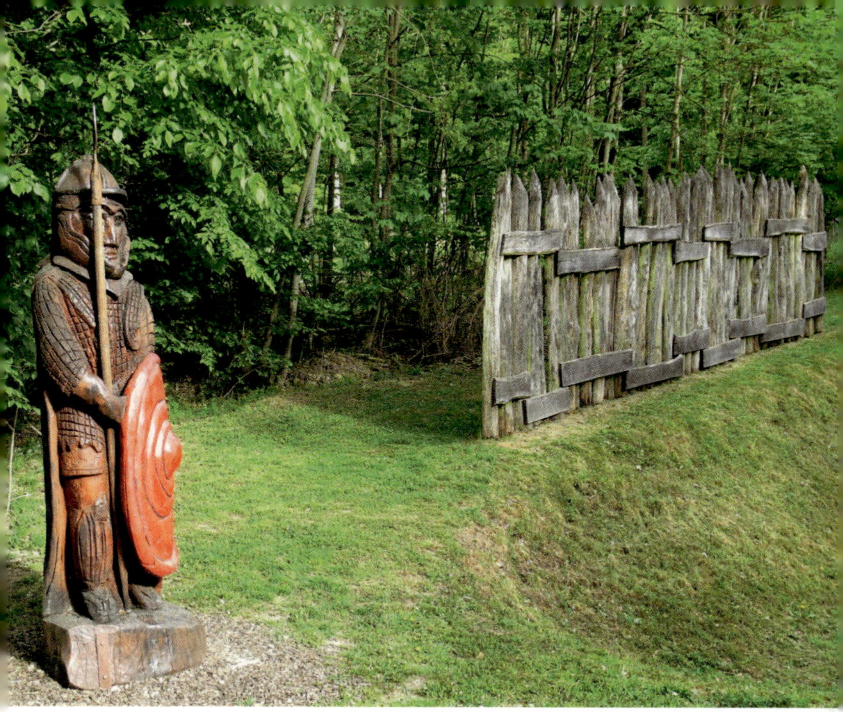

So könnte es gewesen sein: Der Limes in seiner letzten Ausbaustufe mit Wall, Graben und Palisade, wie hier bei Rommelhausen nachgebildet.

Der Ritterschlag eines UNESCO-Welterbes wird zwar mitunter als Last empfunden, aber richtig verstanden im Sinne von Bewahren oder Vermarkten bündelt er ungeahnte Kräfte und Mittel. Viele kleinere Gemeinden haben jedenfalls die Chance erkannt, die ihnen die Welterbe-Anerkennung des 550 Kilometer langen Obergermanisch-Rätischen Limes (ORL) 2005 eröffnete – eine wie Limeshain in der Wetterau.

Wenn auch Retortenkind der Gebietsreform von 1971, sieht man sich schon qua Name angespornt, durch Rekonstruktionen und „Erlebnisstationen" dem römischen Grenzleben plastisch-unterhaltsame Anschauung zu verleihen. Dank eines Waldgebietes besteht die Limesstrecke noch in beindruckender Mächtigkeit, so dicht von Bäumen bewachsen, dass man in ihnen die einstige Palisade zu erblicken meint.

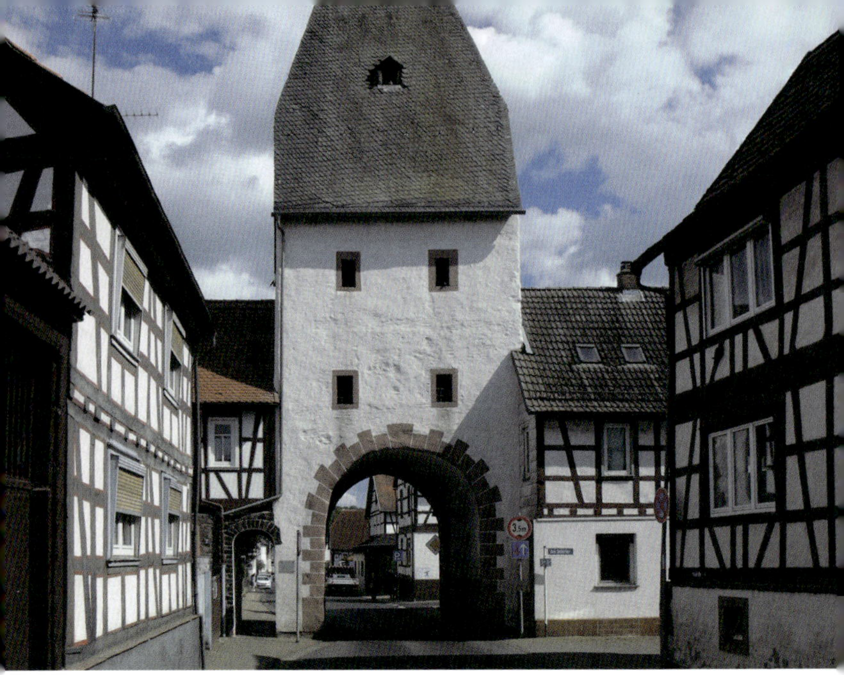

Das Untertor in Marköbel, durch das noch heute der Verkehr fließt.

Die stand in Gestalt angespitzter Eichenpfählen allerdings vor Wall und Graben, wie das über 25 Meter wiedererstandene Teilstück bei **Rommelhausen** dokumentiert. Es hält die letzte Ausbaustufe fest, als die Besatzungsmacht Ende des 2. nachchristlichen Jahrhunderts den Limes verstärkte und die Holz- durch Steintürme ersetzte. Davon blieben freilich nur die Fundamente. Diese jedoch in Relation gesetzt zur Darstellung eines zweistöckigen Turmquadrats an der Trajanssäule in Rom war den Limeshainern Aufforderung genug, nach dem Grenzabschnitt in den neunziger Jahren 2013 auch einen großen **Wachturm** zu errichten. Hinzu kamen 2020 weitere „Erlebnisstationen".

Genau 40 Römische Fuß hoch und 20 breit galt der Turm als so originalgetreu wie bis dato kaum ein anderer Bau am ORL. Hierbei ließ man die landläufige Vorstellung hinter sich, Kastelle und Beobachtungsposten seien dunkle, steinstichige Kästen gewesen. Vielmehr wusste man die „Barbaren" mit weißer Scheinquaderung zu blenden. Aber nicht nur beim Verputz trieb man die historische

Annäherung auf die Spitze. Ermöglicht durch einen sechsstelligen Betrag aus Fördermitteln und Spenden, sind die Nägel handgeschmiedet, das Holz gebeilt und das Dach schiefergedeckt.

Der rund zwölf Meter hohe Turm mit begehbarem Umgang ist auch Anlaufpunkt eines in Rommelhausen startenden Limespfades, dessen augenfälligstes Merkmal, lebensgroße Holzplastiken von Legionären und Germanen, ergänzend an den Römerstätten Aufstellung fanden. Nur eines mag **Limeshain** bedauern – auf seiner Gemarkung stand kein nennenswertes Kastell. Hier bedurfte es offenkundig nicht derart massiver Militärpräsenz wie etwa beim nahen Hammersbach-Marköbel am Übergang zur späteren Hohen Straße.

Mit gut drei Hektar entsprach dic Lagergröße der Saalburg, und natürlich musste die 500 starke Besatzung nicht auf die Annehmlichkeit eines Bades verzichten. Seine Umrisse sind vor der Pfarrkirche in der Pflasterung markiert. Aus der römischen Keimzelle erwuchs eine vergleichsweise wohlhabende Gemeinde, gesichert im 15. Jahrhundert mit einer Ringmauer und zwei gut erhaltenen Toren; noch heute rollt der Verkehr hindurch. Dazwischen ist eine dichte Abfolge restaurierter Fachwerkhäuser zu entdecken, allen voran das **Rathaus** aus dem späten 17. Jahrhundert, das selbstbewusst auf die Hohe Straße ausgerichtet wurde.

Wegbeschreibung

Dem Bus entsteigt man an der Haltestelle Untertor. Mit der Hauptstraße durchschreitet man das von Tauben besetzte Tor dem früheren **Rathaus** entgegen. Das zwingt die Fahrbahn zu einem scharfem Linksknick, auf den eine Rechtskurve am älteren Teil mit seinen Fachwerkhäusern folgt. ❶

Hinter dem runden Obertor biegen wir rechts gen Friedhof ab und nach dem jüdischen Teil links zur Regionalpark-Route. Ihr Symbol, die rote, zweifach geteilte Pyramide, weist gleich hinaus und findet über befestigten Weg zu einer flachen Felderpartie. Nach gut 800 Metern schwenkt er an einem Schuppen rechts ab und nähert sich dem Wald.

So man nicht links davor direkt den Zugang ansteuert, wo eine Steine-Holz-Installation die römisch-germanische (Kultur-)Grenze symbolisiert, entfernt man sich mit der S-förmigen Kurve und dem anschließenden Geradeaus erst etwas, will noch der inmitten von Äckern stehende **Limesstein** entdeckt sein. Unterdessen um eine Pyramideneiche ergänzt, erinnert er daran, dass hier 1911 Bauern ohne Erlaubnis den Wall geschleift hatten.

Er dürfte dem Erhaltungsgrad entsprochen haben, wie zu sehen, wenn wir den Wald an besagter Installation betreten. Hüfthoch begleitet die Erdmauer den schnurgeraden Weg, nur unterbrochen von der mächtigen, nach dem römischen Feldherrn und Eroberer Germaniens, Drusus, benannten Eiche. Für die Schlagkraft der antiken Großmacht steht einige Hundert Meter das Objekt **„Schwert und Schild"**. ❷

Die von dem Bad Nauheimer Künstler Jox Reus in Szene gesetzte typische Bewaffnung der Grenztruppe leitet zu Wachturm und Limes über. Zuerst kommt man nach kaum zehn Minuten dem leicht links vom Weg aufragenden Turm näher. Das Obergeschoss und der Umgang sind über eine historisch weniger korrekte Wendeltreppe an der Außenfront frei zugänglich. Etwas später sichtet man die per Abstecher erreichbare **Palisade** – jetzt streng bewacht von einem hölzernen Legionär. ❸

Wieder zurück, biegen wir links ab und laufen über 300 Meter dem Waldende entgegen, knicken kurz davor rechts ab und verbleiben noch 400 Meter unter den Bäumen, ehe links ins Freie getreten wird. Zwischen Neubauten und Forstsaum heißt es auf breitem Weg 500 Meter bis zur Landstraße; weiter linksseitig gen ampelgeregelter Kreuzung und über die Autobahn für den abgesetzten Fußweg nach **Himbach**.

Das frühere Bauerndorf mit seinen stattlichen Fachwerkgehöften queren wir fast vollständig und biegen dann rechts in die Erbsengasse. Ausgangs mündet sie in einen Feldweg, der bei leichtem Gefälle das **Hofgut Marienborn** im **Krebsbachtal** anvisiert. Ein Schild erinnert daran, dass die heutige Staatsdomäne und Himbach religionsgeschichtlich von Bedeutung sind, da hier verfolgte Sekten wie Herrnhuter oder „Inspirierte" im 18. Jahrhundert Aufnahme fanden. ❹

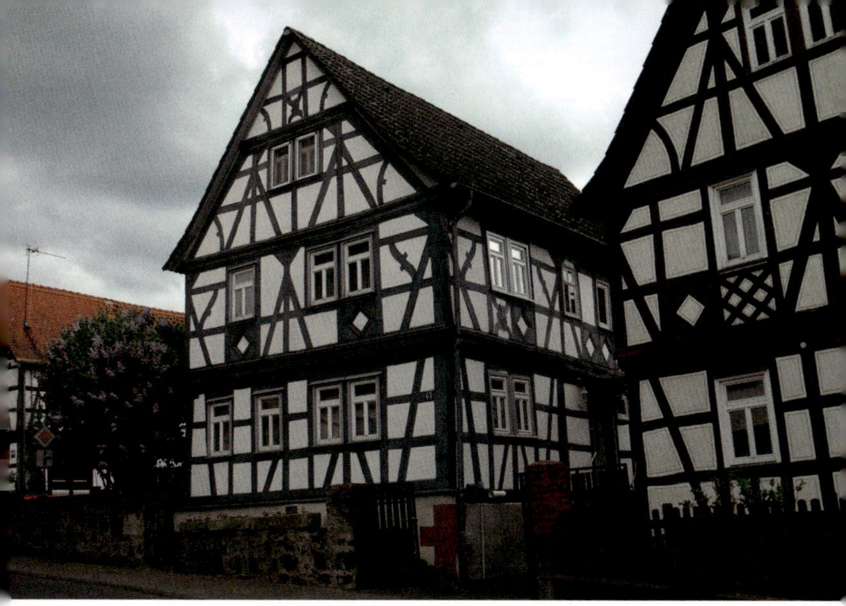

Einst im „Freien Germanien" - Himbach, das stattliche Fachwerkgehöfte bewahrte.

Jenseits der Landstraße läuft man auf die ausgedehnte Anlage zu, umgeht sie links und dahinter in Feldern geradeaus hinan. Knapp oben stellen Links-rechts-Bogen den Anschluss zu einem Höhenweg her, wo Steinbänke freie Sicht über das vormalige Kloster und nachmalige **Schloss Marienborn** ermöglichen. Dort fädeln wir uns rechts wieder in die Regionalpark-Route ein. Mit dem „Weitblick" führt diese – nach einem Kilometer zwischen Feldern und Obstgärten und erneutem Queren der Autobahn – an einer ihrer Landschafts-Installationen vorbei. Hier sind es vier Meter hohe Stahl-Glas-Stelen, die um den Großen Feldberg im Taunus eine Art Passepartout bilden.

Hernach heißt es bis **Marköbel** nur noch bergab: Vor der oberen Bebauung links, um die **Sportplätze** und durch die **Eigenheim-Siedlung** (Büdinger Straße) zur markanten Kurve der Langenbergheimer Straße nicht weit vom Untertor.

17 IN DEN SCHLUCHTEN DES SPESSART

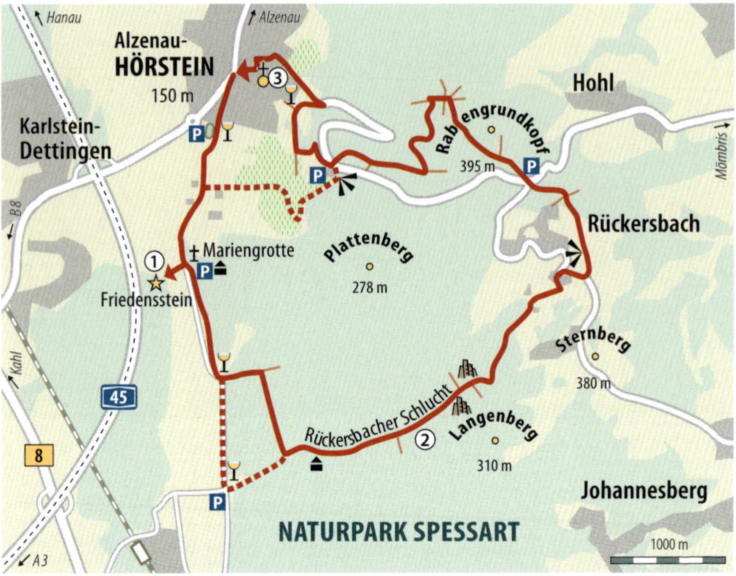

Alzenau-Hörstein. Wo einst die Schlacht von Dettingen tobte, liegt der Zugang zur Rückersbacher Schlucht, der mit drei Kilometer längsten und geologisch bedeutendsten im Spessart.

Start: In Alzenau-Hörstein, Busstation Mitte; an der vorgelagerten Räuschberghalle besteht ein großer Parkplatz
Länge: 15 km
Höhenmeter: 380 m
Einkehr: „Hofgut Hörstein/Abtshof", Mömbriser Straße 6 (täglich außer dienstags) Gasthäuser „Schluchthof" (kein Ruhetag), „Heißerackerhof" (dienstags)
Geöffnet: Die Kirche Mariä Himmelfahrt in Hörstein steht offen

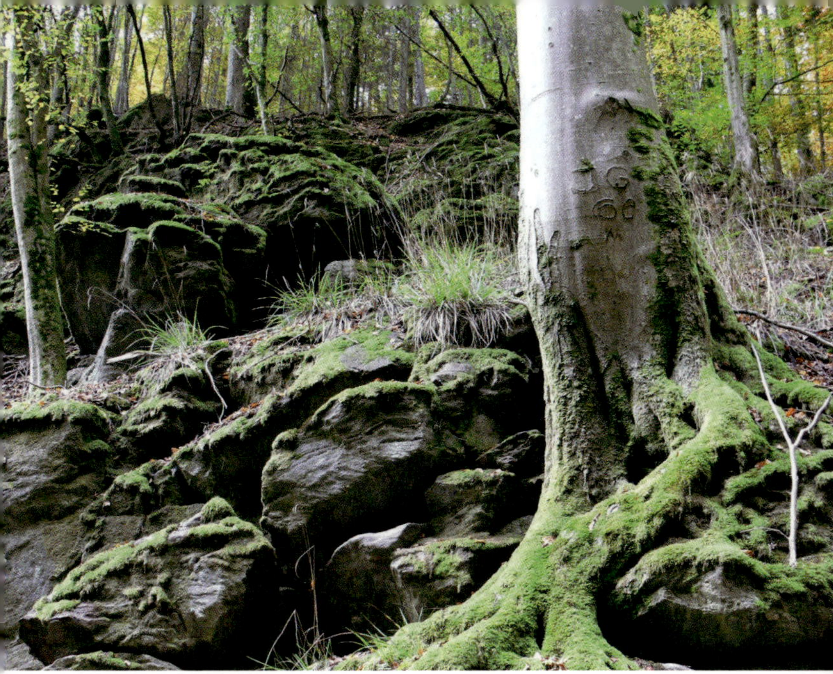

Dank der Sägearbeit des Rückersbaches wurde 320 Millionen Jahre alter Glimmerschiefer freigelegt.

Wenn ein Gestein für den Spessart steht, dann Buntsandstein. Als gewaltige, stellenweise mehrere Hundert Meter dicke Decke liegt er über sehr alten Schichten von Gneis und Glimmerschiefer. Vor etwa 250 Millionen Jahren entstanden und seither recht gleichmäßig verwittert, formt der helle bis rötliche Stein das vorherrschende Bild sanftwelliger, überwiegend von Laubwald bewachsener Höhen.

Es bedurfte schon der Gewalt reißenden Wassers, damit auch das darunter Liegende zum Vorschein kommen konnte. Insbesondere an der westlichen Abbruchkante haben Sturzbäche lange genug den Sandstein abgeschliffen, um beeindruckende Formationen wie die Rückersbacher Schlucht bei Alzenau-Hörstein freizulegen. Auf rund drei Kilometer Länge hat die Sägearbeit des namengebenden Gewässers eine Kulisse fast senkrechter Flanken aus dem Glimmerschiefer herauspräpariert, daneben auch sehr viel jüngeres Material, so vulkanischen Phonolith, das einzige Vorkommen im Spessart.

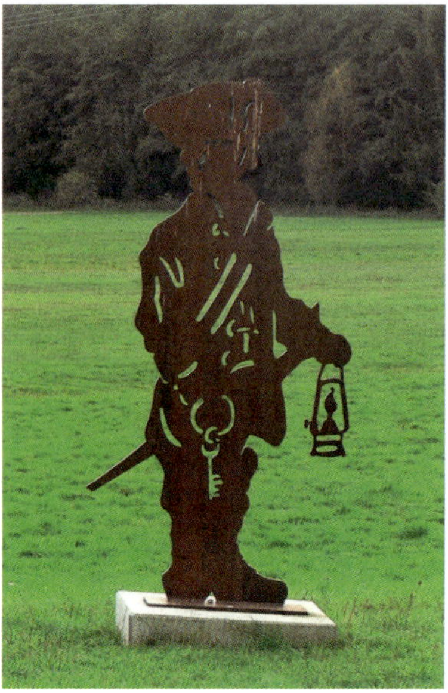

Ein letzter Engländer hält die Stellung.

Als willkommener Nebeneffekt eröffnet der mineralreiche Untergrund den Anbau von Wein. Auf 85 Hektar summieren sich die Reben der Alzenauer Ortsteile, ein kleines, aber feines Gebiet, dessen kräftig-spritzige Rieslinge nicht hinter denen des geologisch verwandten Rheingaus zurückstehen müssen, schlägt sie die Logik von Verwaltungsgrenzen freilich der Großlage Mainfranken zu. Der **Staatliche Hofkeller Würzburg** ist denn auch einer der größten Einzelbesitzer. Sein bei Hörstein bewirtschafteter, bereits 1456 genannter **„Abtsberg“** verweist auf den ursprünglichen Erzeuger, das Kloster Seligenstadt, später unter der Ägide von Kurmainz und Hanau. Erst seit der Säkularisation und dem Übergang an Bayern 1816 kamen die Flächen nach und nach in andere Hände.

Für Briten verbindet sich mit der Region einer ihrer glorreichen Siege. Derart verherrlichte ihn jedenfalls Georg Friedrich Händel in seinem für den Dankesgottesdienst komponierten „Dettinger Te Deum“. Im Namen klang der Ort des Geschehens an, wo die „Pragmatische Armee“ unter Führung des englischen Königs Georg II. am 27. Juni 1743 die Franzosen im Rahmen des Österreichischen Erbfolgekrieges blutig niederrang. Hierzulande fast vergessen, erinnert lediglich ein **Findling** an die rund 7.000 Opfer dieser für den weiteren Kriegsverlauf nicht entscheidenden Bataille in der sumpfigen Niederung zwischen der **Rückersbacher Schlucht** und den Gemeinden **Dettingen** und **Hörstein**.

Wegbeschreibung

Dem Naturwunder **Rückersbacher Schlucht** nähert man sich am besten von der Ebene ab Hörstein. Es hat eine gute Busanbindung, liegt autobahnnah und besitzt mit dem **Hofgut** noch ein ansprechendes Weinlokal mit Verkauf, seitdem einige Traditionshäuser schlossen. Der Bus hält an der Station „Mitte", von der es zur **Räuschberghalle** geht.

Bei Sicht auf Weinberge folgt man dem breiten Asphaltweg in südliche Richtung gut einen Kilometer bis an den Waldrand. Nach rechts eröffnet ein Abstecher über 300 Meter den Weg gen „Friedensstein" im Bereich des Schlachtfeldes, damals eine morastige Niederung. Auch die 1950 am Ausgangspunkt aus verschiedenen Spessartsteinen errichtete **Mariengrotte** versteht sich als Mahnerin zum Frieden. ❶

Davor nehmen wir das blaue M auf. Gegenüber schlüpft das für den Mainwanderweg stehende Zeichen in einen unscheinbaren Pfad, womit nun dem Asphalt ausgewichen wird. Allzulange hätte er nicht mehr gewährt, es sei denn, man läuft weiter geradeaus bis zur beliebten Einkehr „Schluchthof" am Zugang der Rückersbacher Schlucht. Doch auch hier, wenn das M kurzzeitig auf das Sträßchen tritt, gibt es mit dem italienischen Gasthaus **Heißerackerhof** eine Raststation.

Wenige Meter dahinter schwenkt die Markierung links in den Wald, knapp 400 Meter leicht bergan und dann rechts hinüber zur Schlucht. Damit erhält das rote X die Führung, ohne dass es seiner zunächst für den untrüglich durch die tiefe Klamm verlaufenden Weges bedarf. Auch der Hinweis auf Phonolith links davon ist nicht zu übersehen. Die eindrucksvollsten Felsformationen sind im oberen Bereich konzentriert. ❷

Erst wenn ein Steg gequert wurde und nach dem scharfen Linksknick die urwaldartige Szenerie und ein Klärwerk passiert sind, wird das X relevant für den Rechtsabzweig in einen steilen Weg zu ersten Häusern der Gemeinde **Rückersbach**. Vor der **Pfarrkirche** halten wir uns rechts durch die Serpentine und neben der Straße zum Wegekreuz auf der aussichtsreichen Anhöhe.

Dort bleibt das X vorerst zurück. Bis zum Wiederanschluss orientiert man sich am Fränkischen Marienweg (rotblau). Über kaum befahrene Sträßchen strebt es weiter aufwärts dem Wald entgegen, um dann bald wieder an Höhe zu verlieren. Unten, am Parkplatz jenseits der Straßeneinmündung, steht das X erneut bereit für die Verbindung zum gut einen Kilometer entfernten Kreuz Siebenwege, ungeachtet des noch etwas mitlaufenden Marienweges.

An der Kreuzung wechseln wir in die Obhut des roten Diagonalstrichs links abwärts gen Hörstein. Kurz darauf biegt er scharf links ein und schwingt per ausholender Kurven in abwechslungsreichem Wald der **„Schönen Aussicht“** entgegen. So hieß ein früheres Restaurant hoch über den Weinbergen. Entsprechend reicht der Blick bis Odenwald und Taunus. Wahlweise lässt sich bei diesem Bild vor Augen inmitten der Wingerte direkt absteigen. Dann weiter mit dem Diagonalstrich und unten am bekannten Asphaltweg rechts. Oder man hängt die Schleife durch Hörstein an.

Hierfür sind ab der benachbarten **Tierklinik** A4 und roter Hase maßgeblich. Schon bald münden sie in einen langen Treppenweg, aus dem es rechts neben Rebzeilen bis an den Ort herangeht: Falls man nicht nach der Streuobstwiese links durch die **Eigenheim-Siedlung** gleich den Ausgangspunkt ansteuert, folgt man weiter dem Rechtsbogen zur Landstraße und links an der Mömbriser Straße hinunter, vorbei an Vinothek, Restaurant und Weinausschank **Hofgut Hörstein**. Seit der Generalüberholung 2017 samt Neubau der Kellerei auch optisch ein Gewinn.

Anschließend laufen wir quer durch die Gemeinde bis zu einem neu gestalteten Platz um einen fröhlichen Mönch samt Fass und der nahen **Pfarrkirche Mariä Himmelfahrt** mit ihrem wuchtigen **Wehrturm** aus dem 15. Jahrhundert; im Inneren eine Anna-Selbdritt-Gruppe. Etwas unterhalb liegen Bushaltestelle und die Parkfläche der Räuschberghalle. ③

18 RÄTSEL UM BILDER UND BÄUME

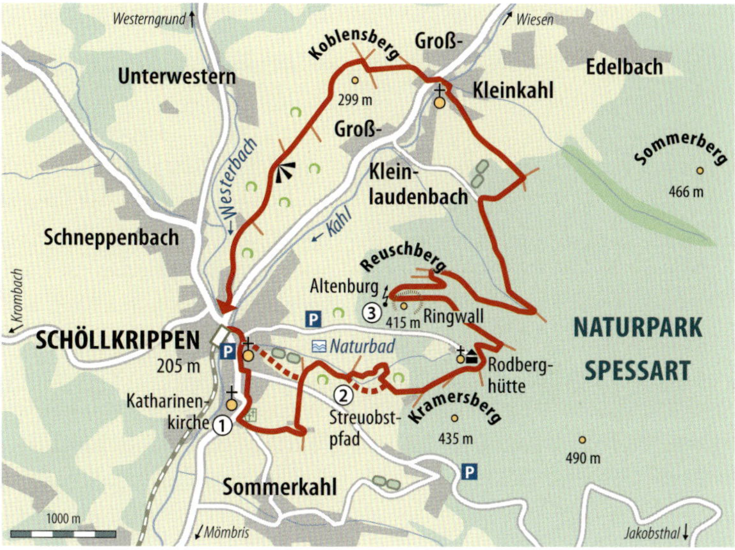

Schöllkrippen. Statt spessarttypischen Wipfelrauschens erfüllen den Kahlgrund Abertausende Obstbäume. Kinder erraten die Früchte auf einem „Erlebnispfad", während eine mittelalterliche Bildplatte besondere Rätsel aufgibt.

Start: In Schöllkrippen, an der Endstation der Kahlgrundbahn; gegenüber, vor der Lukaskirche, ein Parkplatz
Länge: 16 (15) km
Höhenmeter: 370 m
Einkehr: Unterwegs keine
Geöffnet: Die Katharinenkirche steht offen, St. Lukas nicht

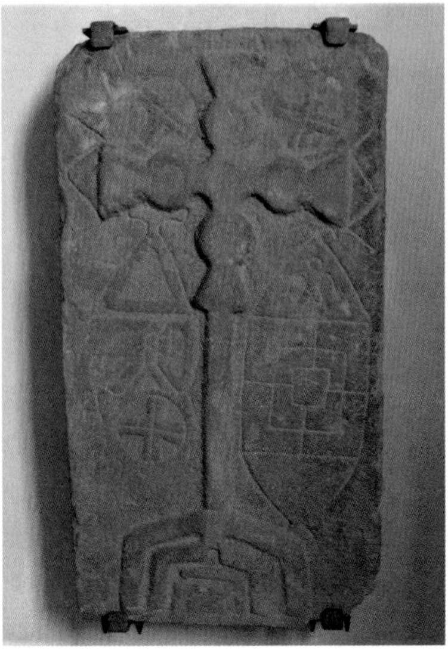

Wer deutet die Zeichen? Die Bildplatte in der Katharinenkirche.

Der **Kahlgrund**, dieses anmutige Tal im nordwestlichen Spessart, zeigt im Frühjahr und Herbst seine schönsten Seiten, wenn sich Abertausende Obstbäume entfalten, erst zur Blüte, dann zur Reife. Viele der rund 120 lokalen Fruchtsorten wurden eigens für die topographischen Gegebenheiten kultiviert. Sie sollten ergiebig und vor allem wegen der Hanglagen standfest sein. Im landwirtschaftlich besser geeigneten oberen Talbereich um **Schöllkrippen** mustern dagegen Apfel-, Birn- oder Kirschbäume optisch reizvoll die Feldwege und Äcker. Selbst im Gelände eines **„Streuobst-Erlebnispfades"** ist man fern jeden plantagenartigen Anbaus.

Zugunsten ihrer Bedeutung für die Artenvielfalt tritt jetzt bei älteren Beständen die gewerbliche Nutzung zurück. So nicht auch lange vernachlässigt, schützt man aufwändig Wiesen und Bäume, damit Insekten bessere Bedingungen haben, von denen wiederum die in und auf den Stämmen nistenden Vögel leben. Einsichtig wird dies an einer der 14 kindgerecht gestalteten Stationen des gut zwei Kilometer langen Erlebnispfades. Statt zu tasten, lauschen oder rätseln soll hier zum Verständnis der Nahrungskette von Holzstange zu Holzstange gehangelt werden.

Früh schon war der Kahlgrund besiedelt und christianisiert. Das heißt, noch nicht ganz. Zumindest legt das eine **Sandsteinplatte** nahe, die 1958 bei Renovierungsarbeiten unter dem Altar der **Pfarrkirche St. Katharina** zum Vorschein kam. Auf dem gut ein Meter

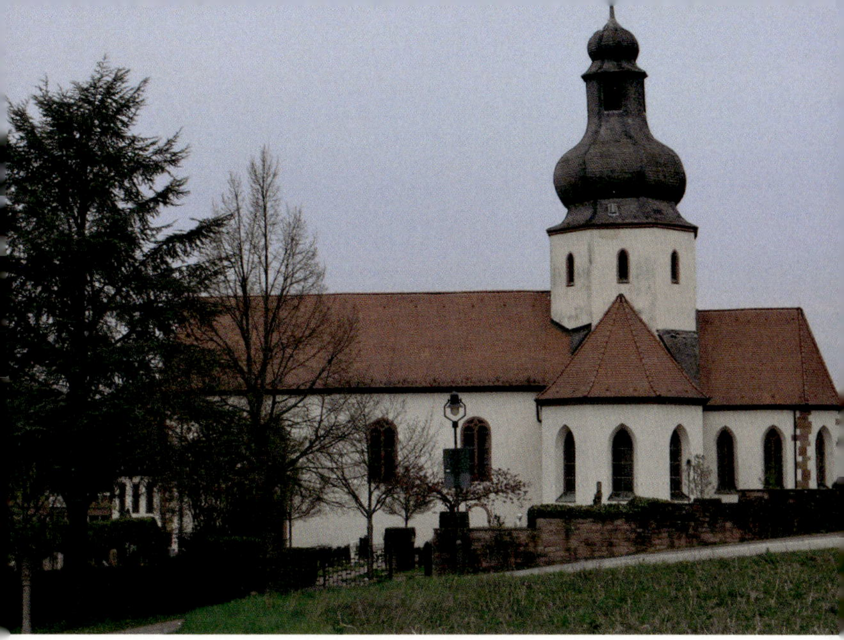

Ungewöhnlich groß geriet die gotische St. Katharina bei Schöllkrippen.

hohen Bildwerk fanden sich Runen, Radkreuze, Zierbänder, Dreiecke und selbst ein Mühlespiel. Nach jahrelanger Forschung nimmt man an, dass gleichrangig germanische und christliche, sakrale und profane Zeichen dargestellt sind. Doch Fragen bleiben, da nichts Verwandtes aus dem frühen Mittelalter bekannt ist.

Zur Machtdemonstration geriet dann der Kirchenneubau um 1300. Wie bei einem romanischen Dom krönt ein achteckiger Turm die – nicht zur Ausführung gekommene – Vierung. Originalgetreu wurden die Querhäuser erst 1964 angefügt. Kaum minder wuchtig geriet die im 15. Jahrhundert erbaute **Kirche St. Lukas**. Ihr quadratischer Turm mit Auslug-Erkern und steinernem Dachaufsatz erinnert eher an den Bergfried einer Burg. Tatsächlich sollte er das damals von Kurmainz erbaute Schloss schützen.

Ob das auch für den **Ringwall** am kegelartigen **Reuschberg** galt, musste trotz mehrerer Grabungen unbeantwortet bleiben. Die später **Altenburg** getaufte Feste gilt zwar als mittelalterlich, dürfte aber kaum zur Bewachung von Obstbäumen errichtet worden sein.

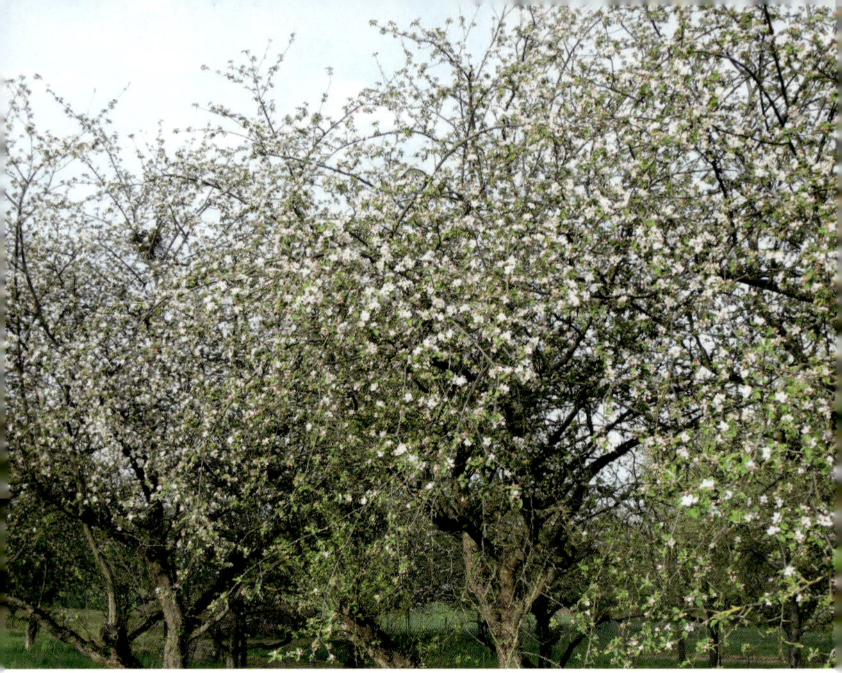

Vorrangig zur Blüte ist es eine Augenweide in den Apfel-, Birn- und Pflaumenhainen des Kahlgrunds zu wandern.

Wegbeschreibung

Bereits nach wenigen Metern vom **Bahnhof** steht man im älterem, von der Lukaskirche dominierten Teil Schöllkrippens. Spätestens jetzt sichtet man die blaugelben Signets eines Spessart-Kulturweges. Hinter der Kirche schlüpfen sie in den Garten des Schlösschens (heute **Rathaus**), wobei sie eine Sammlung bis ins 17. Jahrhundert reichender **Grenzsteine** berühren.

Soll die Schleife zur **Katharinenkirche** ausgelassen werden, hält man sich mit der Markierung S2 noch davor in die Lindenstraße und dann links (An der Hohle); ausgangs links, rechts und durch den Grünzug auf die Höhe. Die als Rundweg geführte Kombination gilt auch ab St. Katharina, nachdem es vom Schlossgarten weiterging: kurz in die Aschaffenburger Straße, links Am Gewann und rechts in den Fußweg, überwechselnd zur Rosenstraße. Durch den

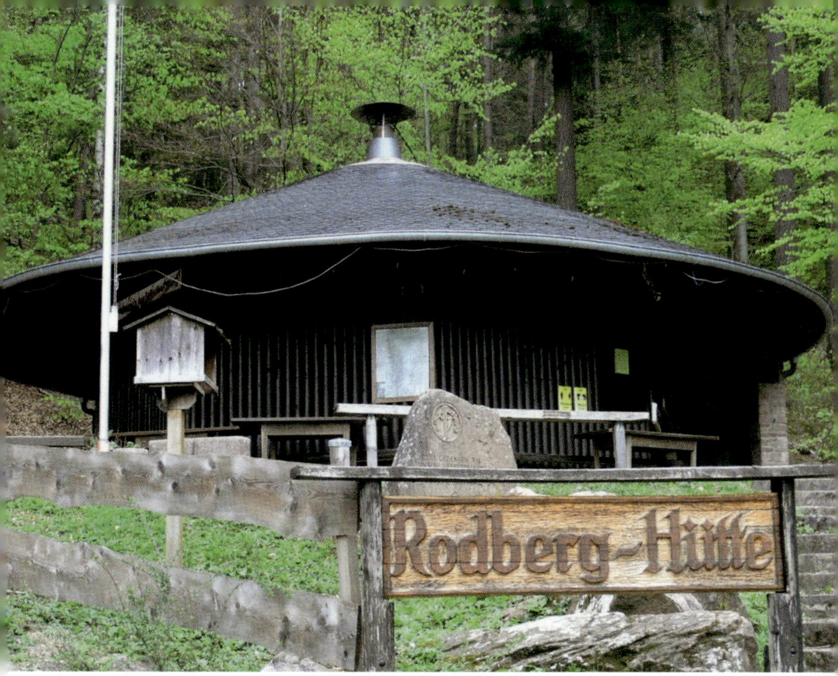

Auch wenn sie nicht bewirtschaftet ist, lädt die originelle Rodberg-Hütte zur Rast.

Friedhof gelangt man zum Kircheneingang an der Westseite; der Bildstein ziert den zugänglichen Chor. ❶

Davor streben wir mit besagtem S2 etwas bergan und dann halblinks in offene Flur. Nach 700 Metern heißt es zweimal links, anschließend rechts zu der Landstraße voraus. Vereint mit den Abkürzenden wird gegenüber – ohne Zeichen – in dem breiten Feldweg zum etwas unterhalb liegenden Startpunkt des Streuobstpfades gelaufen. ❷

Einige Meter dahinter biegt der Weg rechts ein und führt, flankiert von Apfelbäumen, geradeaus etwa 300 Meter bis zu einer Gabelung. Wahlweise können wir nun im Gefolge der Chronologie die Richtung beibehalten – oder gegenläufig. Dann links und gleich rechts in den vergrasten Pfad. Dieser Teil bietet mehr Mitmachstationen und ist botanisch vielfältiger.

Bald nach dem Rechtsknick über ein Bächlein finden die Partien wieder zusammen und halten – erneut mit einem Kulturweg – neben ausladenden Apfel- und Birnbäumen auf das Gebäude am Waldrand zu (die dortige Einkehr „Schabernack“ besteht nicht mehr). Deshalb schwenkt der Kulturweg ein Stück vorher links ab und zielt durch Wiesen auf den Wald, in dem er nach einer Weile die Markierungen roter Punkt und schwarzes D hinzunimmt.

Gemeinsam streben sie der rondellartigen **Rodberghütte** entgegen. Sie ist nicht regelmäßig bewirtschaftet, wie die Sitzgruppen nahelegen könnten. Die Bänke bieten freilich Gelegenheit zum Kräftesammeln vor dem Anstieg auf den 415 Meter hohen **Reuschberg**. Hierfür gilt alleine das D (hinter der Hütte links). Unter Fichten gewinnt es mit Serpentinen an Höhe, ehe es sich geradeaus auf dem Gipfelgrat einpendelt und schließlich über den Ringwall die Bergfestung „erobert“.

Viel schwieriger ist die Topographie der Westspitze, wo der Wall an der steil abfallenden Flanke sitzt. Das D weist hindurch und biegt unterhalb scharf rechts ein. Wie zum Ausgleich für die kleine Klettertour dürfen wir uns nun lange auf vorwiegend ebenen Wegen an abwechslungsreichen Waldbildern erfreuen, dabei mehrfach die Richtung wechselnd.

So auch mit Erreichen des Kahlgrundes nach gut dreieinhalb Kilometern. Dort nochmal rechts und erst am Richtungspfosten Stutz 500 Meter weiter links gen **Groß- und Kleinkahl**. Unterwegs wird der hinzugetretene rote Diagonalstrich relevant. Er begleitet in den Doppelort, rechts (Kirchstraße) und links über die Kahl zur Großkahlerstraße. An ihr kurz links zum rechts ansteigenden Jakobsbergweg.

Nach dem Rechtsabzweig bleiben einige Neubauten zurück, und es heißt in Linksbogen unverändert hinan, dann geradeaus, durch Wiesen einer hohen Hecke entgegen. Dahinter rechts gen nahem Richtungspfosten Jakobsberg. Kruzifix und Bank laden zum Verweilen, bevor es mit dem finalen Zeichen rotes X über den großartige Ausblicke bietenden **Höhenrücken** nach Schöllkrippen zurückgeht. Gegen Ende steht man wieder zwischen Neubauten; unten rechts in den älteren Teil mit dem vorgelagerten Bahnhof.

19 EINE BESONDERE FRIEDENS-DIVIDENDE

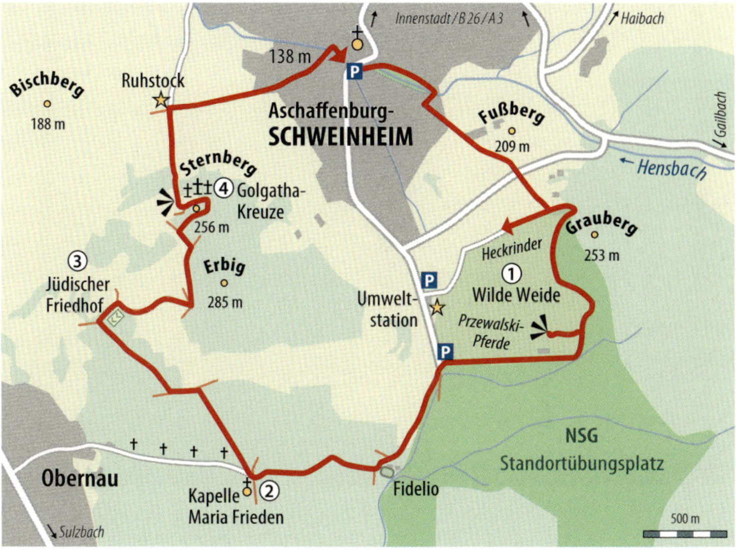

Aschaffenburg-Schweinheim. Wo Golgathakreuze und eine Kapelle zum Frieden mahnen, stellte sich eine wundersame Wandlung ein – aus dem benachbarten Militärgelände wurden große Naturschutzgebiete mit einer Arche Noah für bedrohte Tierarten wie Przewalski-Pferde und Heckrinder.

Start: Im Aschaffenburger Ortsteil Schweinheim, Bushaltestelle Hensbachstraße; benachbart ein Parkplatz
Länge: 11 km
Höhenmeter: 280 m
Einkehr: Unterwegs keine
Geöffnet: Die „Wilde Weide" und alle Sakraleinrichtungen sind frei zugänglich

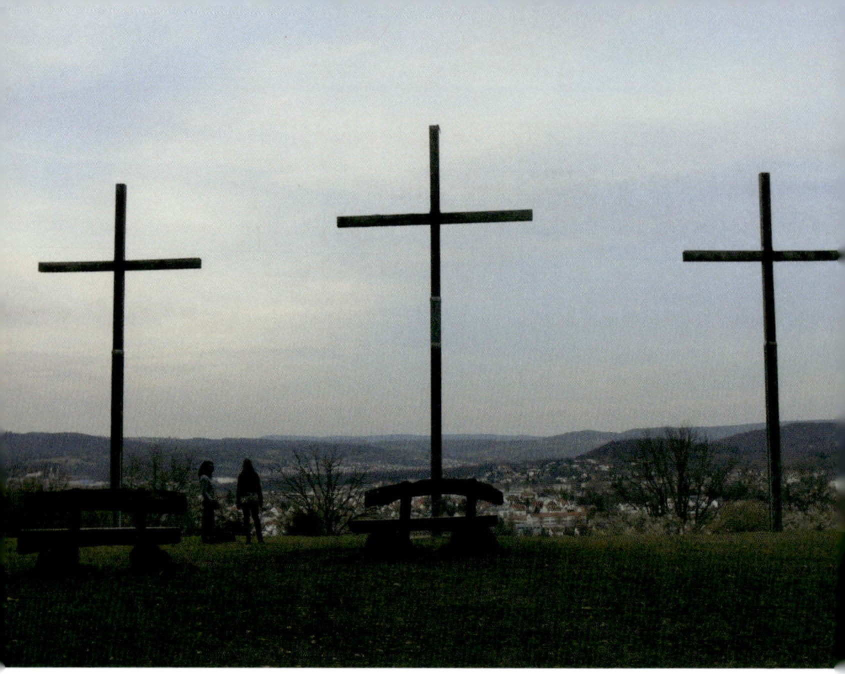

An der Spitze des Steinbergs stehen die 1948 errichteten neun und gut sieben Meter hohen Golgathakreuze.

Weithin erkennbar überragen südlich von Aschaffenburg-Schweinheim drei hohe Kreuze den 256 Meter hohen **Sternberg**. Ihre Sichtachse ist auf das mächtige **Renaissance-Schloss** der Mainzer Erzbischöfe ausgerichtet, wobei das Naheliegende nicht der Ursache Wirkung sein muss. Die Golgathagruppe hat historisch nichts mit dem Kurfürstentum zu tun, wohl aber mit dem Geist seiner fast tausendjährigen Glaubensprägung.

Das 1948 erfolgte Aufstellen der neun und sieben Meter hohen Kreuze durch den „Gesellschaftsklub Fidelio“ verstand sich als Mahnmal für den Frieden, zugleich verwiesen sie auf den Neubeginn der bis zum Verbot in den dreißiger Jahren erfolgreich aufgeführten „Schweinheimer Passionsspiele“. Hervorgegangen waren sie aus der Kulturarbeit von „Fidelio“, nicht ahnend, dass die Laienspielschar Opfer des großen Zuspruchs werden könnte. Die immer aufwändigeren Inszenierungen zwangen 1957 zur Einstellung.

Die Kreuze blieben und avancierten wie die nahe **Kapelle Maria Frieden** zum Ziel von Wallfahrten und Prozessionen. Ursprünglich als Sühneopfer für einen Totschlag um 1712 errichtet, erhielt die eine viel ältere Pieta bergende Kapelle ihre heutige Gestalt nach Spendenaufrufen 1922. Auch hier wollte man, unter dem Eindruck des Weltkriegs, eine Friedens- und Andachtsstätte schaffen.

Beide, Kapelle und Kreuze, bilden gewissermaßen die Konstante in einer sich rasch wandelnden Welt, wie schon der Vergleich mit alten Fotografien auf dem Sternberg zeigt. Weit wuchs die Bebauung seither ins Umland, gleichwohl wird im Sinne biologischer Vielfalt auch Fläche gewonnen. Wo noch vor wenigen Jahrzehnten ausgeräumte Felder vorherrschten, gedeihen jetzt Bäume und Hecken im Wechsel mit Magerrasen und Streuobstwiesen. Und wo Panzer ratterten und scharf geschossen wurde, auf einem seit 1912 bestehenden militärischen Übungsgelände, grasen nun alte Tierrassen.

Der Rückzug amerikanischer Streitkräfte 2007 erlaubte die Ausweisung als **„Nationales Naturerbe“**, gemeinsam getragen vom Bund und der Deutschen Bahn als eines ihrer Projekte zur Schaffung von Ausgleichsmaßnahmen. Die größere Hälfte des rund 300 Hektar großen Naturschutzgebietes umschließt ausgedehnte Wälder und Biotope, die andere das nördlich angrenzende Offenland **„Wilde Weide“** der einstigen Schießbahnen.

Dort finden zwei kleinere Herden rückgezüchteter Heckrinder sowie der fast ausgestorbenen Przewalski-Pferde jetzt eine weitläufige, frei einsehbare **Arche Noah**. Bei diesen, im Rahmen des Europäischen Erhaltungszuchtprogramms ursprünglich von Zoos erworben, stellte sich unterdessen eigener Nachwuchs ein. Eine besondere Friedensdividende.

Wegbeschreibung

Als Zugang in die Aschaffenburger Sakral- und wiedergewonnene Naturlandschaft eignet sich der Stadtteil Schweinheim. Die zentrale Bushaltestelle Hensbachstraße wird regelmäßig vom Hauptbahnhof bedient. Für die knapp drei Kilometer lange Runde nur um die

Wilde Weide lässt sich über die Ebersbacher Straße auch direkt vorfahren.

An dem Parkplatz gegenüber hält man Ausschau nach der Markierung roter Punkt. Sie begleitet durch eine **Grün- und Kleingartenanlage**, bis sie rechts in die Weinberg- und dann links zur Aumühlstraße schwenkt. Auf ihr verbleiben wir auch außerhalb geradeaus, wenn der Punkt bald links wegknickt, ebenso nach Kreuzen einer Kreisstraße 500 Meter weiter; drüben kurz hinauf zu der leicht an den Hang gelehnten Wilden Weide.

Sollten die Heckrinder nicht in dieser Ecke grasen, sieht man sie spätestens nach einigen Hundert Meter rechts am Zaun entlang. Etwas verkürzend – vorbei an der **Umweltstation** – lässt sich der Weg auch hier fortsetzen. Ringsum verläuft das Zeichen roter Schmetterling. Wieder zurück oder gleich links, folgt man ihm, um nach etwa 300 Metern rechts in einen unscheinbaren Pfad eingewiesen zu werden.

Ansonsten ist der Weg breit ausgebaut, teilweise sind es noch die Betonpisten der Militärzeit. Bewusst erhielt man sie neben einem **Munitionsbunker** und dem kegelartigen Befehlsstand mitten im Gelände, der jetzt als **Aussichtspunkt** dient. Von oben sind die Przewalski-Pferde am besten in dem hügeligen Terrain zu beobachten. Lieber halten sie sich freilich linksseitig in Zaunnähe auf. An den dortigen Unterständen gibt es eine Extraportion Heu und mehrere Wasserlöcher. ❶

Etwas abschüssig endet das 60 Hektar große Gehege vor einem Parkplatz, über den man links zur Markierung roter Vogel (Bekassine) wechselt. Sie leitet gen „Fidelio" gleich in den Wald gut 600 Meter zu dem **Kultur- und Sportzentrum**. Wir verharren etwas oberhalb und ändern erneut die Vorzeichen – rechts zum roten Hasen sowie dem Fränkischen Marienweg (rotblau). Kaum 800 Meter leichten Anstiegs, und man steht vor der **Kapelle Maria Frieden** (auch Obernau genannt). Sie steht jederzeit offen und erfreut sich mit Blick auf die vielen brennenden Kerzen großen Zuspruchs. ❷

Von allen Seiten ist die Kapelle gut erreichbar. Wir wählen – aus ihrer Sicht – jetzt den halblinken, zunächst schnurgeraden Weg un-

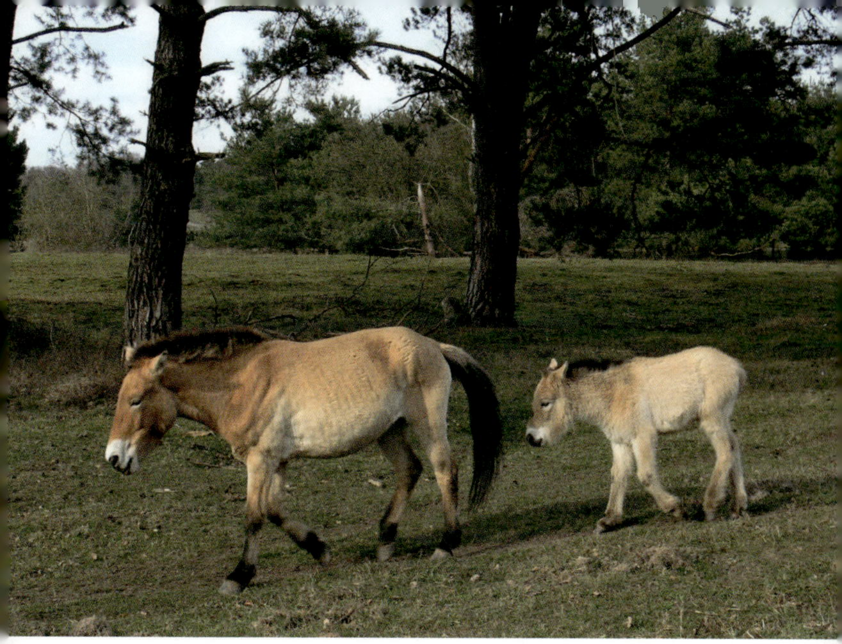

Fast ausgestorbenen Przewalski-Pferden sowie Heckrindern bietet das ehemalige Militärareal „Wilde Weide“ ideale Überlebensbedingungen.

ter Führung der blaugelben Schildchen eines Spessart-Kulturwegs. Nach 500 Metern zwischen Kiefern biegt dieser vor dem steilen Wiesenhang links ab und kurz darauf rechts zurück in den Wald, nun über einen Pfad zum Baumrand. Am dortigen Richtungspfosten „Judenfriedhof“ heißt es erneut umorientieren – nach rechts mit A3 zu der etwa 300 Meter entfernten **Begräbnisstätte** hinter einer hohen Mauer. Durch das Torgitter sind die bis ins frühe 18. Jahrhundert reichenden Grabsteine aber einsehbar. ❸

Davor wird links über die Felder auf den nahen Waldsaum zugehalten, wo mit Kulturweg und rotem Schmetterling zwei alte Bekannte ins Spiel kommen (das M ist zu vernachlässigen). Bei Sicht bis zu den Frankfurter Hochhaustürmen schlüpfen die beiden nach 500 Metern rechts in den dichten Kiefernforst für einen Linksbogen zur Spitze des Sternbergs mit der **Kreuzigungsgruppe**. ❹

Weiter geht es ein Stück vor den Bäumen entlang, ehe der nun allein maßgebliche Kulturweg rechts hinunter bald durch dichtes

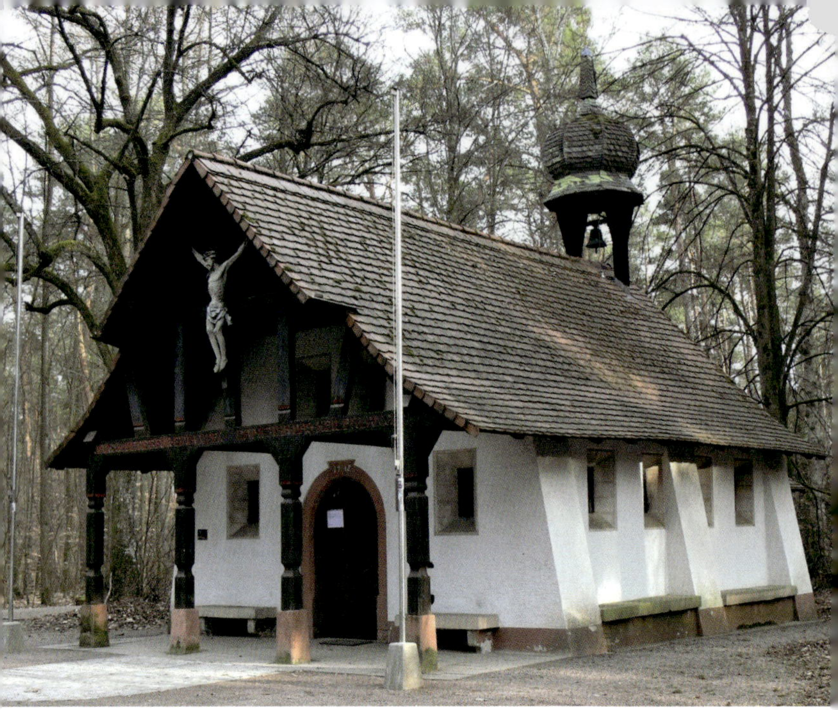

Mitten im Wald liegend, mahnt die 1922 erweiterte Kapelle Maria Frieden Gewaltlosigkeit an.

Strauchwerk wedelt. An der Kreuzung Ruhstock – früher stellten hier Bauern schwere Lasten ab – knicken wir rechts ohne Markierung in den befestigten Wirtschaftsweg, im Neubaugebiet zur Bischbergstraße werdend. Sie mündet in die Bachgartenstraße und aus ihr rechts – Bachstraße – zum Ausgangspunkt.

20 TIEF GEGRABEN

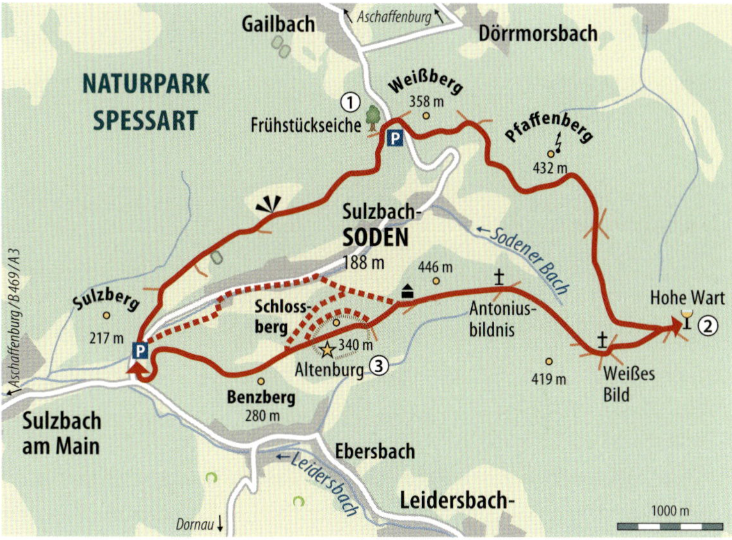

Sulzbach-Soden. Auf die Grabung folgt die Anschauung: Nach dem Freilegen keltischer Ringwälle auf dem Schlossberg wiedererstand ein Mauerstück sowie ein frei zugängliches „Keltenhaus“. Eingekehrt wird dagegen im „Wirtshaus im Spessart“.

Start: Im Sulzbacher Ortsteil Soden, Bushaltestelle Sodenthal. Autofahrer können einen Kilometer davor am Wanderparkplatz „Oberhöll“ beginnen (der Track startet dort)

Länge: 15 km

Höhenmeter: 440 m

Einkehr: Gasthaus „Hohe Wart“ (am Wochenende und bei schönem Wetter auch mittwochs bis freitags geöffnet)

Geöffnet: Das Keltenhaus auf dem Schlossberg ist frei zugänglich

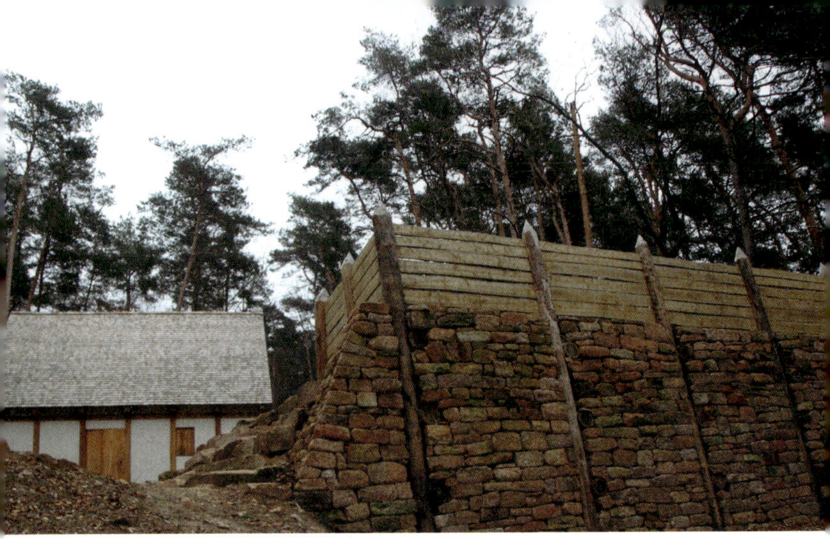

Zum Ende ihrer Erforschung wiedererstand ein Teilstück jener keltischen Festungsmauer, die vor 2.500 Jahren den Schlossberg umzog.

Dem Spessart wurde schon mancher Mythos angedichtet, doch ausgerechnet die legendenumwitterten Kelten suchte man vergebens. Bis Ende der neunziger Jahre. Denn einmal mehr, wenn das in Aschaffenburg und Würzburg ansässige „Archäologische Spessart Projekt“ (ASP) tief in Archiven und im Erdreich gräbt, musste die Geschichte des Mittelgebirges neu geschrieben werden. Neben bislang unbekannte Burgen, Klöster oder Handelswege traten bedeutende Anlagen der Kelten: Eine wurde bei Biebergemünd erforscht, eine zweite zwischen Sulzbach-Soden und Leidersbach auf dem 340 Meter hohen Schlossberg.

Dass beide als **Alte(n)burg** fast namensgleich und von mächtigen Wällen umgeben sind, regte zu vielerlei Spekulationen an. So keine Riesen die Steinwälle türmten, könnten sie als frühmittelalterliche Fliehburgen gedient haben. Dachte man, bevor das ASP den keltischen Kulturkreis ins Spiel brachte und den Spaten ansetzte. Hierbei kamen die für die späte Hallstatt- und frühe Latènezeit um 500 vor Christus charakteristischen Mauern im sogenannten Pfostenschlitzverfahren zum Vorschein, also mörtellos geschichtete, von einem kastenartigen Balkenwerk zusammengehaltene Umwehrungen mit hölzernem Aufbau. Die Anlage ging vermutlich durch eine Brandkatastrophe unter.

Man wäre freilich nicht beim ASP, würde der Grundlagenforschung nicht die praktische Anschauung folgen. An beiden Objekten wiedererstand ein Mauerstück, sollte es auch bei der Sodener Altenburg etwas dauern. Nach langwierigen Genehmigungsverfahren konnte erst fast zehn Jahre seit Ende der Untersuchungen 2009 ein respektables Mauerteil samt **„Keltenhaus“** mit Hilfe örtlicher Geschichtsvereine und ehrenamtlich tätiger Handwerker errichtet werden.

In dem Fachwerkgebäude kam eine kleine **Dokumentationsstätte** für das keltische Alltagsleben unter, die sich jederzeit einsehen lässt. Ebenso darf man die Plattform der Mauer besteigen. Nur ist der Ausblick, den die Burgherren bis in die Mainebene genossen, längst von dichten Buchen- und Eichenvorhängen verhüllt, wie auch die Höhen um Soden durch selten knorrig-alte Laubbäume geprägt sind. Da überrascht fast nicht, inmitten dieses Märchenwaldes auf das **Wirtshaus im Spessart** zu stoßen.

Das steht in schwungvoller Fraktur in Anlehnung an Wilhelm Hauffs berühmter Novelle am Gasthof „Hohe Wart“ oberhalb von Mespelbrunn und Sulzbach-Soden. Ungeachtet weiterer Kandidaten, wo das legendäre Wirtshaus zu verorten sei, ist jenes nach einsamer Lage, Tradition (seit 1733) und Fachwerkbauweise aber auch zu stimmungsvoll, um in ihm nicht das materielle Gegenstück dichterischer Phantasie zu sehen.

Oder anders gewendet – die seit 1972 tätige Pächterfamilie Tobias versteht es, der romantischen Erwartung gastronomisch zu entsprechen. Sie hat das Anwesen mit Freisitzen ausgebaut, bietet eine saisonal abgestimmte Karte, schlachtet selbst, braut vor Ort das Bier und röstet sogar eigenen Kaffee.

Wegbeschreibung

Als Ausgangspunkt wurde das am nächsten zu Altenburg und Hohe Wart liegende **Soden**, Ortsteil von Sulzbach, gewählt (mit Busver-

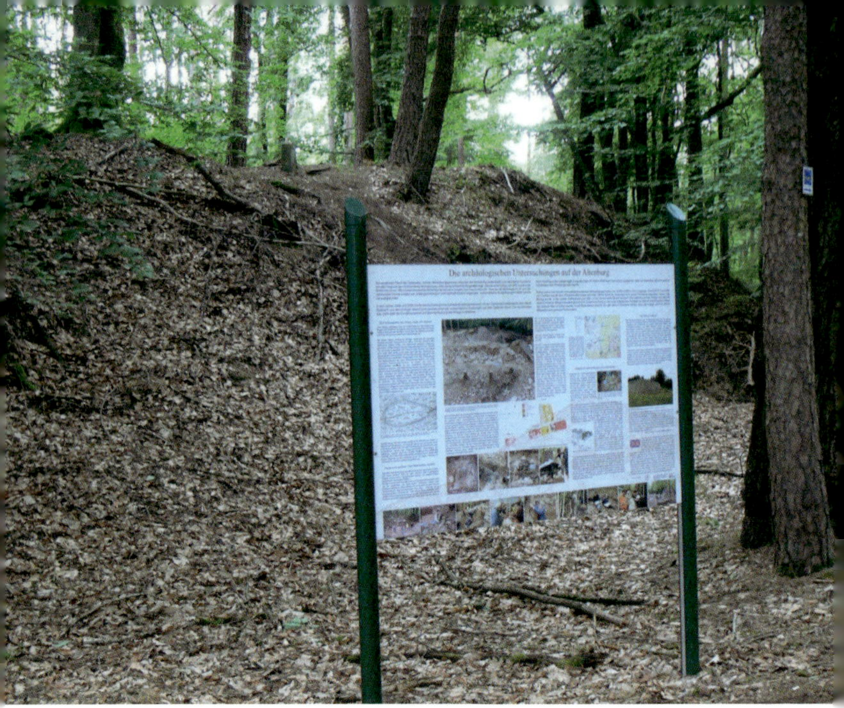

Eine Infotafel erläutert die Grabungen an der Altenburg bis 2009.

bindung). Entsteigt man dem Bus an der Haltestelle Sodenthal läuft man über die Zufahrt der gleichnamigen Abfüllanlage hinaus und reiht sich rechts in den gekiesten Weg für die Verbindung zum **Wanderparkplatz „Oberhöll“**.

Dort nehmen wir die Kombination S2 auf. Sie weist rechts diagonal über die Landstraße und drüben unter Buchen bergan. Dazwischen öffnen sich Wiesenpartien, ausgangs der ersten mit **Sportgelände**. Die zweite erlaubt Blicke zu den Hausbergen von Aschaffenburg, Stengerts und Erbig, um dann endgültig in die Laubwälder einzutauchen. Nur gelegentlich ist auf Abzweigungen zu achten, insbesondere an der mächtigen Frühstückseiche vor dem Forst. ❶

Hier wechseln wir zum Zeichen roter Punkt. Es führt rechts einige Meter neben der Straße entlang, ehe es linksseitig erneut unter

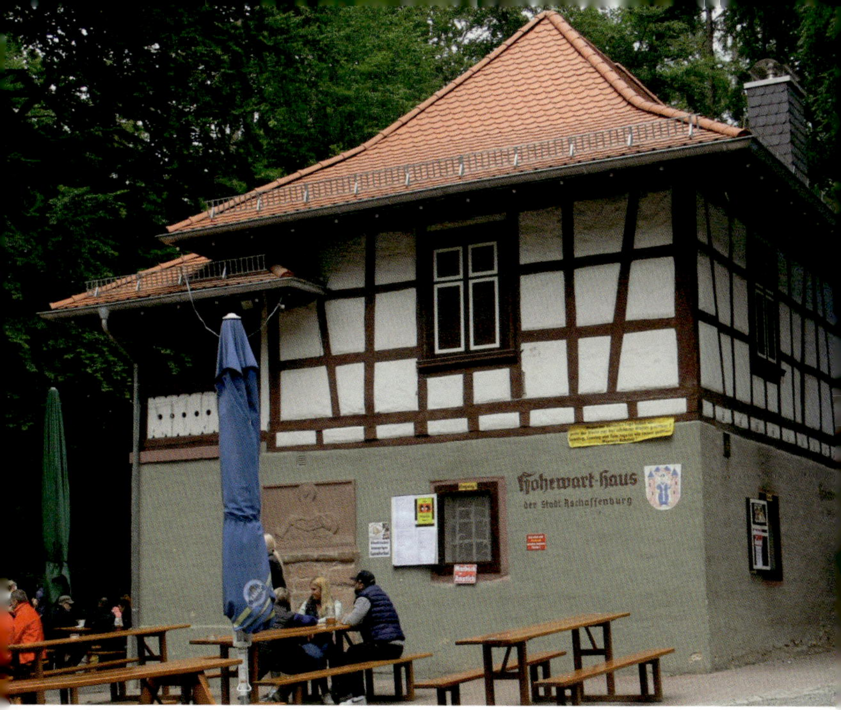

Eines der stimmungsvollsten und besten Wirtshäuser im Spessart, die nur zu Fuß erreichbare „Hohe Wart".

Bäume wechselt. Fortan wird es noch abwechslungsreicher, wenn es wahlweise in oder erhöht am Rande von Hohlwegen weitergeht. Rund eine halbe Stunde bleibt das so bei leichtem Bergan, bis man wieder auf einen breiten Forstweg stößt. Über ihn ist dann ohne Umschweife das **Wirtshaus Hohe Wart** anzusteuern. 2

Zahlreiche Wanderstrecken laufen das fotogene Gebäude an, darunter der jetzt maßgebliche Fränkische Marienweg. Mit seinem Emblem der Mutter Gottes auf rotblauem Grund – sowie HG – laufen wir 150 Meter zum zweiten Linksabzweig zurück. Der Wallfahrtsstätten, Kapellen und Gnadenbilder berührende Marienweg benötigt nicht lange, zwei **Bildstöcke** aus dem 18. Jahrhundert anzulaufen – zuerst das Weiße Bild an einer großen Kreuzung, wo die Markierungen bald danach überraschend rechts in einen schmaleren Weg abknicken, und dann gut ein Kilometer später das Antoniusbildnis.

Anschließend heißt es halbrechts unverändert in prachtvollem Laubwald weiter. Mehrfach ist die **Schlossberghütte** angezeigt. Sie bildet quasi das Basislager zur Altenburg und erinnert daran, sich nun dem Spessart-Kulturweg anzuschließen (blau mit gelben Sternchen), da die bisherigen Zeichen kurz aufeinander links (HG) und rechts (Marienweg) entschwinden (mit ihm gelangt man auch direkt nach Soden).

Der von Hinweisschildern „Altenburg" begleitete recht steile Schlussanstieg endet vor der großen Informationstafel am östlichen Zugang der Keltenfestung. Mit dem unscheinbaren Pfad dahinter findet man über die Höhe zu **Wallrekonstruktion** und **Keltenhaus**. Etwas kürzer ist der westliche Aufgang (dann wie gekommen zurück). Der besitzt den Vorteil, zunächst rechtsseitig mit dem Kulturweg an der sechs Meter hohen Wallfront entlangzulaufen.

Ob über oder um den Schlossberg, beide Varianten treffen am Richtungspfosten Tanzplätzchen zusammen und setzen gemeinsam 250 Meter bis zum Waldrand den Weg fort. Für den Abgang nach Soden hält man sich hier rechts mit dem „Vier-Kirchen-Pfad" 700 Meter zum Richtungspfosten Schlossberg und hier links zum bekannten Marienweg. Bei beeindruckender Sicht über das vom hohen **Pfaffenberg-Funkturm** bekrönte Soden kommt rasch die langgezogene Gemeinde in Höhe der **Montessori-Schule** näher. Auch dort eine Bushaltestelle.

Diese moderate Variante ist ebenso zu wählen, möchte man den steilen Abstieg zum Parkplatz Oberhöll vermeiden. Denn bald nach dem Wiedereintritt in den Wald weist der weiterhin maßgebliche Kulturweg über ein abenteuerliches Pfädchen abwärts; unten an der Straße um die Rechtskurve zum Parkplatz.

21 VOM NEST INS NETZ

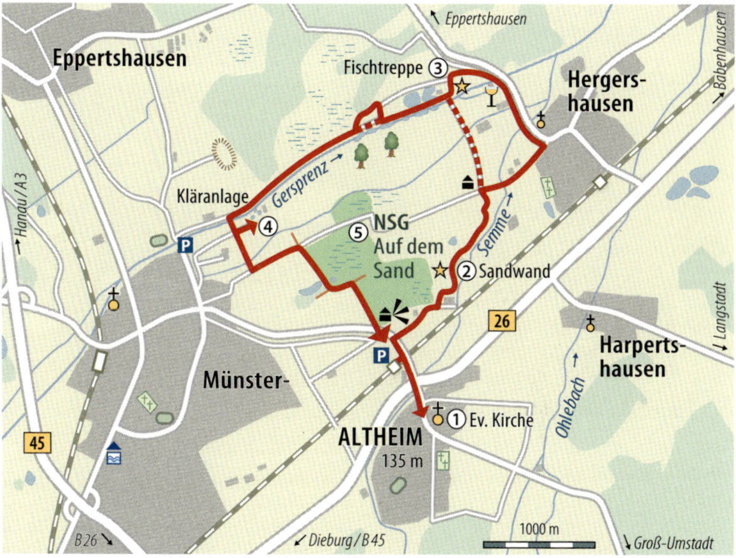

Münster-Altheim. Der Storch ist wieder da. Dank umfassender Renaturierung erwuchs im Gersprenztal eine der größten Kolonien des Landes. Breite Wege und Beobachtungsstände erlauben überall gute Einsichten in Nester und Biotope.

Start: An der Bahnstation von Münster-Altheim; dort auch ein frei nutzbarer Parkplatz
Länge: 9 (8) km (ohne Altheim)
Höhenmeter: gering
Einkehr: Gasthof „Langfeldsmühle“ bei Hergershausen (Donnerstag bis Samstag ab 15, sonntags ab 11 Uhr)
Geöffnet: Einblick in das Storchennest unter: www.entega.ag/aktuelles-presse/storchen-webcam

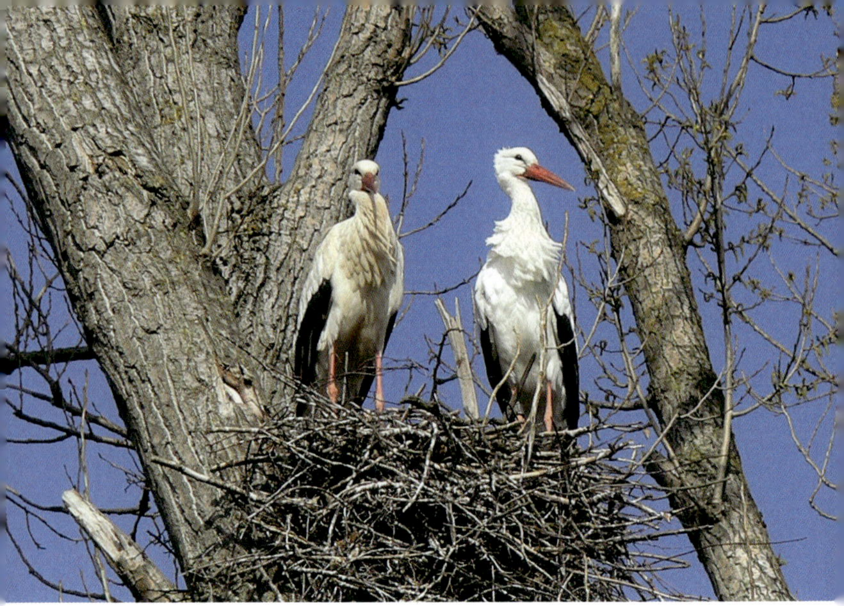

Auch das Gersprenztal ist nach vielfältigen Renaturierungsmaßnahmen nun ein Storchenparadies.

Alle 20 Sekunden ein Bild: Fast „live“ lässt sich im Internet das Geschehen in einem Storchennest mitverfolgen. Abwechselnd bringt das Elternpaar Futter heran oder ist eifrig bemüht, die mächtige, aus unzähligen Stöckchen gebildete Wohnburg zu verstärken. Sie steht auf einem zwölf Meter hohen Gittermast in der **Kläranlage** von **Münster** im Kreis Darmstadt-Dieburg, aus der eine Webcam des Versorgers „Entega“ ins Netz überträgt.

Nach jahrzehntelanger Abwesenheit kehrten 2001 erstmals wieder Störche ins **Gersprenztal** zurück. Wie in der Wetterau oder im hessischen Ried honorierten Meister Adebar und andere bestandsgefährdete Vogelarten die vielfältigen Maßnahmen zur Rückgewinnung großräumiger Feucht- und damit Nahrungsgebiete. Denn was hier in der weiten Au zwischen Münster und Hergershausen so natürlich wirkt, musste erst in tätiger Wiedergutmachung geschaffen werden.

Auf 400 Hektar – davon 50 streng geschützt – wurden dank Land, Kommune und Umweltgruppen nach Ankauf oder Tausch landwirtschaftliche Flächen in Biotope verwandelt und das seelenlose Prokrustesbett der Gersprenz für Mäander und Stillwasserzonen aufgebrochen. Selbst der Biber fand da nach über 150 Jahren zurück und trägt seinen Teil zur Umgestaltung des Baches bei. Damit die Dinge im Fluss bleiben, beließ man zum Regulieren das Wehr einer früheren Mühle, erbaute aber zur Umgehung eine rondellartige Fischtreppe.

Zum Schluss kamen aufwändige Beobachtungsposten hinzu. Am Südrand blickt man auf eine für die seltene Uferschwalbe hergerichtete Sandwand, und um besser ein Schilfareal zu übersehen, wurde andernorts eine Hütte mit Sichtblenden errichtet. Für beide schuf die NABU-Gruppe von Münster Begrenzungen aus Weidengeflecht in Erinnerung an die wichtige Funktion der Kopfweide zum Herstellen von Körben, Kiepen oder Zäunen.

Bei Nisthilfen bildet ein Weidenkranz die Basis, doch davon haben sich die Störche längst emanzipiert. An der Gersprenz setzen sie ihre Nester so dicht und niedrig in (halb abgesägte) Bäume, dass man bis auf wenige Meter herankommt. Auch sonst zeigen die Tiere kaum Scheu, wenn sie auf Futtersuche neben den Wegen durch die Wiesen staksen.

Das Nahrungsangebot ist unterdessen derart üppig, dass sich mehrere Storchenpaare den winterlichen Zug gen Süden ersparen. So herrscht bereits früh im Jahr emsiges Treiben am Boden und in den Nestern, nicht minder auf hohen Dächern und ausrangierten Fabrikschornsteinen der umliegenden Gemeinden. Nur im sehenswerten **Altheim** mit seinen Fachwerkhäusern muss man darauf verzichten. Wenigstens an der romanisch-spätgotischen **Kirche** mit ihren Satteldächern und dem steilen Turmaufsatz, der dem Dorf früher den Zusatz Spitz-Altheim eintrug.

Wegbeschreibung

Das Storchenparadies im Gersprenztal ist dank der Nähe zu einer Bahnstrecke gut erreichbar. Soll von der Station von Münster-Altheim ein Abstecher in den fachwerkgeprägten Ort vorangestellt werden, gelangt man jenseits der ampelgeregelten Bundesstraße in wenigen Minuten hinüber. ❶

Ansonsten laufen wir entgegengesetzt los und schwenken nach 200 Metern rechts in den befestigten Wirtschaftsweg. Er hält auf zwei Aussiedlerhöfe zwischen Obstkulturen und Spargelfeldern zu. Der erste wird umgangen und vor dem zweiten Richtung Hergershausen abgebogen. Am rechtsseitigen Wäldchen sichtet man gleich ein Storchenpaar; die Kopfweiden links leiten zur nahen Sandwand der Uferschwalben über. ❷

Wie hier begleiten in loser Folge Erläuterungstafeln zu Flora und Fauna beim weiteren Gang um einige „Ecken" der südlichen Au, wo es auch Agrarflächen und vor allem große **Reiterhöfe** gibt. Bei Erreichen einer auffallenden Kreuzung – gegenüber eine **Schutzhütte** – knickt man rechts ab und passiert zwei von ihnen, so man nicht etwas verkürzend geradeaus direkt zur Gersprenzbrücke im Bereich der Fischtreppe läuft.

Unser Hauptweg zielt auf **Hergershausen**, biegt aber noch vor den Häusern mit der Landstraße links ab und begleitet sie über den Fußweg. Während im Hintergrund die kompakte **Barockkirche** vorbeizieht, wird das Flüsschen Semme und anschließend die historische **Langfeldsmühle** passiert, heute ein Ausflugslokal mit Freisitz im Fachwerkhof. Das Wasser – und daraus erzeugter Strom – bezieht das Anwesen aus der Gersprenz. Auch sie ist zu queren, um noch etwa 200 Meter der Straße bis zum Abzweig gen Münster zu folgen. Dort links und an den hohen Pappeln erneut links zu dem Fluss im Bereich der **Fischtreppe**. ❸

Sind die Abkürzenden über die hölzerne Brücke hinzugetreten, geht es gegen die Fließrichtung am rechten Ufer weiter. Allerdings halten sich die jetzt auf einer Bildtafel verheißenen Biber meist bedeckt. Ungleich größer ist die Wahrscheinlichkeit, Graureiher, Schwäne oder Bekassine zu erleben, wenn wir nach den **Angelteichen** eine ausgedehnte Flachwasserzone umrunden (es lässt sich auch geradeaus verbleiben).

Und ganz gewiss sieht man Störche: Entweder auf Nahrungssuche oder in den Baumnestern der anderen Flussseite. Noch tiefer

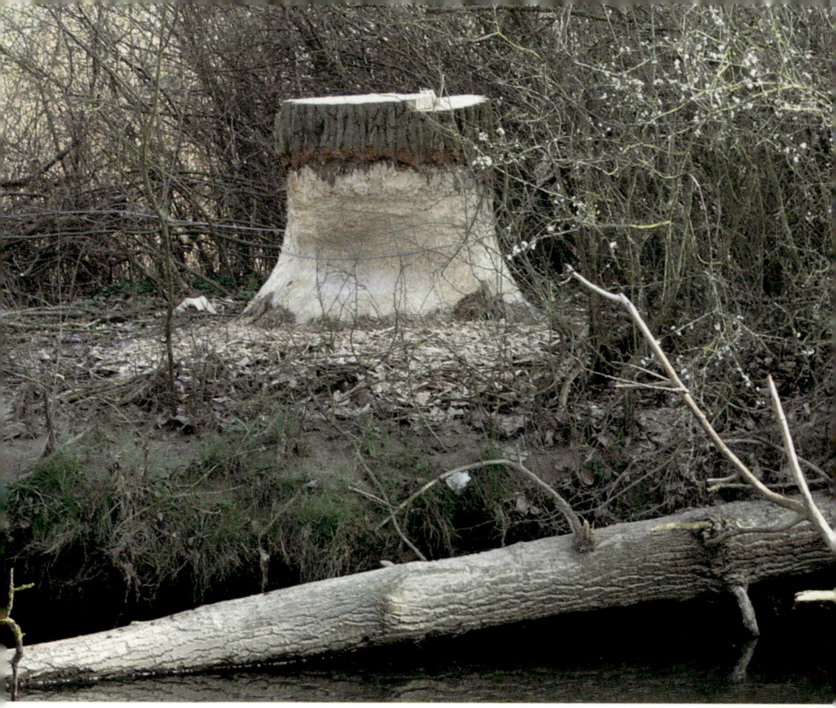

Selbst der Biber hat in den Fluss gefunden.

liegt das kameraüberwachte Nest in der Kläranlage, die nach einigen Hundert Metern durch offene Flur drüben auftaucht. Kurz dahinter wechseln wir via Holzsteg über die Gersprenz. Mit einem 250-Meter-Abstecher kommt man nah an den nestbekrönten Gittermast, ohne dass sich das Storchenpaar stören ließe. Alleine in diesem Horst gibt es Jahr für Jahr dreimal Nachwuchs. ❹

Zurück laufen wir zwischen Wiesen 400 Meter zu einem Querweg, dort links und an der Kreuzung 500 Meter weiter rechts. Hierbei erregen ganze Storchenkolonien am Boden und in der Luft die Aufmerksamkeit. Nur die brackige Zone ausgangs des Naturschutzgebietes **Auf dem Sand** behagt den eleganten Fliegern weniger. ❺

Hinter dem kleinen Urwald halten wir uns links und am nächsten Weg rechts, um die erhöht stehende **Beobachtungshütte** anzusteuern. Dann kommt auch schon die **Altheimer Bahnstation** nach kurzem Gang parallel zur Landstraße näher.

22 EIN SAGENHAFTER ZUG

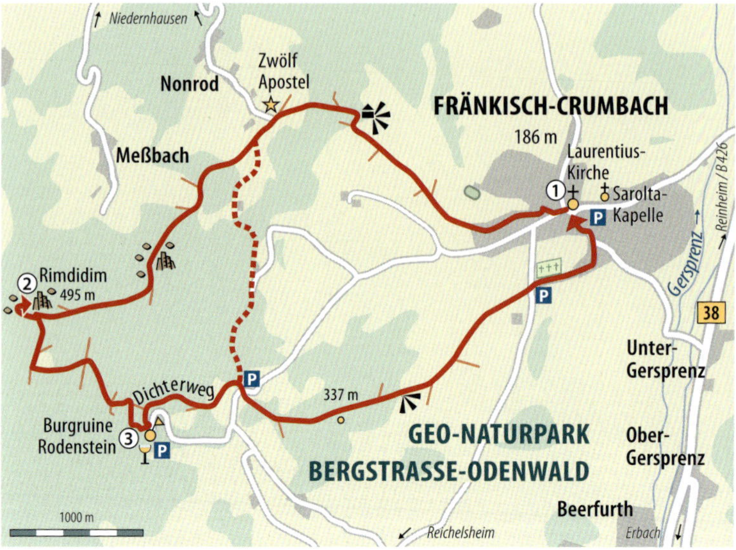

Fränkisch-Crumbach. Es kündet von Krieg und Frieden, das Geisterheer Hans von Rodensteins. Unter seinem Luftkorridor geht es zur gleichnamigen Burgruine.

Start: In Fränkisch-Crumbach, Busstation an der Laurentiuskirche; ein Parkplatz liegt gegenüber in der Erbacher Straße
Länge: 12 (10) km
Höhenmeter: 380 m
Einkehr: Restaurant „Hofgut Rodenstein" (Freitag bis Sonntag)
Geöffnet: Burg Rodenstein ist frei zugänglich; die Laurentiuskirche nur nach Gottesdiensten

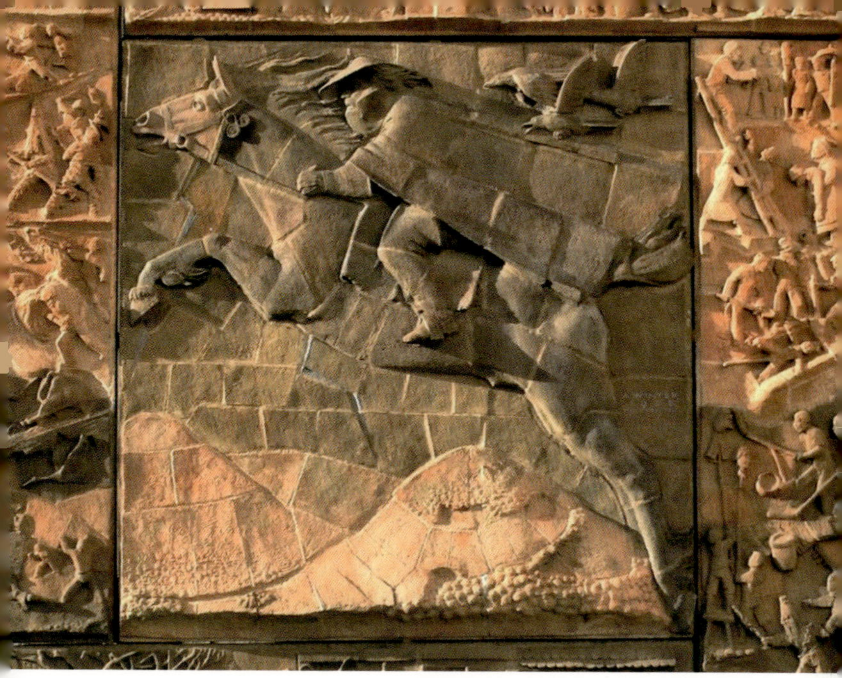

Auf der Terrakotta-Arbeit vor der Kirche von Fränkisch-Crumbach „reitet" Hans von Rodenstein inmitten der Szenen früheren Brauchtums.

Was ist der sicherste Beleg, dass auch zukünftig Frieden herrscht? Hans bleibt aus. Jener legendäre Ritter Hans von Rodenstein, der seit Jahrhunderten mit einem Totenheer durch die Lüfte bei Fränkisch-Crumbach im Odenwald geistert, um von Krieg und Frieden zu künden. Demnach wäre erst ein fernes Grollen zu hören, dann steigerten sich die Geräusche orkanartig, wobei deutlich Pferdetrappeln, Rufe, Flüche, Schreie, Hundebellen, Peitschengeknall, Waffen- und Sporenklirren zu vernehmen seien.

Laut übereinstimmender Aussagen untadeliger Zeugen, die bis zur Untersuchung eines „sich in der Grafschaft Erbach befindlichen Landgeistes" 1742 reichen, hetzt der apokalyptische Zug den immer gleichen Luftkorridor entlang. Bei Kriegsbeginn startet er vom Stammsitz der Rodensteiner – heute eine wie verwunschen unter Bäumen liegende **Ruine** –, fegt über das Gersprenztal und entschwindet in der **Burg Schnellerts** am gleichnamigen Berg. Erst

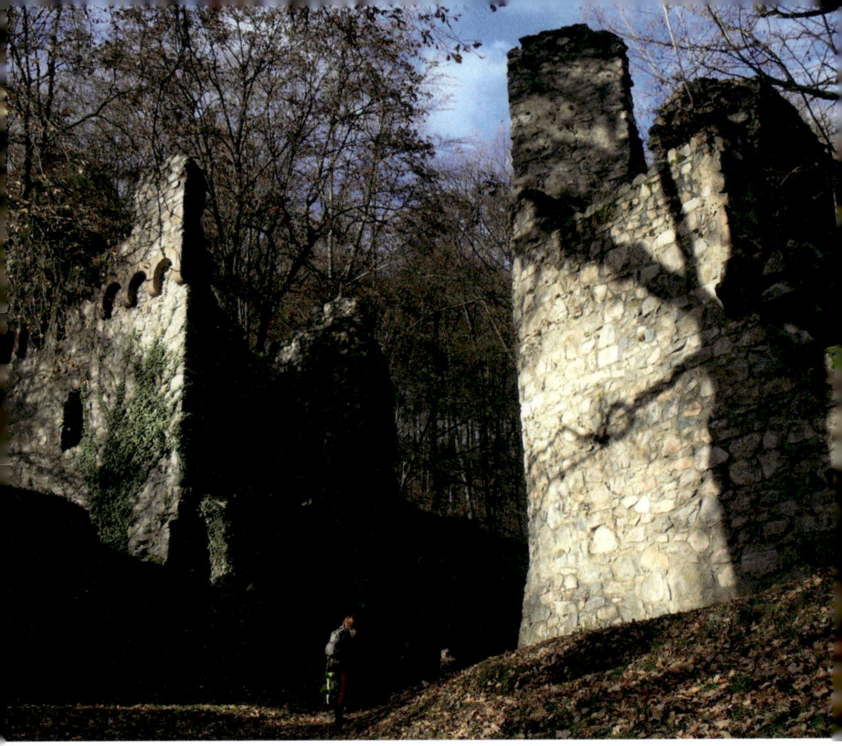

Nach fast vollständigem Raubbau wurden die Grundmauern und wichtige Einrichtungen von Burg Rodenstein restauriert.

beim Rückflug ist ein Waffenstillstand in Sicht. Leidlich pünktlich will man entsprechende Beobachtungen selbst zu beiden Weltkriegen gemacht haben.

Seither verstummte Ritter Hans. Spricht mithin die lange Friedensperiode nach 1945 nicht gerade für seine Existenz? Vielleicht wurde er auch von seinem Fluch befreit. Im Kern folgt die Fama dem bereits im Altertum verbreiteten Motiv des „Wilden Heeres" verirrter, zu Unheil verdammter Seelen. Vom Rodensteiner weiß man, dass er 82-jährig im „Ablassjubeljahr" 1500 in der Hoffnung auf Sündenvergebung nach Rom pilgerte und dort, wahrscheinlich noch vor dem päpstlichen Dispens, unvermittelt starb. Vielerlei Missetaten von Straßenraub bis zum Verstoßen der schwangeren Gemahlin blieben ungesühnt.

Seitdem zieht er als „Unbeendeter, Unerlöster, Verfluchter", wie es Werner Bergengruen sah, mit einem Totenheer umher. Den Schriftsteller, der zahlreiche Rodensteiner-Legenden zusammentrug, woran ein **„Dichterweg"** erinnert, faszinierte vor allem dessen Persönlichkeit eines knorrigen Hagestolzes. Die naturalistische, vermutlich nach der Totenmaske gearbeitete Physiognomie seines Grabmals lässt auf ausgeprägte, von Leben und Leid gezeichnete Charakterzüge schließen. Es gehört zu den künstlerisch wertvollsten der deutschen Spätgotik und umgibt mit sieben weiteren Epitaphien den netzgewölbten Chor der bis in die Romanik reichenden Pfarrkirche St. Laurentius.

Doch Hans lebt, mag er auch schweigen. Gleich gegenüber der Kirche „reitet" er mit wehendem Mantel in der Mitte eines 16 Quadratmeter großen Terrakotta-Reliefs szenischer Darstellungen früheren Brauchtums. Auf Grundlage der volkskundlichen Forschungen seines Bruders Heinrich setzte der Keramiker Adam Winter 1937 ins Bild, wie die bäuerlich geprägte Welt auf den ewigen Kreislauf von Werden und Vergehen, Geburt, Leben und Tod in einem unentwirrbaren Gemisch aus christlichen und heidnischen Vorstellungen Einfluss zu nehmen suchte.

Mancher Ritus, etwa der Dreikönigstag oder das Errichten von Maibäumen, blieb erhalten. Aber wer kennt noch Belznickel, Mehlweibchen oder Schimmelreiter? Und warum umwickelte man Stämme mit Stroh und hängte den Weihnachtsbaum an die Decke? Besonders gefährlich waren die zwölf Rauhnächte zwischen dem 25. Dezember und 6. Januar, wenn durch die „fehlenden" Tage vom Mond- zum Sonnenkalender das Geisterreich offenstand. Dagegen half nur allerlei Abwehrzauber, etwa Ausräuchern der Ställe, Versprengen von Weihwasser oder auch viel Lärm, wie er im Feuerwerk an Neujahr nachhallt.

Wegbeschreibung

Der Bus hält zentral vor der **Kirche St. Laurentius** in **Fränkisch-Crumbach**. Eine Ortsbesichtigung kann bis vor die Tore führen, wo die in warmen Ziegeltönen gehaltene **Sarolta-Kapelle** von 1892 auffällt. Die neoromanisch-byzantinische Grablege der Familie Gemmingen-Hornberg ist nach grundlegender Restaurierung schöner denn je anzusehen. In sehr gutem Zustand präsentiert sich auch das vor der Kirche angebrachte, frei zugängliche **Rodenstein-Relief.** ❶

Sind die Brauchtumsszenen entschlüsselt – die seitlich aufgestellte Tafel leistet da gute Dienste –, geht es mit der Markierung gelbes Kreuz durch die Rodensteiner Straße sowie Kloster- und Schafhofgasse zum Ort hinaus. Das leichte Bergan findet in der offenen Flur bis zum Waldrand seine Fortsetzung. Von der dortigen **Schutzhütte** hat man den Luftkorridor des Geisterheeres zwischen den Burgen Rodenstein und Schnellerts gut im Blick. Sollte es heranrauschen, niemals hinsehen. Dass dies schlimmstes Unglück bringt, wussten die Menschen früher natürlich, und deshalb kennt man die Wilden Reiter nur vom Hörensagen.

Anschließend zieht es im Wald kräftiger an, weiter oben zunächst am Wegekreuz Zwölf Apostel in freier Flur endend. Ab der mit einem Dutzend Bäumchen versehenen Landmarke tauschen wir das gelbe Kreuz nach links zugunsten der Kombination J1. Die übrigen Zeichen sind zu vernachlässigen, es sei denn, man möchte etwas kürzertreten. Dann weiter mit dem blauen Dreieck. Später, vom Naturparkplatz, ist die Burgruine per Abstecher erreichbar.

An der Gabelung, wo sich die Markierungen trennen, beginnt mit J1 erneutes Steigen zum Wald. Nochmals heißt es zu einer Hangwiese, kurz darauf aber endgültig unter die vorherrschenden Bäume im kristallinen Odenwald, Buchen und Eichen. Bald schon tritt Granit zutage, wie an der Felsgruppe nach rund 800 Metern.

Sie gibt einen Vorgeschmack des Massivs **Rimdidim**, für das eine Weile bis auf knapp 500 Meter geklettert werden muss. Die Höhe zeigt ein Richtungspfosten an, hinter dem die per Stichstrecke zu entdeckende Felslandschaft liegt. Ihr ungewöhnlicher Name soll auf das mundartliche Rimdidim zurückgehen, als ein schwerer Sturm 1898 weite Aussichten „ringsherum" eröffnete. ❷

Die Bäume sind längst nachgewachsen oder noch jung, wie auf der Passage, seitdem wir, zurück am Richtungspfosten, den Weg

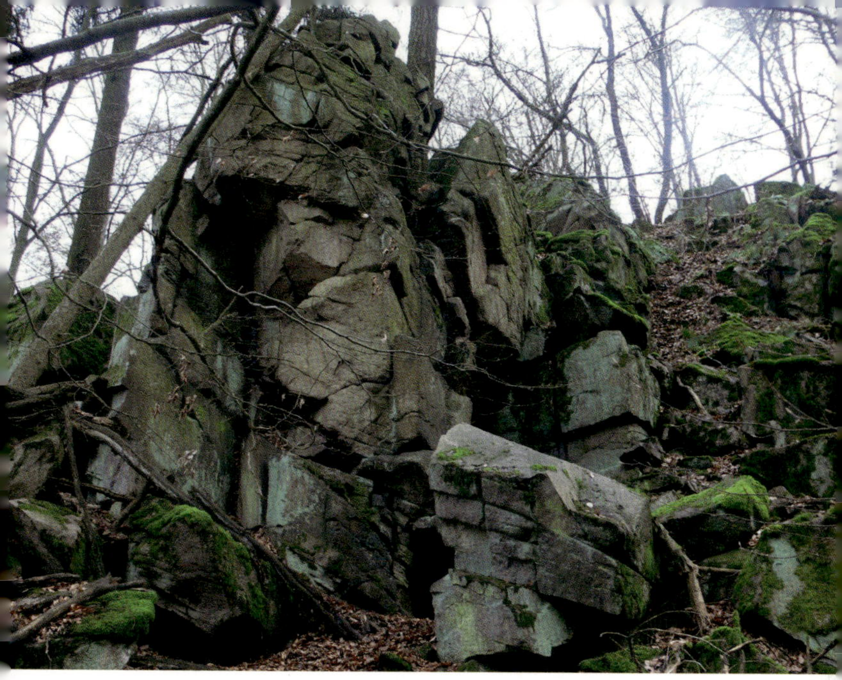

Die zerklüftete Granitgruppe „Rimdidim" oberhalb der Burgruine Rodenstein.

mit J1 fortgesetzt haben. Allerdings nicht mehr lange. Jenseits der kleinen Waldwiese zeigt ein Schild links gen **Hofgut Rodenstein**, außerdem ist das gelbe V zu sehen. Es stellt über 500 Meter die Verbindung zu einer Kreuzung her, ab der ein Schlängelpfädchen rechts mit rotem A und weiteren Wanderlotsen zur Ruine hinabführt. Sie verharren etwas oberhalb, wenn man sie gewissermaßen von hinten betritt. ❸

Wieder retour, kommen wir nach kaum zehn Minuten, begleitet vom Dichterweg, zu dem **Naturparkplatz** am Waldrand; davor rechts. Auch jetzt, gut einen Kilometer über eine buchengesäumte Höhe, bleibt uns das A erhalten, wir visieren aber schon mal S2 an. Das wird gut 300 Meter nach dem Waldausgang ab dem Auseinandertreten der Zeichen relevant. Mit diesem hält man zwischen Feldern geradewegs auf Fränkisch-Crumbach zu, kreuzt kurz vor dem Friedhof eine Landstraße und weiter durch ein Neubauviertel bis zur Erbacher Straße. Sie weist in die Ortsmitte.

23 ZWISCHEN FELSEN UND MOOR

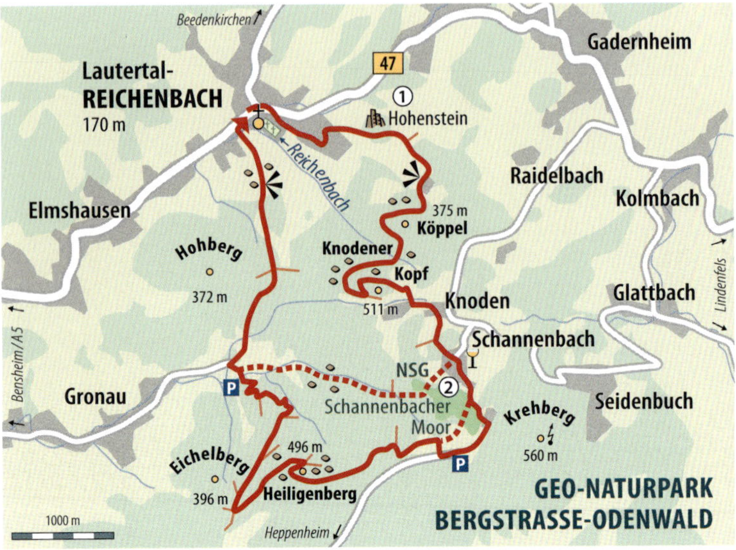

Lautertal-Reichenbach. Es nennt sich Moor, ist keins, wird aber eins, das naturgeschützte Schannenbacher zwischen den von beeindruckenden Felsen und Gesteinshalden überzogenen Bergflanken im zentralen Odenwald.

Start: In Reichenbach an der Bushaltestelle Markt vor der Pfarrkirche; Parkmöglichkeiten bietet die Nibelungenstraße (B47)

Länge: 17 (14) km

Höhenmeter: 560 m

Einkehr: Gasthaus „Zum Odenwald“ in Schannenbach (Freitag bis Sonntag)

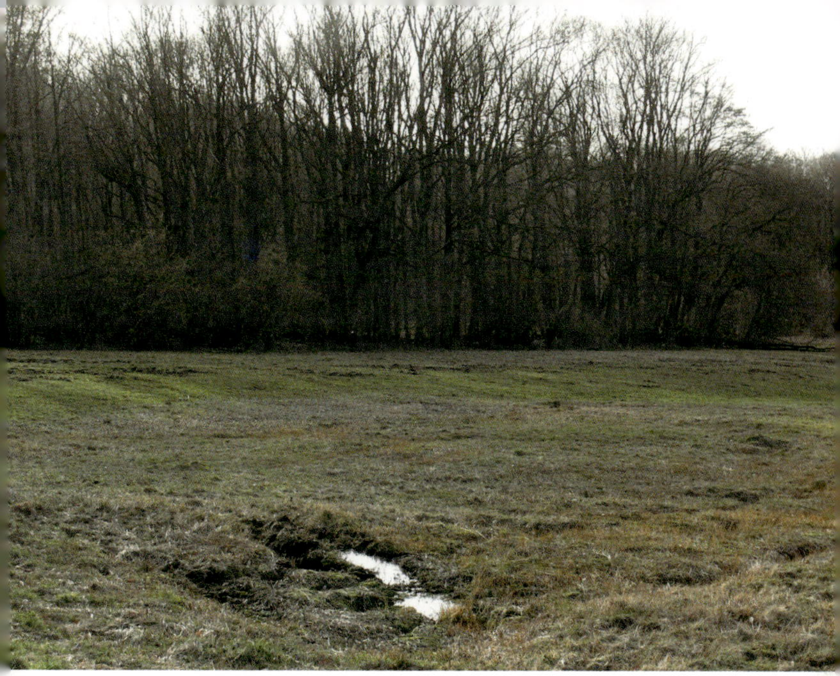

Inmitten der Felslandschaften setzt es einen Kontrapunkt – das Schannenbacher Moor.

Moore sind selten geworden, und noch rarer sind sie im Odenwald. In dem forst- und landwirtschaftlich stark genutzten Mittelgebirge blieben lediglich Restbestände, und selbst das Wenige, **Schannenbacher Moor** und **Rotes Wasser** bei **Grasellenbach**, überdauert nur dank Einsicht und tätiger Hilfe des Menschen. Jetzt sind die Biotope nicht allein geschützt, sukzessive werden auch artfremde Gewächse herausgenommen und dem Verbuschen vorgebeugt.

Im Falle des Schannenbacher Moores westlich vom Krehberg in der Großgemeinde **Lautertal** ist man allerdings weit entfernt von einem „klassischen" Moor gurgelnder Wassertrichter über einer dicken Torfschicht. Seit einer Regulierungsmaßnahme fehlt dem ursprünglichen Niedermoor ausreichender Zufluss. Da die Wiesen extensiv bewirtschaftet werden, haben sich seltene Pflanzen, etwa Fieberklee oder Wiesenknopf, gehalten, die wiederum derart bestandsgefährdete Schmetterlingsarten wie Ameisenbläuling oder Schachbrettfalter anzogen, dass man es bei der 1975 erfolgten Ausweisung als Naturschutzgebiet beließ, unterdessen aufgewertet durch Einbinden in das Europäische Schutzprogramm Natura 2000.

Das NSG in 500 Meter Höhe schließt auf gut einem Viertel seiner 16 Hektar großen Fläche sogenannte Schlucht- und Blockschuttwälder ein. Ihre vorherrschenden Laubbäume Ahorn, Ulme oder Esche sind eher untypisch für den Odenwald, ihr felsiger Untergrund freilich desto weniger. Der gesamte Raum beiderseits der Lauter wirkt wie ein einziges Freiluftlapidarium, und keineswegs nur durch das berühmte **Felsenmeer** rechts davon, sondern auch großzügig ausgebreitet über die linksseitigen Hänge vom **Knodener Kopf** bis zu dem fast vollständig bedeckten **Heiligenberg** etwas dahinter.

Die Gesteinsfelder treten nicht ganz so massiert auf wie im trogartigen Felsenmeer, sind aber als 350 bis 280 Millionen Jahre alte Granite magmatischen Ursprungs geologisch ebenso eng verwandt wie bei der Erosion die gleichen Kräfte wirkten. An einigen Stellen lässt sich der seit den Eiszeiten beschleunigte Prozess regelrecht mitverfolgen. Tiefe Risse in der Gesteinsdecke bilden Vorboten jener über Jahrtausende währenden Sprengarbeit durch gefrierendes Wasser, an deren Ende sauber geformte Rundlinge wie im Felsenmeer stehen.

Beeindruckend zeigt sich die Erosion am **Hohenstein** oberhalb von **Reichenbach**, einem der größten **Monolithe** der Region. Spalten, Überhänge und Löcher lassen den 50 Meter langen und 17 Meter hohen Block so fragil erscheinen, dass man um seine Standfestigkeit fürchtet. Die Anziehungskraft für Kletterer mit Haken und Seil kann das nur steigern. Neben einer Wand bei Breuberg bietet der Hohenstein die besten Grate im Odenwald.

Wegbeschreibung

Der Gang zwischen Moor und Felsen startet an der Bushaltestelle Markt in Reichenbach vor der erhöht stehenden **Pfarrkirche** von 1748. Man läuft einige Schritte in Fahrtrichtung entlang der Nibelungenstraße (B47) und biegt unter Aufnahme der Markierungen gelbes Quadrat und rotes N rechts in die Knodener Straße. Sie

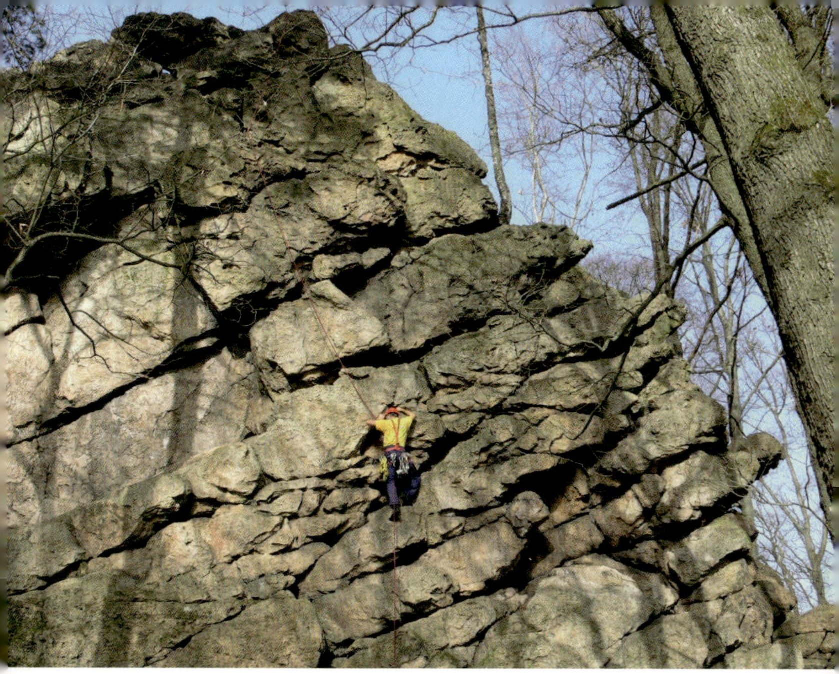

Der verwitterte, 50 Meter lange Hohenstein ist noch standfest genug für Generationen an Kletterern.

weisen geradeaus durch ein Eigenheimviertel und dann links den Hang hinauf. Außerhalb zieht es noch stärker an, ehe wir in einem Waldstück plötzlich vor der gewaltigen Wand des Hohensteins stehen. ❶

Die Zeichen ziehen an der Westseite vorbei und weisen bald aus dem Waldstück, womit es etwas moderater weitergehen darf. Zunächst – ab der baldigen Zeichenteilung allein mit dem N – im Rechtsbogen oberhalb einer aussichtsreichen Wiesensenke, und drüben erneut unter Buchen und Eichen etwas ansteigend um den **Berg Köppel**. Die ausgestreuten Brocken geben eine Vorahnung der bizarren Felsenwelt am **Knodener Kopf**, dem man seit einem Rechtsabzweig näherkommt (dort tritt der blaue Strich hinzu).

Als sollte kein Stein ausgelassen werden, umkurvt der Pfad die geologischen Zeugen einer Zeit, da das heutige Odenwaldgebiet in Äquatornähe lag – erst bei ausholendem Rechtsbogen, dann, nach

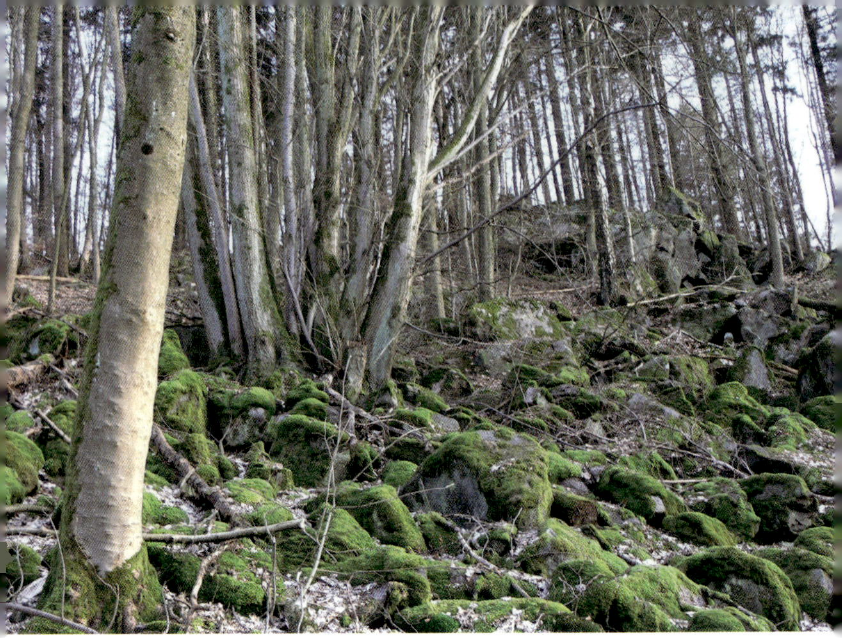

Ausgedehnte Blockhalden und Geröllfelder prägen Heiligenberg und Knodener Kopf über dem Lautertal.

scharfem Linksknick, mit weiterer Rechtsschleife bis vor eingesenkte Viehweiden. Sie bald querend steuern wir den Weiler Knoden an, links hinein und rechts über die Kuppe zu **Streuobstwiesen** in Hanglage, denen sich etwas unterhalb ein „Stich" links zwischen Bäumen anschließt.

Ausgangs tauchen die vereinzelten Häuser des Bergdörfchens **Schannenbach** auf. Etwas links abweichend, erwartet den Wanderer mit dem Gasthaus **Zum Odenwald** eine zünftige Einkehr für Gerichte aus eigener Schlachtung sowie Kuchen und Brot der angeschlossenen Konditorei.

Wieder retour, haben wir die Möglichkeit, etwas zu verkürzen: Dann rechts mit der Kombination S1 zum Ort hinaus und, bereits im Wald, wenn diese rechts abbiegt, weiter geradeaus mit gelbem V. Nach der Partie zwischen grün bemoosten Geröllhalden teils auf rutschigen Pfaden erfolgt der Übergang in einen Wiesengrund, aus dem man später zum Hauptweg findet (grünes X). Der wird ab Schannenbach unverändert mit dem roten N vorgegeben. Etwas ansteigend, vorbei an einem Bauernhof, bleibt dann die Bebauung halbrechts in Richtung **Pension Sonnentau** am Zugang des Schannenbacher Moores zurück. 2

Gleich danach lässt sich wählen, das Naturschutzgebiet mit gelber 1 rechts durch ein Wäldchen zu verlassen oder aufwärts zu der Siedlung vor dem Forst. Mit rund 530 Metern dürfte sie eine der höchstgelegenen im Odenwald sein. An der Querstraße schwenkt die Markierung links ab. Statt ihrer halten wir uns rechts etwa 300 Meter bis zu einem Naturparkplatz an der Waldecke. Hier nimmt man nach rechts die grüne Raute auf. Nur kurz über Asphalt, biegt diese rechts ab für die Verbindung zur der begrasten Hochfläche westlich des Moores; damit links dem Wald entgegen.

Auch jetzt, ebenen Pfades unter hohen Buchen, bewegen wir uns inmitten ausliegender Felsen, konzentriert beim Umkurven des **Heiligenberges** rechts herum abwärts sowie besonders mächtig nach dem scharfen Linksknick. Bei moderatem Gefälle erreicht man dann gut einen Kilometer später eine größere Wegekreuzung mit Richtungspfosten.

Hier folgt man rechts dem kurz zuvor hingekommenen grünen X gen **Reichenbach**. Allerdings wurde diesem zur Umgehung eines Feuchtareals neuerdings ein größeres Ausweichmanöver verordnet. Deshalb wechseln wir nach knapp 400 Metern rechts zur gelben 2. Sie wählt den direkten Weg, nur für den Schlussabstieg ins Schannenbachtal wechselt sie in Schlangenlinien bis zum Wiederauftreten des grünen X. Es bestreitet die gesamte Schlussetappe bis Reichenbach.

Zunächst berührt das Zeichen knapp vor dem Waldaustritt einen Wanderparkplatz. Rechts davon wird die offene Talung gequert und, vereint mit den Abkürzenden, rechts vor dem Wald abgebogen, wo dann kräftiges Bergan einsetzt. Dabei verdichten sich die Bäume, erlauben aber am Scheitelpunkt den Blick zum Felsberg rechts der Lauter. Beim finalen Geradeaus hinab ins Tal werden wir nochmals durch ein Felsspalier geführt, obenauf von Wurzeln umklammert, als wollten sie das Gestein festhalten. Wieder an der Nibelungenstraße in Reichenbach, kommt man rechts zum Markt.

24 FREUNDSCHAFT MIT DEM FÜRSTENLAGER

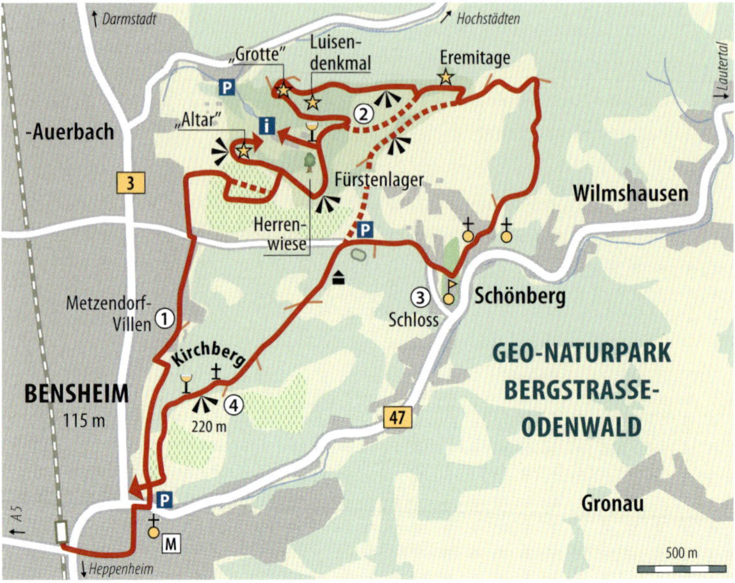

Bensheim. Fast wie früher: Seit der grundlegenden Sanierung des Fürstenlagers, einst Sommerresidenz der Regenten von Hessen-Darmstadt, ist der Geist der Empfindsamkeit wieder spürbar.

Start: Am Bahnhof Bensheim; Autofahrer finden in der Innenstadt mehrere, relativ kostengünstige Parkhäuser
Länge: 11 (9) km **Höhenmeter:** 310 m
Einkehr: Landgasthof „Herrenhaus" im Fürstenlager (Montag und Dienstag Ruhetage); „Kirchberghäuschen" (täglich)
Geöffnet: Das Fürstenlager ist frei zugänglich, die Dauerausstellung am Wochenende 12 bis 18 Uhr. Stadtmuseum Bensheim, Donnerstag und Freitag 15 bis 18, am Wochenende ab 12 Uhr. Schloss Schönberg kann nicht besichtigt werden

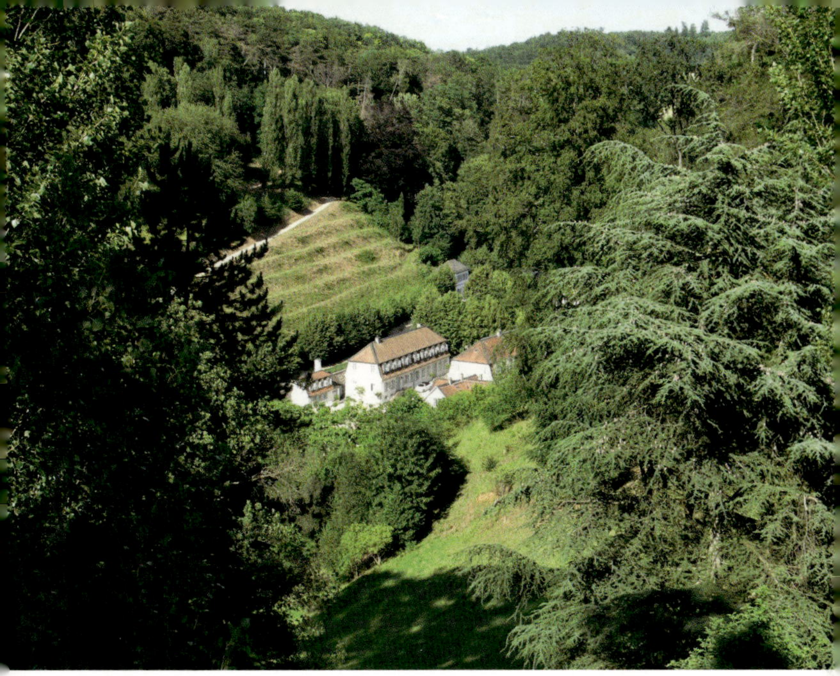

Tief in die Talsenke ist das Herrenhaus des Fürstenlagers gebettet.

Wie Liebende sind die beiden „L“ am „Freundschaftsaltar“ miteinander verwoben. So, als Zeichen inniger Bande, wollte es verstanden sein, als das Erbprinzenpaar Ludwig X. und Luise von Hessen-Darmstadt 1783 einen Sandsteinblock oberhalb des **Fürstenlagers** bei **Bensheim-Auerbach** aufstellte, gewidmet wahrer Freundschaft: „A la vraie amitié“.

Es bedurfte erst dieser Sicht im Geist der Empfindsamkeit, um den tiefen Taleinschnitt am Rande der Bergstraße wiederzubeleben, nachdem hoffnungsfrohe Pläne, eine 1739 entdeckte Quelle zum „Gesundbrunnen“ auszubauen, mangels Heilkraft zerstoben. Allerdings soll sie ausgerechnet beim kränkelnden Ludwig wahre Wunder gewirkt haben – womit sich fügte, dass die Nähe zu dem Wässerchen dem Ideal entgegenkam, im Sinne Rousseaus im Einklang mit der Natur zu leben.

Entsprechend pflegte das Landgrafen- und nachmalige Großherzogspaar einen vergleichsweise bescheidenen Aufwand, wenn es – seit

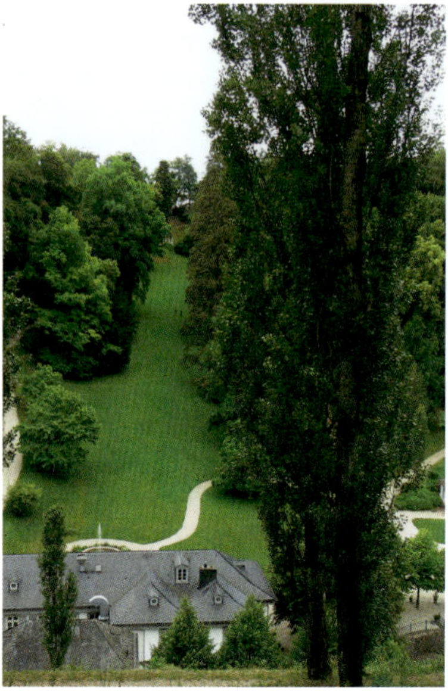

Und der entgegengesetzte Blick nach Süden.

der Regentschaftsübernahme 1790 – Sommer für Sommer ins Fürstenlager zog. Die Bediensteten wohnten in den gleichförmigen Mansardhäusern eines „Dörfchens“, abgesetzt davon und zweistöckig das Herrenhaus (jetzt gastronomisch genutzt). Etwas gewöhnungsbedürftig wurde ihm im Rahmen der Generalüberholung der gesamten, heute durch die Verwaltung der Schlösser und Gärten betreuten Anlage nach Jahrzehnten in gelblichbraunem Gewand das Grauweiß aller Gebäude übergestreift.

Als Glücksfall für die Authentizität von baulicher und gärtnerischer Architektur erwies sich der Erhalt ursprünglicher Pläne und früher Zeichnungen. Das schließt die gärtnerischen Vorgaben der 42 Hektar großen Anlage zwischen Alleen, exotischen Gehölzen, Obstbäumen und verschwiegenen Plätzen ein. Auch die 1990 durch schwere Stürme gerissenen Lücken nutzte man, mit dem Wiederanpflanzen von Pappeln und Linden dem Original zu entsprechen. Nur die exotischen Gehölze entstammen vorwiegend dem modischen Zug der 1860er Jahre, Parks mit Gingkos, Zypressen oder Mammutbäumen zu veredeln. Der älteste und heute mit 55 Metern vermutlich größte Europas kam bereits 1852 auf dem Geschenkwege vom englischen Königshaus ins Fürstenlager, ein Begriff, den weiland der Volksmund formte.

Die Bevölkerung durfte das 42 Hektar große Gelände frei betreten und der herrschaftlichen Familie beim „Lagern“ zusehen, wie in der kleinen Dauerausstellung im sogenannten Pisé- oder Fremden-

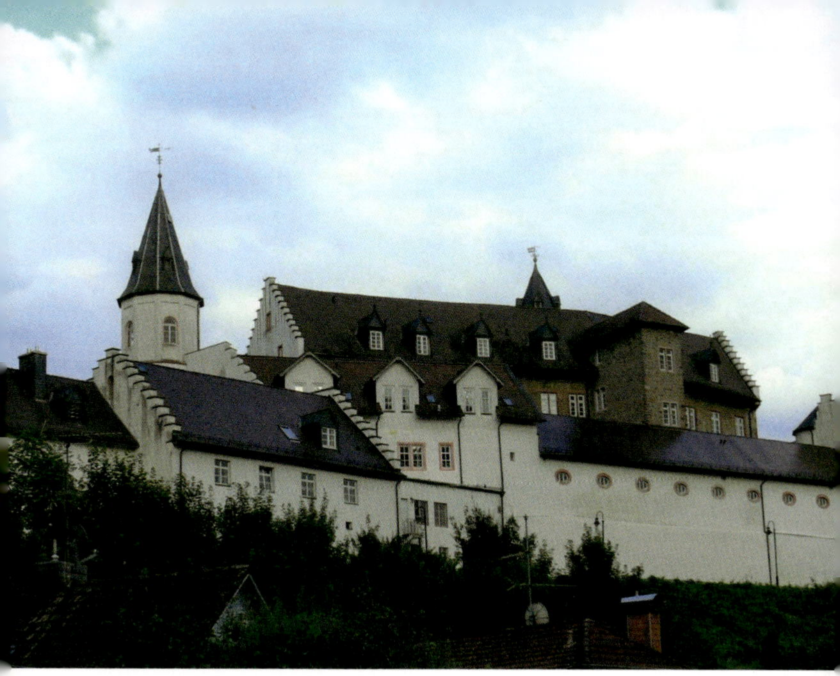

Der Ausdehnung des auf einem Felssporn sitzenden Schlosses Schönberg wird man erst von unten gewahr.

bau am unteren Eingang nachzulesen. Selbst zwischen den Kindern bestand keine Kontaktsperre.

Wegbeschreibung

So man vom **Bensheimer Bahnhof** der Rodensteiner Straße (B3 und B47) nicht gleich links nachgeht, gelangt man geradeaus (Bahnhofstraße) in das verkehrsberuhigte Zentrum mit seinen Adelshöfen und Fachwerkbauten, dominiert von der klassizistischen **St.-Georg-Kirche**.

Durch die Hauptstraße erreicht man die große Kreuzung am Ritterplatz, wo die Bundesstraßen auseinandertreten. Wir folgen kurz der B47 (Nibelungenstraße) zur linksseitigen Kalkgasse, hinauf und oben mit der Markierung gelbes B und anderen Zeichen links, zunächst zwischen Stadtpark und Weinbergen, dann über ein Pfädchen zwischen Wald- und Häuserrand.

Die Gebäude entpuppen sich, nach den Links-rechts-Abzweigen zu und in die Ernst-Ludwig-Straße, als fast geschlossenes Ensemble der verspielten Jugendstil- und Landhausvillen Heinrich Metzendorfs aus den Jahren um 1900, im weiteren Verlauf durch gehobene Domizile neuerer Architektur abgelöst. Zu beachten sind später Links-rechts-Knicke wieder an den Rand von Weinbergen und schließlich mit dem befestigten Weg rechts in die beiderseits ansteigenden Rebzeilen. ❶

Das B vollführt einen Haken hinein. Geradeaus lässt sich der auch auslassen, bevor es an der Informationstafel in eine Linkskurve geht. Ausgangs davon bleibt der Buchstabe zugunsten der gelben 8 zurück. Sie stellt rechts hinauf die Verbindung zum obersten Rand des Fürstenlagers her. Links- oder rechtsherum, ist nun die Frage: Links kommt man zum 200 Metern entfernten **Freundschaftsaltar** und einem großartigen **Aussichtspunkt** über die Rheinebene.

Wenn nicht unter Bäumen abgestiegen wird, können wir auch zurückkehren – oder eben gleich rechts – und weiter zur **„Bastion"** für den Blick über die **Heppenheimer Starkenburg** und von dort zum achtsäuligen **Freundschaftstempel**. Er markiert den oberen Absatz der tief eingesenkten **Herrenwiese**, die optisch und räumlich mit dem (gastronomisch genutzten) **Herrenhaus** verbindet. Beiderseits kommt man hinunter. ❷

Für das zwischen Platanen gereihte „Dörfchen" wenden wir uns links davon leicht abwärts. Ansonsten rechts, vorbei an prachtvollen Mammutbäumen in den von Obstwiesen geprägten ländlichen Bereich. Entweder hält man sich hier mit der „Apfelallee" unverändert geradeaus oder man hängt die nördliche Hangseite zur „Grotte" an. Sie will über einen pappelgesäumten Weg erstiegen sein und oben im Wald, noch vor der Rechtskurve, in den unscheinbaren Pfad. Dahinter weiter hinauf.

Allerdings sind die vielgepriesenen **„Neun Aussichten"** zugewachsen, was auch das **Luisendenkmal** in dunklen Schatten taucht, eine Gedenkstätte der Erbprinzessin Luise für ihre früh verstorbenen Schwestern. Nach kurzem Bergab strebt man zwischen Baum- und Wiesenrand dem östlichen Parkende zu, nicht ohne die rindenum-

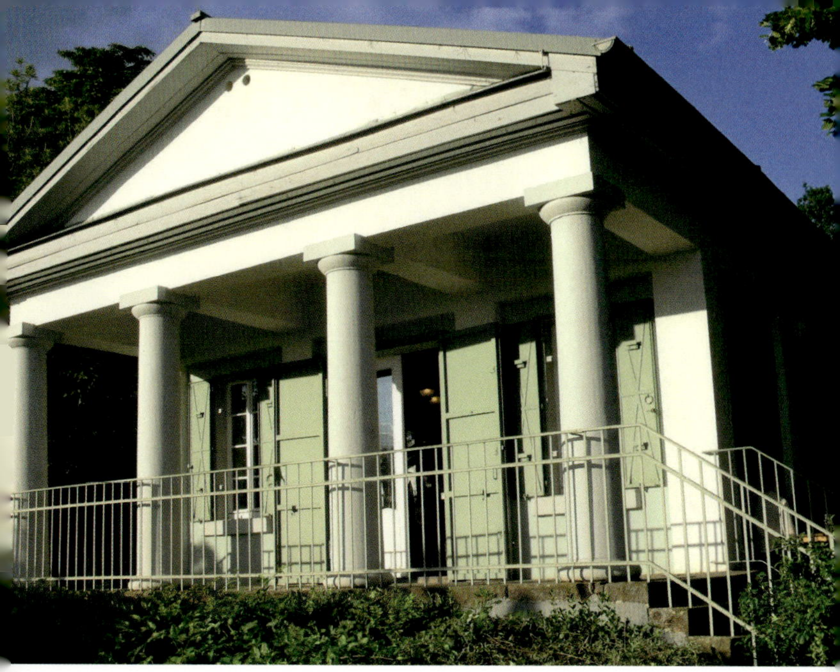

Bereits 1857 wurde das Gasthaus „Kirchberghäuschen“ mit seinem säulengezierten Portikus erbaut.

kleidete **„Eremitage“** – etwas versteckt linksseitig – aufzusuchen. Bald danach biegt die Apfelallee scharf rechts ein und findet Anschluss an einen Höhenweg.

Erneut darf gewählt werden: Entweder rechts direkt mit diversen Zeichen wie S1 oder gelbe 7. Diese sind, weil als Rundweg angelegt, auch maßgeblich für eine Extraschleife über **Schönberg**. Dazu links und nach 500 Metern rechts in einen Hain dicht stehender Eichen, Robinien und Eschen, wie er den Naturschwärmern des 18. Jahrhunderts gefallen hätte. Der Schlängelpfad endet vor Schönberg; nur noch mit der 7 gelangt man rechts durch die Straßenkehre und weiter links zum Vorhof des von Renaissance-, Barock- und historistischen Elementen geprägten **Schlosses** der Erbacher Grafen. 3

Die Ziffer führt drüben wieder hinab. Erst jetzt wird man der auf einem Felssporn thronenden Anlage in ihrer ganzen Länge gewahr. Die dortige Trauerweide bildet die Wegmarke, rechts aufwärts das

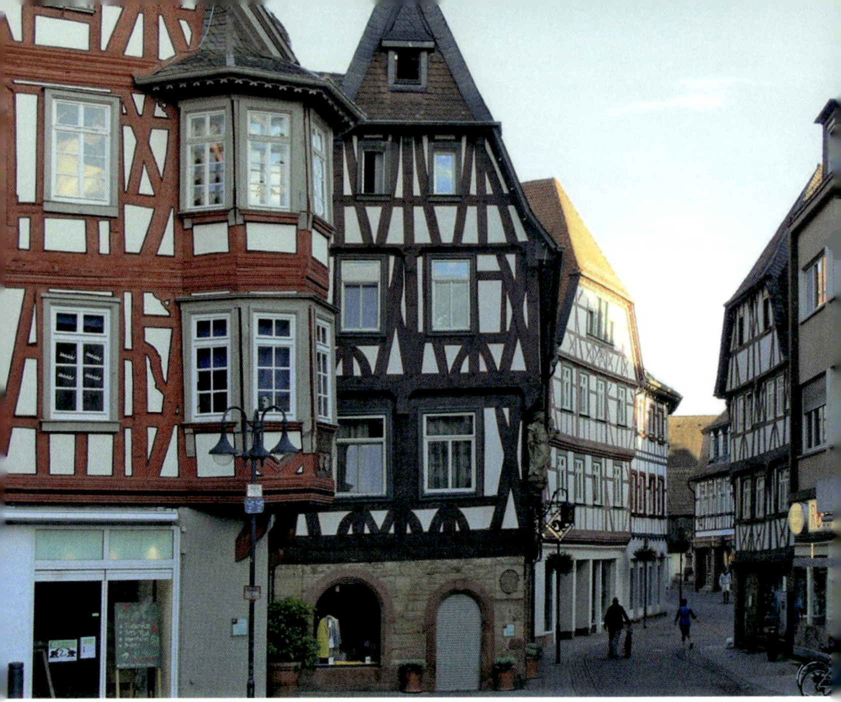

Über die Burgen und Schlösser an der Bergstraße wird sie häufig übersehen – die fachwerkgeprägte Altstadt von Bensheim.

kleine Schönberg zurückzulassen. Oben, am Parkraum der **Sportplätze**, laufen beide Varianten zusammen, womit es fortan dem blauen Zinnenkranz des Burgenwegs vorbehalten ist, das Finale zu bestreiten. Nach einem Waldstück öffnet sich ein großartiges Panorama über die Bergstraße, gesteigert noch bis Pfälzerwald und Donnersberg von der baumbeschatteten Terrasse der beliebten Einkehr **Kirchberghäuschen**. ❹

Dass die 1857 erbaute Gaststätte einen säulengezierten Portikus besitzt, ist erst zu erkennen, wenn man mit dem Burgenweg jenseits der Tische in den steilen Pfad einschwenkt (alternativ kann etwas oberhalb des Gasthauses mit B1 über befestigten Weinbergsweg abgestiegen werden). Unten weisen beide Routen zum frei zugänglichen **Stadtpark** am teils gastronomisch genutzten **Rodensteiner Hof** vor dem Ritterplatz.

25 HERBERGE DES HOCHADELS

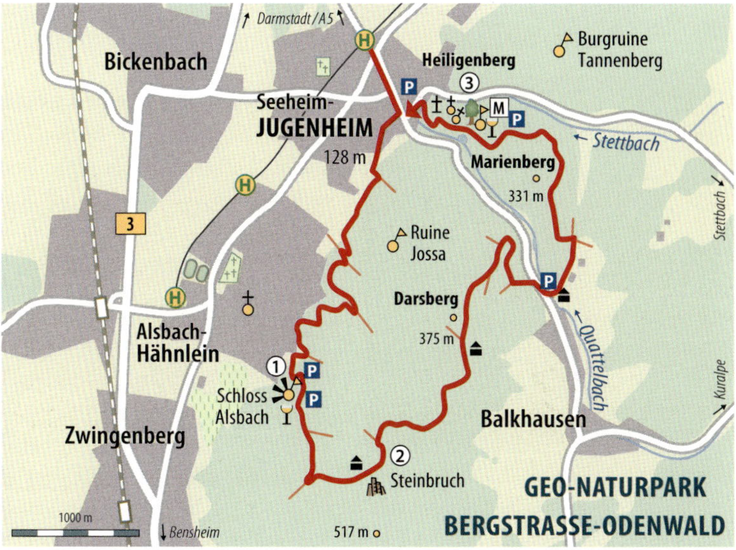

Seeheim-Jugenheim. Ein Kleinod an der Bergstraße, mit dem sich große Namen verbinden – Schloss Heiligenberg und sein Landschaftspark.

Start: In (Seeheim-)Jugenheim, Straßenbahn-Haltestelle Ludwigstraße. An der Hauptstraße gibt es Stellflächen, kostenpflichtig kann der Parkplatz am zentralen Supermarkt genutzt werden

Länge: 14 km, **Höhenmeter:** 410 m

Einkehr: Restaurant im Schloss Heiligenberg (Donnerstag bis Sonntag); Imbiss im Schloss Alsbach (wie dort)

Geöffnet: Russenhaus auf dem Heiligenberg, samstags 14 bis 17, sonntags 12 bis 17 Uhr; die Außenanlage ist frei zugänglich. Schloss Alsbach öffnet mittwochs bis sonntags ab 11 Uhr bis in die Abendstunden

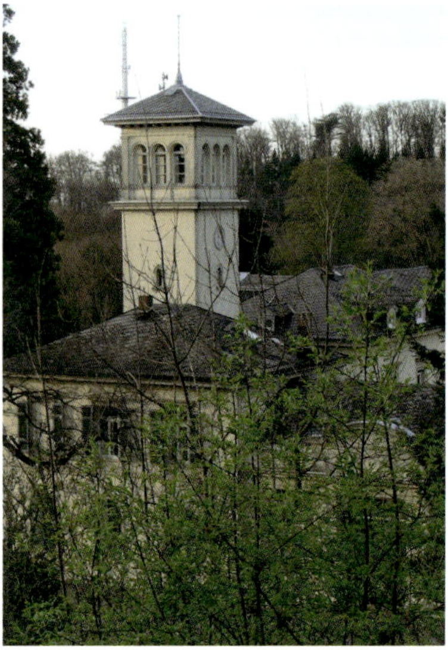

Fast bis zuletzt verbirgt sich Schloss Heiligenberg über Seeheim-Jugenheim.

Im Reigen der Schlösser und Burgen an der Bergstraße nimmt das klassizistische **Schlösschen** auf dem **Heiligenberg** bei **Jugenheim** eine Sonderstellung ein. Man übte sich in demonstrativer Bescheidenheit, obwohl es die höchsten Adelskreise Europas sah, und noch heute wird es in alter Verbundenheit namentlich von Mitgliedern des englischen Königshauses aufgesucht.

Fast versteckt liegt die **Vierflügelanlage** oberhalb eines **Landschaftsparks** mit dichtem Bestand an Kastanien, Linden oder Blutbuchen, und selbst Mammutbaum, Libanonzeder sowie weiß und rosa blühende Magnolien fehlen nicht. Ursprünglich ein landwirtschaftliches Gut, wurde es nach dem Ankauf 1827 zu einem Sommersitz des Hauses Hessen-Darmstadt. Auf Wunsch von Großherzogin Wilhelmine war es an Hofbaumeister Georg Moller, bei der Neu- und Umgestaltung zurückhaltend zu agieren, kaum ahnend, dass der Heiligenberg einmal bedeutende Gäste beherbergen würde.

Durch ihren frühen Tod erlebte Wilhelmine nicht mehr, wie ihre Kinder im Hochadel reüssierten. Tochter Marie heiratete 1841 den späteren Zaren Alexander II. von Russland – worauf sie mit großem Gefolge öfters für längere Aufenthalte an die Bergstraße kamen –, und Sohn Alexander wurde nach einem wildbewegten Leben zum Stammvater mehrerer bis heute fortlebender Dynastien.

Im kleinen Museum des **„Russenhauses“**, der Unterkunft von Bediensteten des Zaren, hängt eine wandhohe Stammtafel zur Ent-

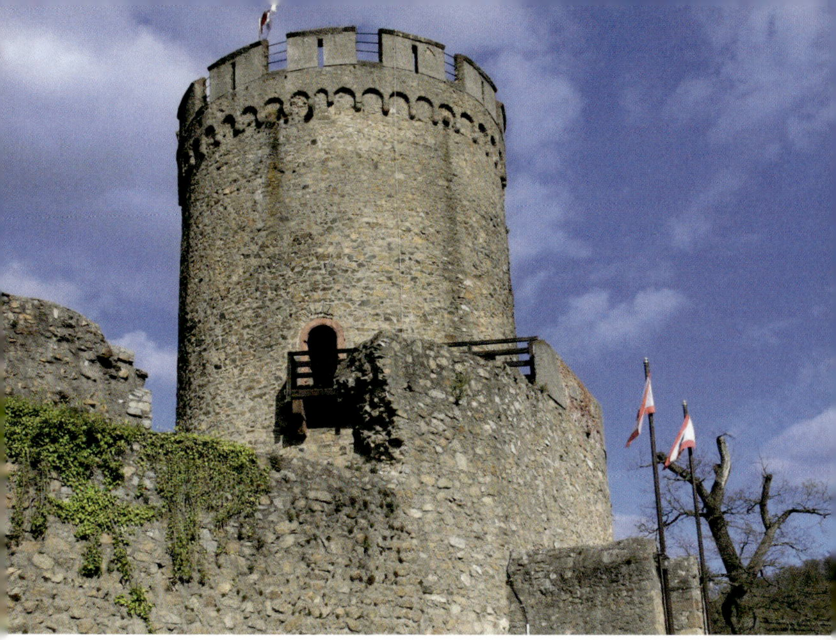

Die fälschlich „Schloss“ geheißene Burgruine Alsbach.

wirrung der genealogischen Linien, deren Enden in den Königshäusern von Spanien, Schweden, Griechenland und natürlich England münden. Bei den Windsor-Mountbattens klingt anglisiert jenes (ausgestorbene) Geschlecht Battenberg nach, das Alexanders Frau Julia Haucke für die standesgemäße Aufwertung der morganatischen Ehe von ihrem Schwager, Großherzog Ludwig III., verliehen bekam.

Das Paar nahm seinen Ruhesitz auf dem Heiligenberg, wo es auch bestattet liegt. Allerdings nicht in der neugotischen **Grabkapelle**, sondern im **Mausoleum** vor dem weithin sichtbaren „Goldenen Kreuz“ gegenüber, das Alexander und Marie 1866 ihrer Mutter gestiftet hatten. Erinnert werden sollte nicht zuletzt an weitere Verdienste von Wilhelmine: Über den Fundamenten eines Nonnenklosters ließ sie eine künstliche Kirchenruine mit andernorts geretteten gotischen Fenster errichten, und sie bewahrte die rund 800 Jahre alte Centgerichtslinde daneben.

Auf das Haus Hessen-Darmstadt gehen auch frühe Sicherungsarbeiten für den Erhalt der **Burgruine Alsbach** zurück, um es dann im romantischen Überschwang zum „Schloss" zu erheben. Aber erst das ehrenamtliche Wirken eines Bürgervereins seit den neunziger Jahren erlaubt das gefahrlose Betreten und ein Besteigen des wiedererrichteten Turms für großartige Ausblicke über die Rheinebene bis Donnersberg und Taunus.

Wegbeschreibung

Ob per Straßenbahn oder Auto angereist, folgt man der Haupstraße ins Zentrum. Vor dem Barockgebäude aber nicht mit ihr links, sondern rechts (Balkhäuser Tal) und gleich nochmals rechts in den Pauerweg. Aus dem dort bereitstehenden Zeichenbündel rotes A und das blaue Tor des Burgensteigs wählen. Sie geleiten durch die Gärten eines gehobenen Wohnviertels aus **Jugenheim** hinaus und leicht ansteigend in den Wald hinein.

Der kurvenreiche Weg unter hohen Buchen erlaubt noch genügend Durchsicht auf wild wachsende Kirschbäume davor. Erst nach Queren der **Rast- und Wassertretanlage** am **Sperbergrund** entfernen wir uns etwas, um dann in tiefen Hohlwegen dem **Alsbacher Schloss** zuzustreben. Zum Tor läuft man um die hohe Außenmauer herum. Innenbereich (mit Schänke) und gedrungener Turm sind frei zugänglich, von dessen Ausguck dem offenen Rhein-Land kontrastreich der steile Abhang des **Melibocus** gegenübersteht. ❶

Auf den 550 Meter hohen Berg wollen wir nicht kraxeln, marschieren aber eine Weile an seiner Flanke entlang. Zurück aus dem Burggelände halten wir uns vor der Straßenkurve rechts über den Parkplatz und die Spielwiese. Die bisherigen Markierungen laufen zwar weiter, doch gilt jetzt die Aufmerksamkeit der gelben Ziffer 4. Nicht lange, und sie wird ab der Gabelung links alleine maßgeblich. Durch Kurven und Kehren muss eine Weile gestiegen werden, ehe es zwischen herrlichen Buchen abflacht. Zum Verschnaufen eignet sich der Unterstand an einem früheren **Granitbruch**. ❷

Von dort 400 Meter gerechnet, achten wir auf einen Zeichenwechsel: aus der abfallenden Linkskurve rechts wieder hinan mit dem gelben V. Es steht für einen Verbindungsweg, hier zur 800 Meter entfernten Rundstrecke um Jugenheim. Ihr SJ2 (weiß) weist links unverwandt abwärts etwa 500 Meter zur **Darsberg-Hütte**. Sie gibt den Hinweis, dahinter rechts zur gelben 7 zu wechseln (erst etwas unterhalb sichtbar).

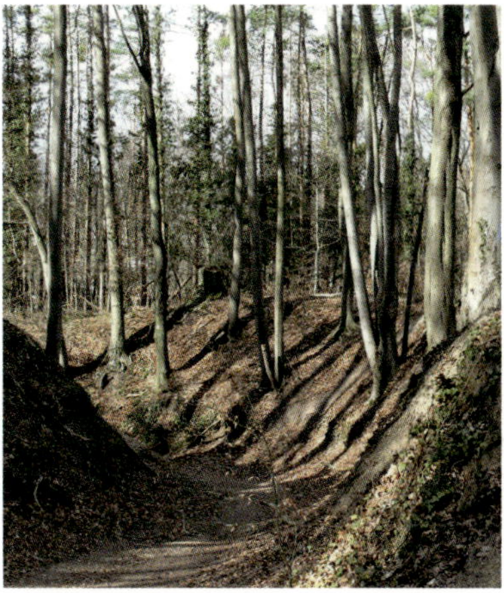

Hohlwege führen zum Alsbacher Schloss.

Und weiter geht es auf einem angenehm bergab führenden Waldweg. Unter Mitnahme der 3 wechselt das Geläuf nach 450 Metern in einen Pfad, bald rechts und am Hang hinunter und schließlich mit Linksschwenk zwischen Wald und Wiese bis vor eine Straße. Sie ist zu queren und nach dem Parkplatz über den Quattelbach gesetzt.

Drüben heißt es mit gelber 6 gleich wieder hinan (rechts ein **Bauern- und Pferdehof**) 500 Meter zu einer Kreuzung, wo wir erneut die Vorzeichen ändern – nun links zu grünem Strich und SJ2. Nach leichtem Anstieg umkurvt der Weg in ausholendem Linksbogen den **Marienberg**, bevor er unvermittelt oberhalb von **Schloss Heiligenberg** herauskommt. Mit Rechts-Links-Serpentinen wird man hineingeleitet.

Das **Russenhaus** liegt etwas verdeckt rechts hinter der Anlage, ansonsten links zum gastronomischen Bereich im Schloss sowie der vorgelagerten Terrasse der Kastanien und Magnolien und weiter entlang der Abfolge von **Kirchenruine**, **Centgerichtslinde**, **Mausoleum** und **Goldenes Kreuz**. Man kann sich auch von einem **„Geschichtspfad"** durch das Areal leiten lassen. ③

Wahlweise lässt sich mit dem hier vorbeiführenden Zeichenbündel ein Bogen über die Wiese und unterhalb rechts zur kurvenreichen Auffahrt schlagen oder auch von oben zum gotischen Kirchlein am Parkzugang direkt absteigen; dort links in die Hauptstraße.

26 DEICHE UND DSCHUNGEL AM RHEIN

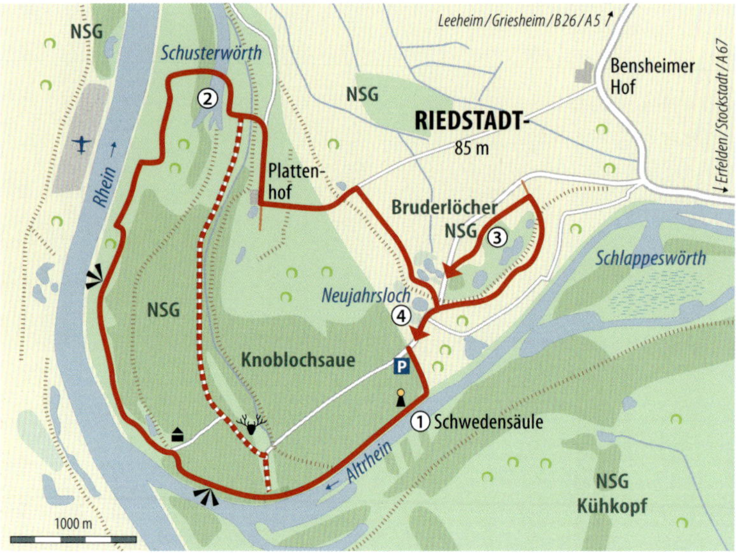

Riedstadt. Bekannt ist der „Kühkopf" als Hessens größtes Naturschutzgebiet. Doch erst die nördlich anschließende „Knoblochsaue" vervollständigt es nach Fläche und Bedeutung. Neben dschungelartigen Zonen kennzeichnen Wassertrichter historischer Überschwemmungen das Gebiet.

Start: Zentraler Einstiegspunkt zum NSG Knoblochsaue ist der östlich liegende, ab der Landstraße zwischen Leeheim und Erfelden anzusteuernde Parkplatz
Länge: 13 (11) km (jeweils mit 2,5 km „Bruderlöcher")
Höhenmeter: gering
Einkehr: Unterwegs keine

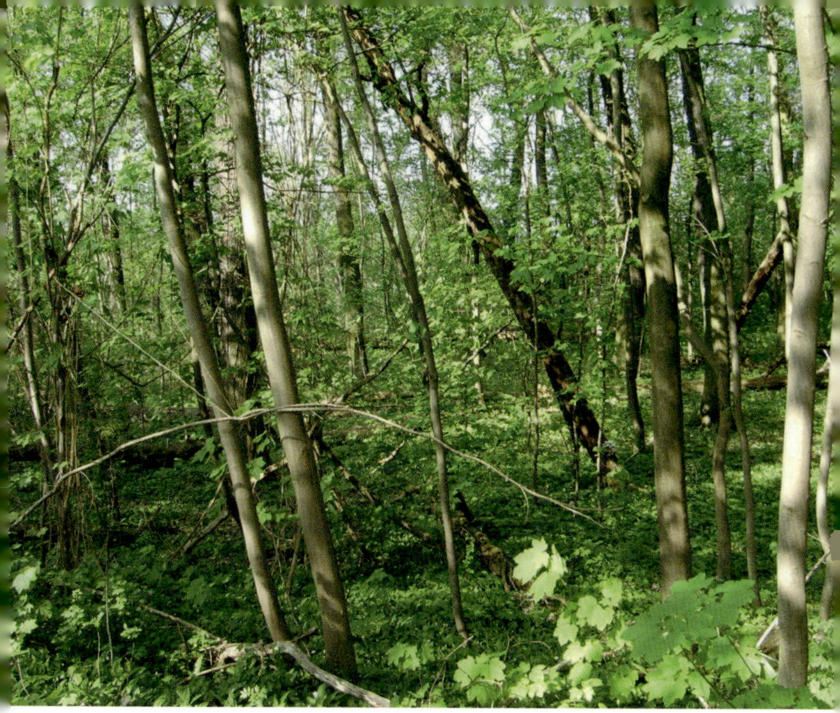

Fast undurchdringliche Passagen wechseln mit ...

Das größte Naturschutzgebiet Hessens wird üblicherweise nach der Altrheininsel bei Riedstadt kurz **Kühkopf** genannt. Sein zweiter Namensteil **Knoblochsaue** entfällt zumeist, obwohl diese mit 600 Hektar gut ein Viertel der Gesamtfläche stellt. Sie steht auch sonst etwas im Schatten der Hauptinsel, und nicht nur, weil sie der Altrheinarm ohne Übergangsmöglichkeit abtrennt. Es gibt auch lediglich eine Zufahrt. Die Infrastruktur ist bewusst geringer ausgeprägt, und für ein „Umweltbildungszentrum" besucht man besser den Kühkopf.

Das gereicht der Knoblochsaue nur zum Vorteil. Sie hat ihren eigenen Charakter und durchlief einen anderen Wandlungsprozess von der Kultur- zur Naturlandschaft, nachdem das Gesamtareal wegen seiner Bedeutung als eines der letzten Auengebiete am Oberrhein 1952 unter Schutz gestellt worden war. Allein 250 Vogelarten zählt man in der als „Europareservat für den Vogelschutz" ausgewiesenen Region.

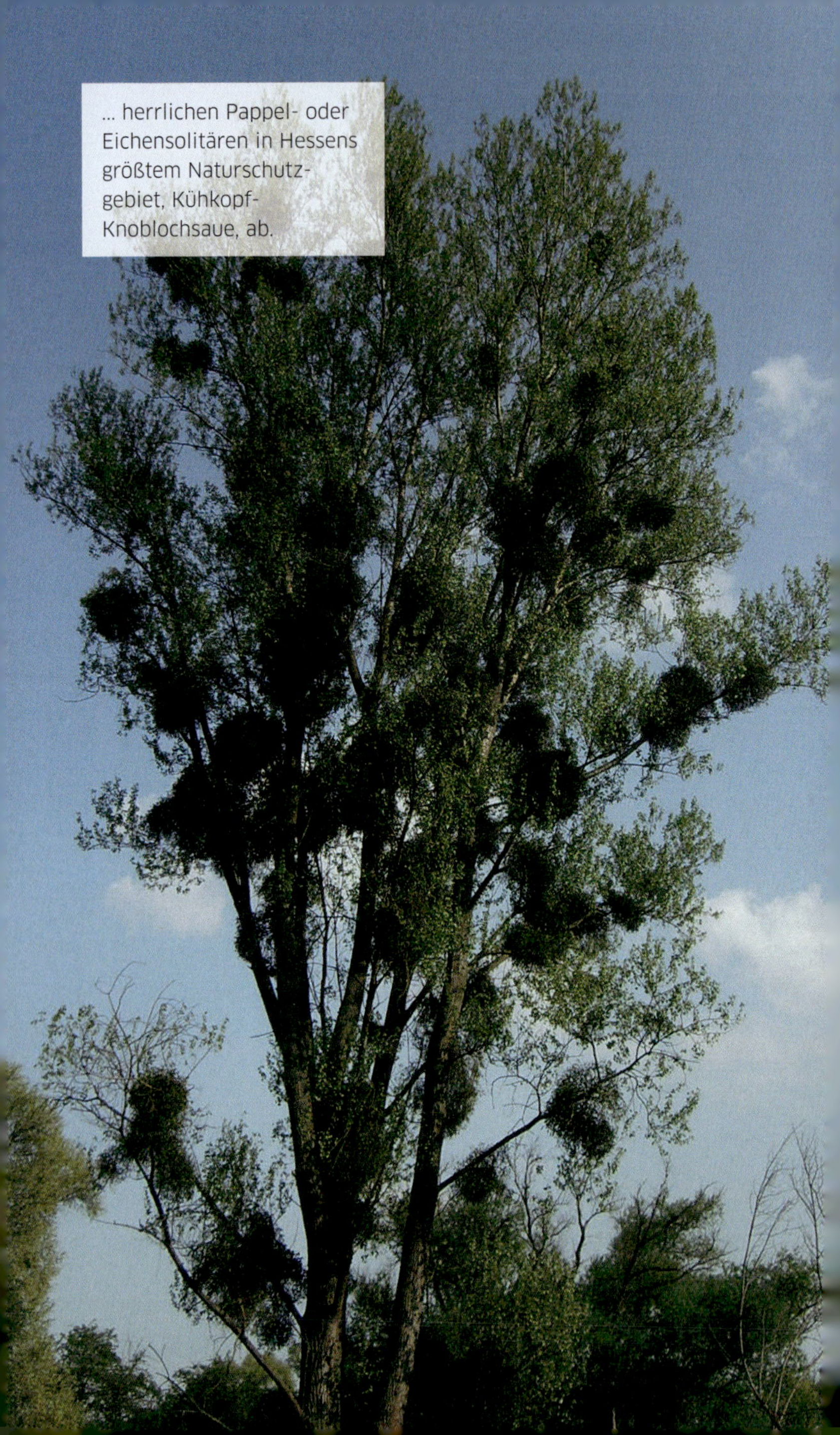

… herrlichen Pappel- oder Eichensolitären in Hessens größtem Naturschutzgebiet, Kühkopf-Knoblochsaue, ab.

Mit dem Bruch der Sommerdämme 1983 wurde die noch immer flächig betriebene Landwirtschaft auf dem Kühkopf eingestellt und größtenteils in Auenwiesen verwandelt. Seither kann die Insel vollständig bei Hochwasser geflutet werden. Entsprechend dominieren Flatterulmen oder Silberweiden, die auch lange Phasen „nasser Füße“ vertragen und die sensiblen Röhricht- und Brutzonen abschirmen.

Anders auf der Knoblochsaue. Hier halten mehrere Dämme normalerweise Hochwasser zurück. Sie entstammen noch früheren Maßnahmen zum Schutz von Feldern und Höfen. Nach ihrer Aufgabe breiteten sich rasch Gehölze wie Esche oder Ahorn aus und bilden nun einen fast undurchdringlichen Dschungel. Ihn umschließen Altbestände an Eichen und Pappeln, die mit dem erwachenden „Grün“ im Frühjahr zu imposanten Exemplaren auffächern.

Manch Pappel wurde allerdings gefällt. Das mag der reinen Naturschutzlehre widersprechen, ist aber Ausdruck der Bestrebungen, den Fluss im Rahmen der bundesweiten Initiative „Blaues Band“ von seinem steinernen Korsett zu befreien und wenigstens partiell ein Ausufern zu erlauben. Um die Schifffahrt nicht durch entwurzelte Bäume zu gefährden, werden sie vorsorglich entfernt.

Die Fließgeschwindigkeit und damit der Wasserdruck hat sich seit der 1829 begonnenen Rheinbegradigung stark erhöht. Die Folgen einer extremen Flut wie zum Jahreswechsel 1882/83, als zahlreiche Orte im Hessischen Ried unter Wasser standen, sollen jetzt freilich fünf bis sieben Meter hohe Dämme verhindern.

Jenseits der Knoblochsaue ist es gestattet, auf solch einem Superdeich, der eher Assoziationen an Norddeutschland weckt, zu laufen, hier mit dem Ziel der gleichfalls geschützten Neujahrs- und Bruderlöcher. Diese Strudeltöpfe hinterließen verheerende Überschwemmungen, nicht ohne neuen Lebensraum zu schaffen. Von der Dammkrone lassen sich in und über den Biotopen Graureiher, Haubentaucher oder Störche gut beobachten, und natürlich das Symboltier des Naturschutzgebietes Kühkopf-Knoblochsaue, der seltene Schwarzmilan. Er brütet in beiden Hälften.

Wegbeschreibung

Die **Knoblochsaue** besitzt keine direkte Anbindung an öffentliche Verkehrsmittel. Zentraler Einstiegspunkt ist der östlich liegende Parkplatz. Zum Start läuft man über die Stellfläche hinaus 300 Meter am Wald entlang bis zu einem niedrigen Damm und auf ihm rechts.

Unter den jetzt sichtbaren Zeichen genügt die Orientierung am blauen R. Bereits nach wenigen Meter leitet es an der **Schwedensäule** vorbei. Der Sandstein-Obelisk mit einem Löwen auf der zwölf Meter hohen Spitze erinnert an die spektakuläre Landungsoperation von Schwedenkönig Gustav Adolf, der hier am 7. Dezember 1631 unter widrigsten Bedingungen mit seiner Armee über den Strom setzte. ❶

Unverändert geht es auch anschließend auf der Dammkrone zwischen prachtvollen Eichen weiter. Nur einmal öffnet sich das Uferdickicht für den Blick zum streng geschützten Vogelreservat Krönkesinsel am Kühkopf. Kurz darauf können wir wählen: entweder durch die dschungelartige Vegetation oder doch lieber weiter am Rhein.

Für den Gang tiefer hinein biegt man rechts mit der gelben 3 in Richtung Forsthaus ab. Wenn 500 Meter hinter dem Fachwerk-Gebäude die Ziffer links wegknickt, hält man das Geradeaus im Wald ebenso bei wie in der nachfolgenden Streuobstwiese bis zum Zusammentreffen mit der Hauptrunde.

Bei der Rheinvariante heißt es an der ein Kilometer entfernten Schutzhütte links und dann stets ufernah unter himmelstürmenden Pappeln voran. Wo sie für das „Blaue Band“ entfernt wurden, entstand manch Sichtlücke, so auf das von der gotischen Katharinenkirche dominierte Oppenheim. Dann kommt auch schon der Rechtsschwenk gen **Vogelschutzgebiet Schusterwörth** näher. Vorbei an Kopfweiden gelangt man zu einer Brücke, von der zahlreiche Wasservögel beiderseits des Altarms gut zu einzusehen sind. ❷

Drüben biegt man rechts und 400 Meter weiter links ab durch Offenland zu dem Querweg. Hier verlassen wir das R und halten uns rechts zum Plattenhof; dort links in die Wiesen. Bald baut sich

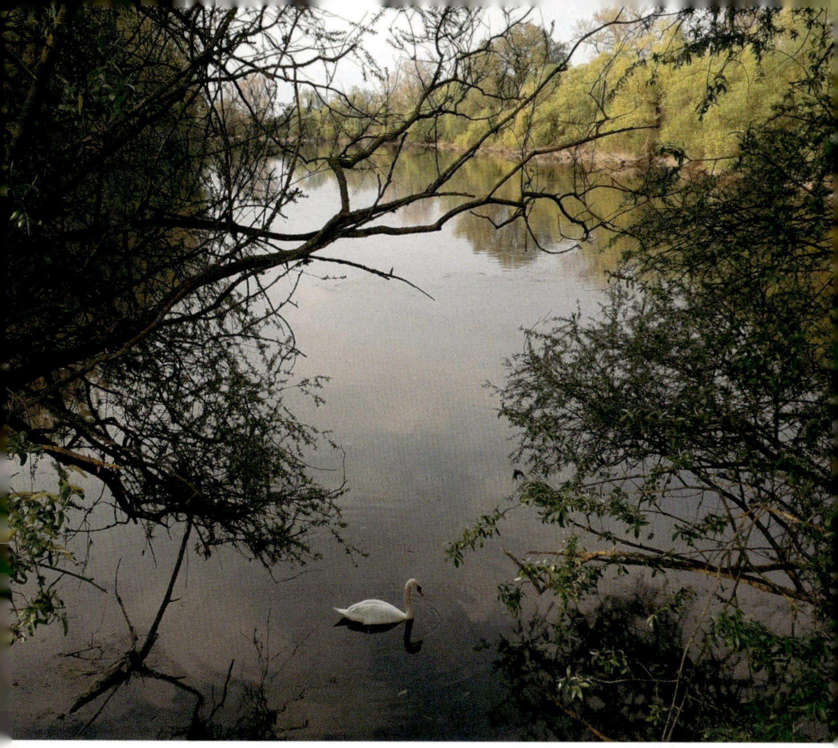

Am Nordende der Knoblochsaue verwandelte sich der Altrheinarm Schusterwörth in ein Vogelparadies.

voraus ein hoher, vergraster Damm auf. Ihn erklimmen wir und peilen das Wäldchen an, durch das der Schutzwall eine Linkskurve bis zur kreuzenden Parkplatz-Anfahrt beschreibt. Soll es gleich retour gehen, dann mit ihr rechts. Andernfalls verbleibt man auf der Deichkrone, um von erhöhter Warte die Biotope der **Bruderlöcher** einzusehen. 3

Hinter dem letzten wird links abgebogen und nach 250 Metern erneut links. Begleitet von einem niedrigen Damm finden wir nach 800 Metern zu besagter Anfahrt. Mit ihr links über den hohen Damm. Rechtsseitig taucht kurz dahinter das am Jahreswechsel 1882/83 entstandene **Neujahrsloch** auf. Unter halbhohen Eichen kann es umrundet werden, ehe man über historisches Kopfsteinpflaster zum Parkplatz zurückkehrt. 4

27 ÜBERIRDISCHE TOTENWELT

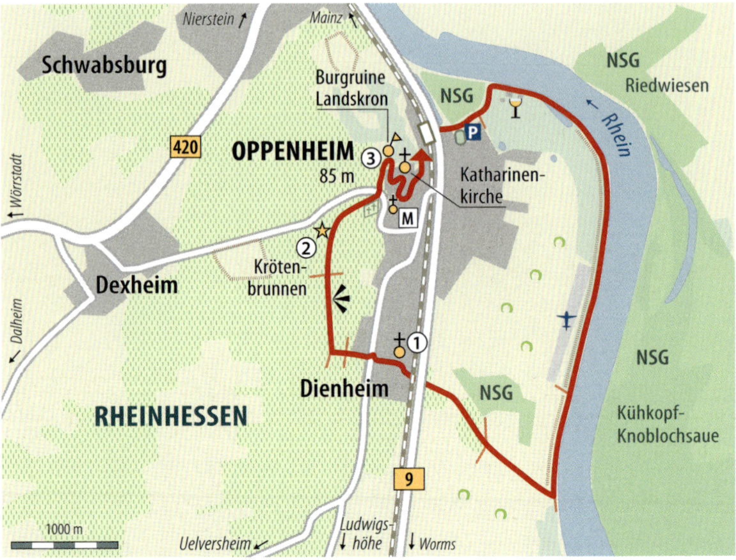

Oppenheim. Die weinfreudige Stadt am Rhein besitzt eine einzigartige Toten- und Unterwelt. Dem größten Beinhaus nördlich der Alpen stehen kilometerlange Gänge unter der gesamten Altstadt gegenüber.

Start: Am Oppenheimer Bahnhof und mit der Fährstraße zum Rhein; hier auch viel Parkraum
Länge: 12 km
Höhenmeter: 160 m
Einkehr: Unterwegs keine
Geöffnet: Die Katharinenkirche und der Außenbereich mit der Michaelskapelle stehen offen. Deutsches Weinbaumuseum, im Sommerhalbjahr täglich außer montags 14 bis 17, am Wochenende auch 10 bis 17 Uhr

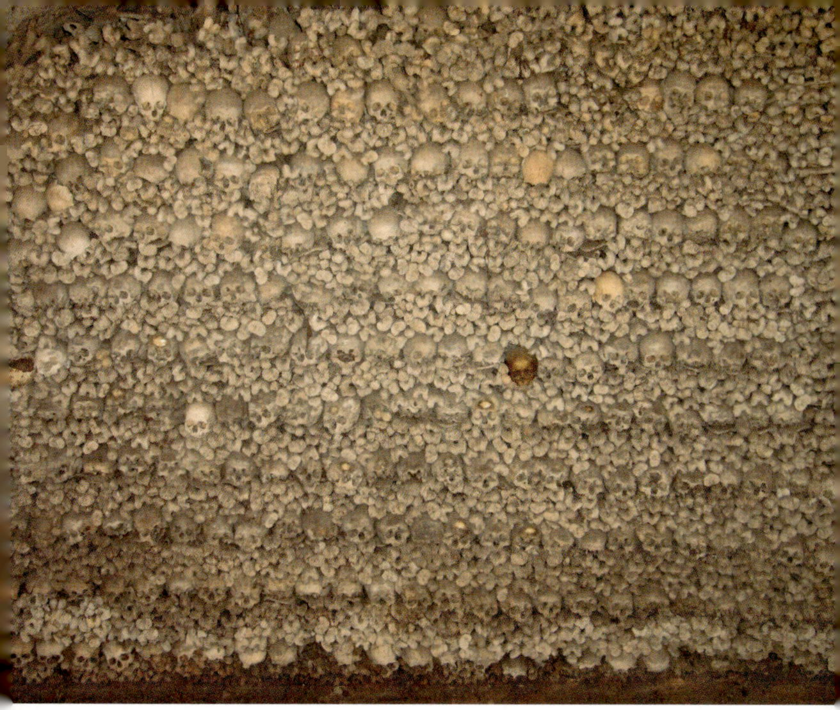

Wer hat sie je gezählt? Das offen einsehbare Beinhaus der Michaelskapelle an der Oppenheimer Katharinenkirche.

Sind es zwölf-, fünfzehn- oder gar zwanzigtausend Gebeine? Die Schätzungen über die Anzahl der Skelette im größten **Totenhaus** nördlich der Alpen schwanken, tendieren aber nach jüngeren Berechnungen zur höchsten Zahl. Das rheinhessische Oppenheim macht allerdings nicht viel Aufhebens um dieses einzigartige Zeugnis früheren Bestattungswesens – vielleicht weil der frei einsehbare Knochenberg in der **Michaelskapelle** hinter der **Katharinenkirche** als zu schockierend empfunden werden könnte.

Mit der buchstäblichen Auslagerung des Todes auf dezentrale Friedhöfe geriet gründlich in Vergessenheit, dass früher die Gräber in „geweihter" Erde die Kirchen umgaben. Die ohne Sarg knapp unter der Grasnarbe liegenden Leichen wurden aus Platzgründen üblicherweise nach wenigen Jahren entfernt und in den zumeist dem „Seelengeleiter" Erzengel Michael gewidmeten Ossarien gestapelt.

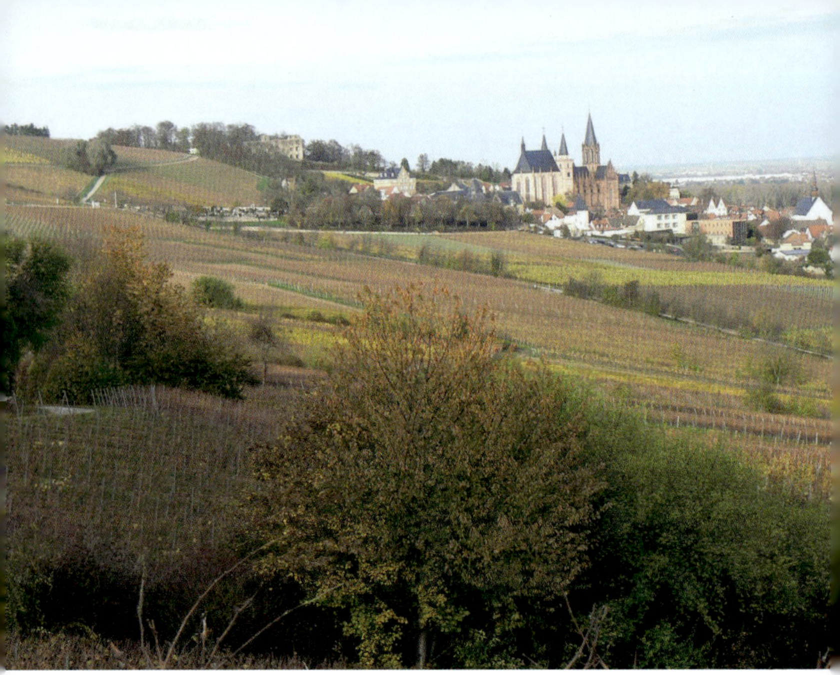

Mit jedem Schritt wächst die gotische Katharinenkirche höher über die Weinberge.

In Oppenheim freilich nur Schädel und Extremitäten. Das musste für den Glauben an eine leibliche Wiederauferstehung genügen.

Warum man hier gegen alle Gepflogenheit seit der Aufklärung und entsprechender Hygienemaßnahmen das Beinhaus nicht ausräumte, konnte nie recht geklärt werden, wenn auch das kirchennahe Gräberfeld nach Wasserverunreinigungen spätestens um 1800 ausgedient hatte. Zweifellos ist Oppenheim eine selbstbewusste Gemeinde, die schwerste Zerstörungen ab dem 17. Jahrhundert überwand und sich schon mal als vormalige Reichsstadt den Anordnungen ihres Landesherrn, der Kurpfalz, widersetzte. Dem Bildersturm seit Einführung des Calvinismus 1565 war sie machtlos ausgeliefert. An der Heiligen Katharina, eine der 14 Nothelfer, und Erzengel Michael hielt man fest.

Es grenzt an ein Wunder, dass die Katharinenkirche überhaupt noch steht. Dieses bedeutendste gotische Gotteshaus zwischen Köln und Straßburg wurde wie die Stadt mehrfach in Mitleidenschaft gezogen, und doch ist es nach langwierigen Restaurierungen seit Mitte des 19. Jahrhunderts heute beeindruckender denn je anzusehen. Alles war auf Repräsentation und Überhöhung ausgelegt. Mit Fialen und kunstvoll durchbrochenen Fensterbahnen gestaltete man die Schauseite zum Rhein viel aufwändiger als die gegen den Hang gestellte Nordwand. Am stimmungsvollsten zeigt sich der Kirchenraum, wenn Sonneneinstrahlung die aus sieben Jahrhunderten stammenden 44 Fensterflächen mit biblisch-sakralen und weltlichen Motiven nachgerade in geheimnisvolles Licht taucht.

Dass auch mittelalterliche Verglasung überdauerte, ist einer weiteren Besonderheit der Stadt zu verdanken. Sie durchzieht – wie erst seit den achtziger Jahren wiederentdeckt und teilzugänglich gemacht – über sieben Etagen ein mehr als 50 Kilometer messendes Netz unterirdischer, ungezählte Hohlräume berührende Gänge. Dorthin wurden die Kirchenfenster verbracht, so es rechtzeitig gelang, sie bei Gefahr auszubauen. Ansonsten lagerte man Vorräte und Wein. Die Fläche für die Haupteinnahmequelle wird früher freilich weitaus größer gewesen sein als die heute angebauten 700 Hektar Reben.

Wegbeschreibung

Die Umgebung Oppenheims zeigt zwei Gesichter. Amphietheatrig ansteigende Weinberge, denen das dicht bewachsene, teils naturgeschützte Rheinufer gegenübersteht. So erreicht man vom Bahnhof in kaum fünf Minuten auenartige Vegetation. Die von der B9 abzweigende Fährstraße führt direkt darauf zu.

Aus der Rechtskurve dann geradeaus, vorbei an hohen, mistelgeschmückten Pappeln zum nahen Fluss, der nach rechts die Richtung vorgibt. Nochmals treten Bäume und Buschwerk an einem **Festcamper-Platz** samt Lokal zurück, bevor sich der grüne Zaun schließt. Auf dem Deich dazwischen kommt man aber gut voran, hoch genug, um den Schiffsverkehr und das **Naturschutzgebiet Knoblochsaue** an der hessischen Rheinseite immer mal in den Blick zu nehmen.

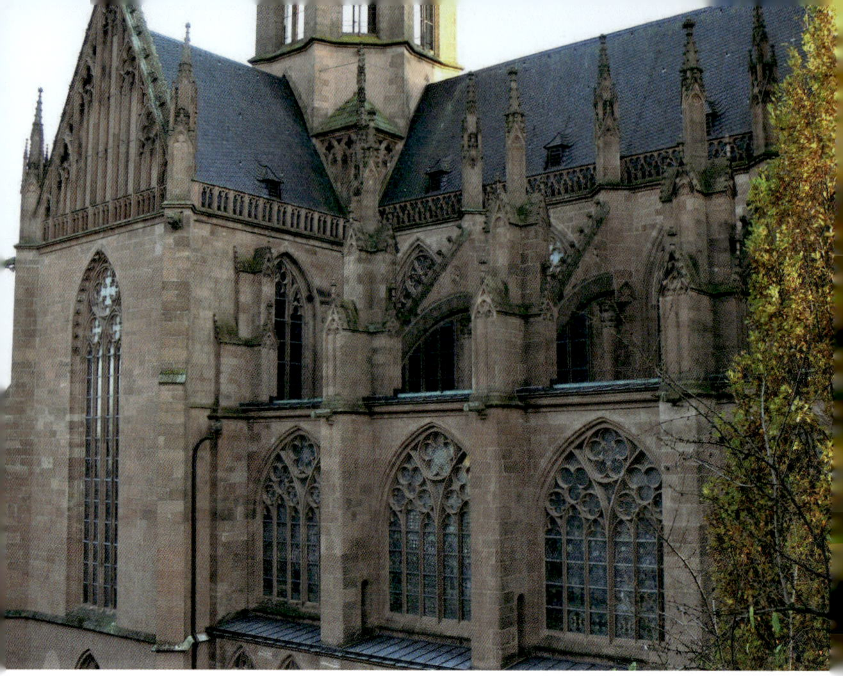

Die Rückseite der Katharinenkirche ist nicht ganz so aufwändig gestaltet, dennoch bildet sie ein harmonisches Ganzes.

Fast verdeckt bleibt der **Sportflugplatz** von **Dienheim**. Der an seinem Ende rechts abknickende Weg ist zu ignorieren, erst etwa 700 Meter weiter, vor der gepflasterten Freifläche, biegen wir rechts in den befestigten Wirtschaftsweg und halten nach Übersteigen eines hohen Damms zwischen Streuobst auf den von einem hellgelben Kirchturm überragten Ort zu. Der entpuppt sich als romanisch, den man beim spätbarocken Ausbau des Langhauses der **Bonifatiuskirche** ebenso beließ wie den gotischen Chor aus dem 15. Jahrhundert. Damit blieb auch die (wieder freigelegte) kostbare Ausmalung floraler Motive um eine Schutzmantelmadonna bewahrt. ❶

Der Kirchstraße folgen wir bis zur Einmündung in die Rheinstraße, wo der gelbe Zubringer für den Rheinterrassenweg bereitsteht. Mit ihm rechts und gleich links in die Wingerte. Ein kurzer Anstieg stellt die Verbindung zu dem Fernweg von Worms nach Mainz her. Der Name verspricht nicht zuviel – bei großartigem Panorama über den Rhein bis Odenwald und Darmstadt laufen wir zwischen den terrassenartigen Rebzeilen, während voraus die **Katharinenkirche** mit jedem Schritt höher aufragt.

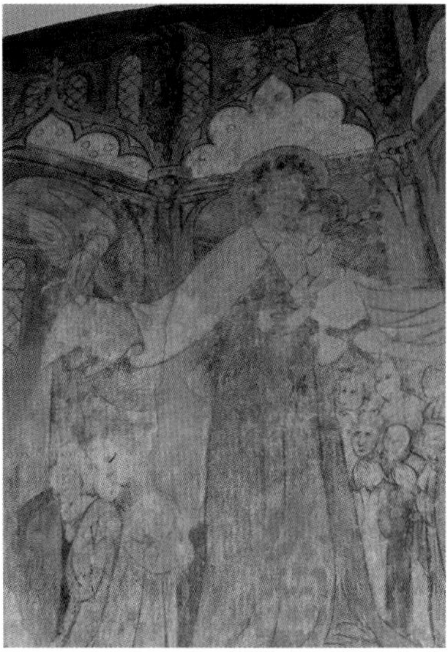

Das Motiv einer Schutzmantelmadonna in der gotischen Bonifatiuskirche von Dienheim.

Bei solchen Ausblicken nimmt man denn den einzigen Wermutstropfen nolens volens in Kauf: alle Weinbergswege sind befestigt. Schlussendlich auch die Passage inmitten der bekanntesten Oppenheimer Lage **„Krötenbrunnen"**, hier versinnbildlicht durch eine künstlerisch gestaltete Riesenkröte an einer Sitzgruppe. Der Brunnen wurde nach den Verunreinigungen des Grundwassers Ende des 18. Jahrhunderts ergraben. ❷

Anschließend schwenkt der Weg in weitem Rechtsbogen auf **Oppenheim** zu. Hinter dem **Friedhof** gelangt man durch das Gäutor direkt in die Altstadt, oder man hängt noch zur Steigerung der Fernsicht die Schleife über die **Burgruine Landskron** an, deren große Fensterhöhlen sich wie Gemälderahmen um die Katharinenkirche legen. Ein Treppenweg führt zu ihr und der **Michaelskapelle** hinunter. Ein **„Kirchgarten"** mit biblischen Pflanzen vervollständigt den stadtbeherrschenden Sakralbezirk. ❸

Für den Gang in die Ortsmitte nutzt man die Merianstraße bis zum Marktplatz und seinen beiden Antipoden, dem **Rathaus** mit doppeltem Staffelgiebel und der gotischen **Pfarrkirche St. Bartholomäus**, einst zu einem Franziskanerkloster gehörend. Über die Mainzer Straße geht es weiter hinab zu Bahnhof und Fährstraße.

28 EIN HESSISCHES „STONEHENGE“

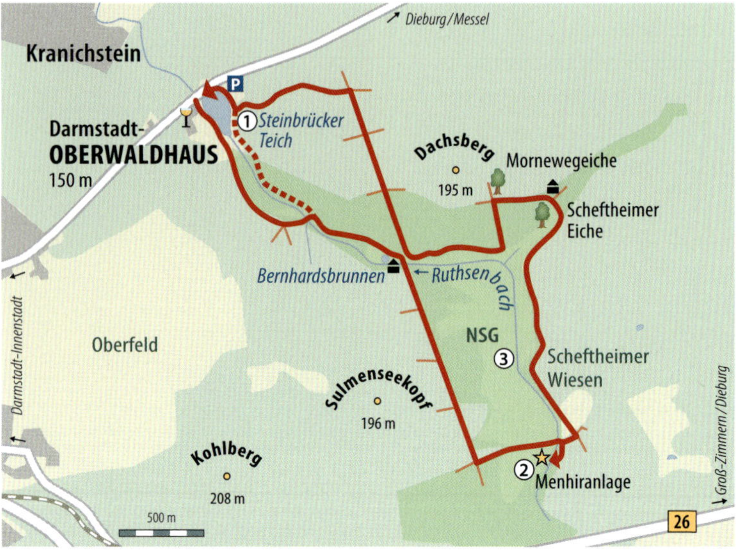

Darmstadt. Bescheiden, aber bedeutsam – die einzige jungsteinzeitliche Menhiranlage im hiesigen Raum. Gut zugänglich steht sie inmitten geschützter Wiesen und Wälder nicht weit vom Steinbrücker Teich.

Start: Am Oberwaldhaus/Steinbrücker Teich östlich von Darmstadt an der Straße in Richtung Messel. Davor hält der Bus und bestehen große Parkplätze

Länge: 9 km

Höhenmeter: gering

Einkehr: Restaurant „Oberwaldhaus“ (täglich geöffnet)

Geöffnet: Das Areal und die Freizeiteinrichtungen sind frei zugänglich

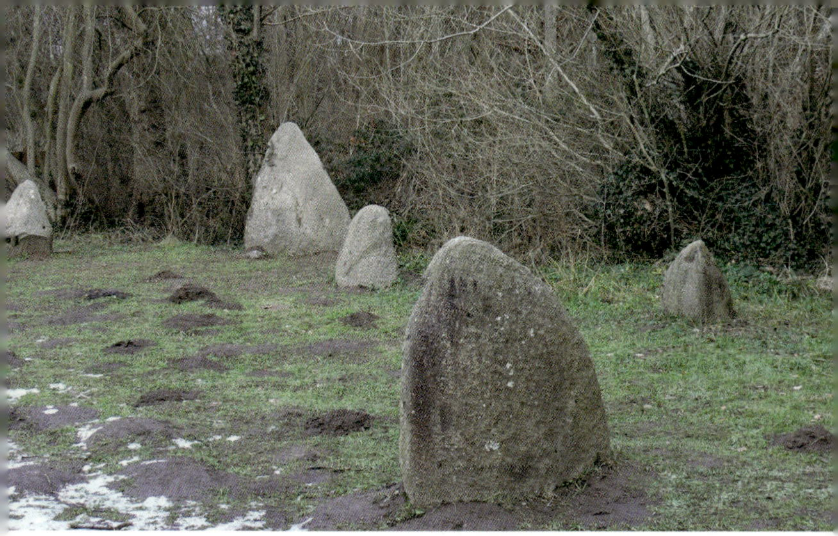

Eher unscheinbar und doch eine Seltenheit in Hessen – die vier- bis sechstausend Jahre alten Menhire an den Scheftheimer Wiesen bei Darmstadt.

„Obelix“ machte sie populär – Hinkelsteine. Als Betreiber eines Steinbruchs brauchte ihn der Absatz seiner Menhire nicht zu besorgen, schließlich lag das berühmte gallische Dorf von Asterix & Co. in der Bretagne, der Hochburg jener zur Jungsteinzeit als Solitäre oder in gezielter Anordnung aufgestellten Megalithe, wie sie in weiten Teilen Westeuropas vorherrschten und selbst heute noch beeindruckend sichtbar sind.

Schon zu Zeiten von Römern und Galliern dürfte freilich das Wissen verlorengegangen sein, warum es vor vier- bis sechstausend Jahren so wichtig war, rund und eckig behauene Steine in langen Reihen oder konzentrischen Kreisen anzulegen. Zweifellos dienten sie kultischen oder astronomischen Zwecken und gaben den verstreut lebenden Menschen Ausrichtung als Kalenderbauwerke und Stätten der Ahnen.

Im heutigen Deutschland blieben nur wenige Großsteinanlagen erhalten. Die meisten sind seit der Christianisierung über das Urbarmachen im Mittelalter bis zur Verwendung als Baumaterial für Straßen, Deiche, Kanal- und Gleisbetten verschwunden, und viel fehlte nicht, dann wäre auch Hessen in dieser Hinsicht ein weißer Fleck.

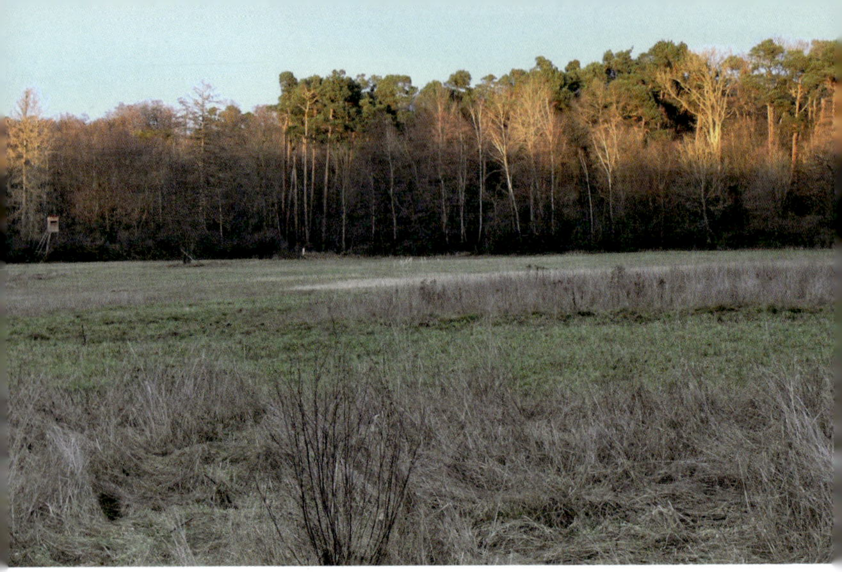

Ursprünglich für Jagdzwecke geschaffen, bilden die Wiesen heute ein geschütztes, von Verbuschung freigehaltenes Biotop.

Glücklicherweise hörte der Heimatforscher Heinrich Gunkel aber noch rechtzeitig, dass Bauern, von denen die **Scheftheimer Wiesen** östlich Darmstadts bewirtschaftet wurden, mit zunehmender Mechanisierung im Weg stehende Steine schredderten. Die Reste konnte Gunkel 1966 sichern, ahnend, dass die konisch geformten Brocken der Megalithkultur angehören.

So kam Hessen zu seinem ersten und einzigen „Stonehenge“, mag auch das hiesige Pendant etwas bescheidener ausfallen. Immerhin konnten einige Granitblöcke in mühevoller Arbeit teilzusammengesetzt und am Rande der ursprünglichen Fläche wieder aufgestellt werden. Dort waren sie allerdings jahrelang unzugänglich, da unterdessen (1993) die Scheftheimer Wiesen auf 166 Hektar geschützt wurden. Dank des Kulturhistorischen Vereins von Roßdorf fand sich später eine Lösung, indem man die Steingruppe umzäunt separierte und über einen Steg erreichbar machte.

Nebenbei entstand ein Beobachtungsposten für die gleichermaßen als Natur- und Kulturdenkmal bedeutsamen Wiesen. Ursprünglich durch wahlloses Abholzen im 16. Jahrhundert entstanden, bewahr-

te sie die Jagdleidenschaft der Hessen-Darmstädter Regenten, als man die Wälder bis weit ins 18. Jahrhundert entsprechend zurichtete.
Auf Freiflächen konnte das Wild besser äsen und von Holztribünen beim Eingestellten Jagen leicht erlegt werden. Zwischenzeitlich agrarisch genutzt, entwickelten sich die von einer ortsfesten Schafherde kurz gehaltenen Wiesen zu wertvollen Feuchtbiotopen, gleichfalls geschützt wie nun ein Großteil der ausgedehnten Laubwälder um Darmstadt.

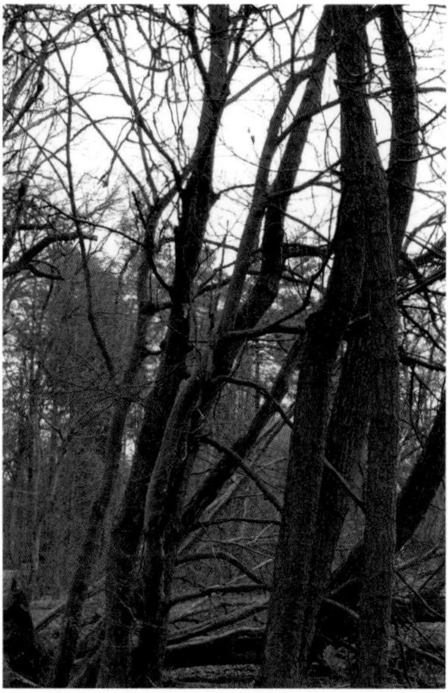

Auch die Darmstädter Wälder bleiben zunehmend unbewirtschaftet und dürfen sich natürlich entwickeln.

Wegbeschreibung

Auch der Startpunkt, der **Steinbrücker Teich** am sogenannten Oberwaldhaus, geht auf das Waidwesen zurück. Das Gewässer wurde zur Versorgung der benachbarten Fasanerie von 1715 gestaut, ergänzt 1902 durch einen architektonisch verspielten, bis heute bestehenden **Gasthof**. Davor hält der Bus und bestehen große Parkplätze. ❶

Ab dem Gebäude begleiten wir mit der gelben 2 das Ufer. Jenseits der Freizeitanlagen weist sie über das Gewässer hinaus in das Tal des von Erlen, Pappeln und prachtvollen Eichen gesäumten Ruthsenbaches. Umgestürzte Bäume bleiben seit einigen Jahren liegen, was bereits ein urwaldartiges Vegetationsbild schuf, vorbehaltlich schmaler Wiesenstreifen.

Am Ende des ersten nach etwa 500 Metern wechselt man links, rechts über das Bächlein, womit die 2 gegen die gelbe 1 eingetauscht wird. Sie säumt das Gewässer nun linksseitig, bevor es am

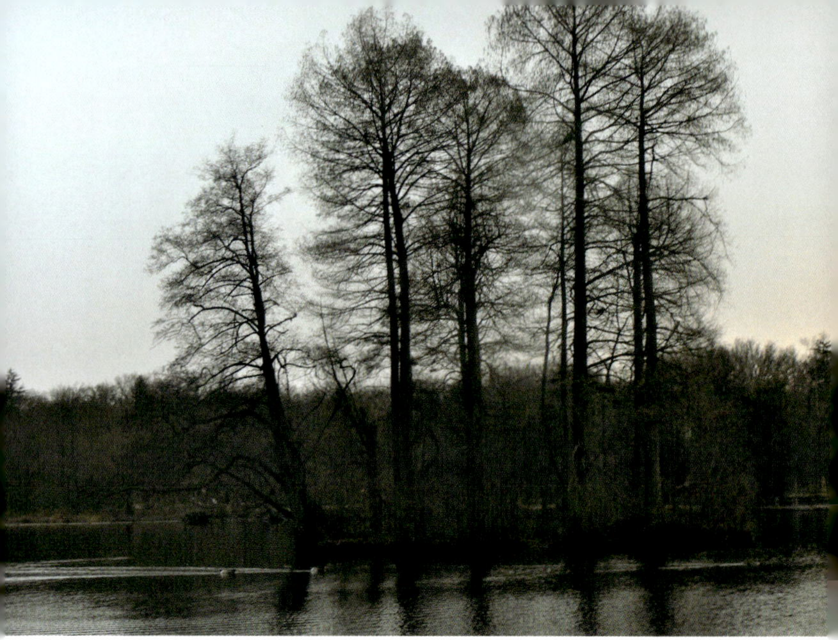

Selbst das heutige Natur- und Freizeitrefugium des Steinbrücker Teichs geht auf die Jagdanforderungen der Darmstädter Landgrafen zurück. Das Gewässer versorgte die nahe Fasanerie.

Bernhardsbrunnen und der dortigen **Schutzhütte** wieder hinüber- und geradeaus weitergeht. Hier nehmen wir schon mal die Kombination Da 4 (weiß) ins Visier. Ungeachtet anderer Markierungen löst sie die bald rechts wegknickende 1 ab, was jedoch für gut einen Kilometer nichts an der Richtung ändert. Dann erst schwenkt das Zeichen links ein und quert in ganzer Breite die **Scheftheimer Wiesen**. Drüben gelangt man kurz nach rechts zur angezeigten **Menhiranlage**. ❷

Zurück, setzen wir links mit Da 4 den Weg fort, nun stets in Sicht der weit geöffneten, nur gelegentlich von Röhricht- oder Heckenzonen unterbrochenen Grasfläche. Etwas nach rechts abgedrängt, fällt am nordöstlichsten Punkt die freistehende **Scheftheimer Eiche** auf; sie dürfte wie viele Baumveteranen über 300 Jahre alt sein. Und der nächste, jetzt wieder im Wald, lässt mit der **Mornewegeiche** nicht lange auf sich warten. ❸

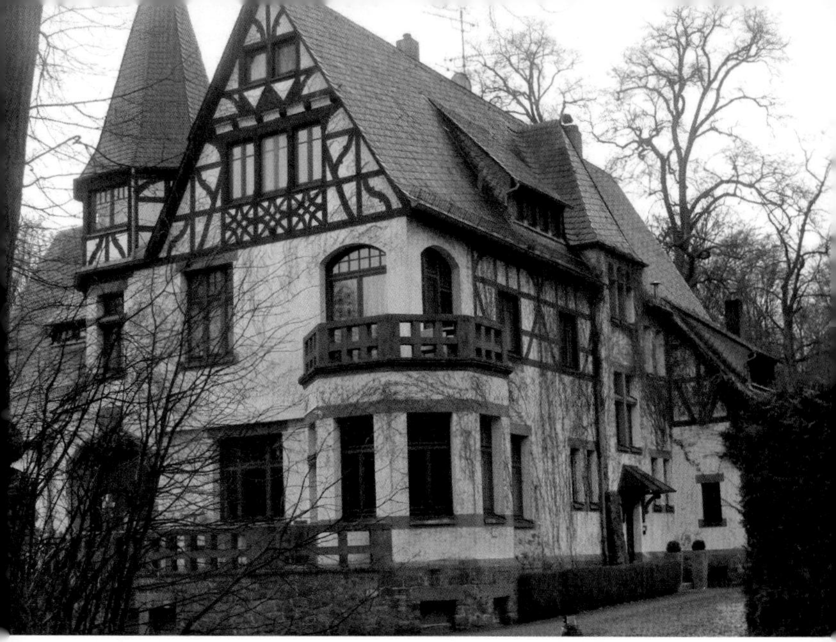

Der bereits in zweiter Generation geführte Gasthof Oberwaldhaus am Steinbrücker Teich.

Sie ist uns Signal, links leicht abwärts an den Rand des Naturschutzgebietes zurückzukehren und damit rechts zum Bernhardsbrunnen. Wahlweise kann das Auftaktstück retour gelaufen werden, alternativ später rechts vom Ruthsenbach verbleibend. Oder man hängt eine kleine Extraschleife dran, um auch Abwechslung ins Waldbild zu bringen.

Hierfür heißt es ab der Schutzhütte mit der gelben 2 rechts ansteigend. Ihren Linksabzweig nach 400 Metern folgen wir dann nicht, weil in Gestalt flächiger Birken ein überraschendes Intermezzo im dichten Buchen- und Eichenrund entdeckt sein will. Wo sie nahe einer Kreuzung 600 Meter weiter enden, biegen wir links zum gelben V ab. Mit ihm kommt man beschwingten Schrittes dem **Steinbrücker Teich** rasch näher; unten rechts zur etwas ruhigeren Ostseite, an der auch die meisten Wasservögel versammelt sind.

29 DIE GRÖSSE DER NATUR

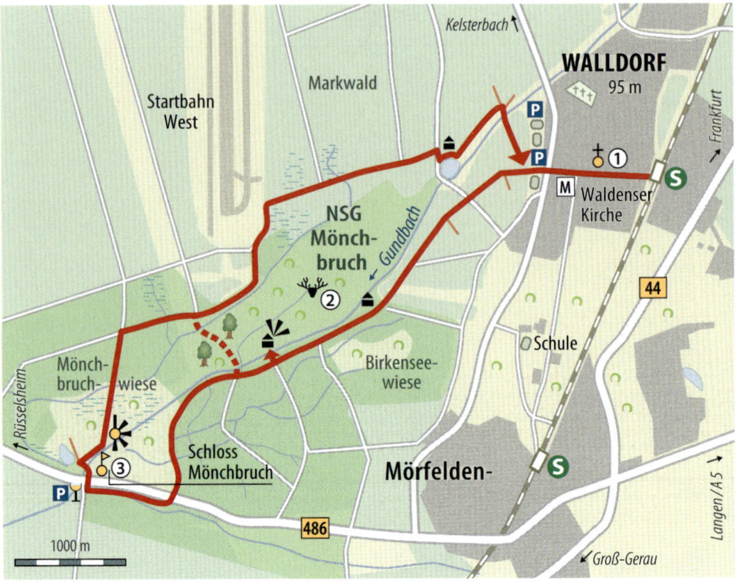

Mörfelden-Walldorf. Im Fadenkreuz der Verkehrsströme und doch ein Naturparadies: Die Stadt besitzt außergewöhnliche Wälder und Biotope, darunter mit dem Mönchbruch das zweitgrößte Naturschutzgebiet Hessens.

Start: Am S-Bahnhof von (Mörfelden-)Walldorf; Autofahrer finden hier, in der Langstraße oder am Sportzentrum viel Parkraum
Länge: 14 km; ab Sportzentrum 2 km kürzer
Höhenmeter: keine
Einkehr: Restaurant „Mönchbruch-Mühle“ (donnerstags Ruhetag)
Geöffnet: Heimatmuseum (Langstraße 96), donnerstags und sonntags 15 bis 18 Uhr

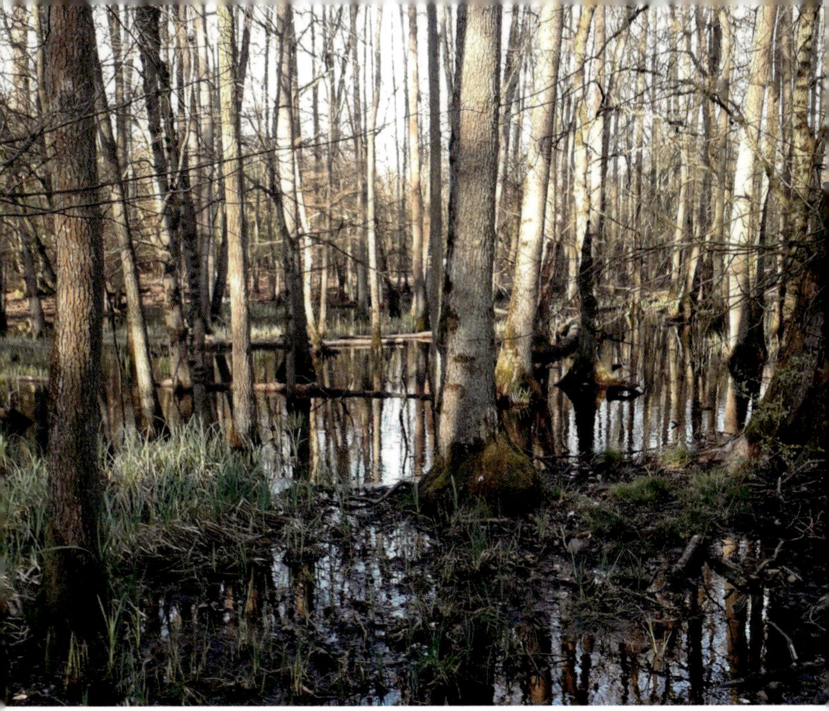

Wie der Name andeutet, war der Mönchbruch einst ein großes Sumpfgebiet.

Durch zwei der wichtigsten Nord-Süd-Autobahnen und Bahnstrecken geteilt, von mehreren Bundesstraßen geädert, und darüber die Lärmschleppe des Frankfurter Flughafens – wer so im Fadenkreuz der Verkehrsströme liegt, würde man den für die heimliche Hauptstadt Hessens in Sachen Naturschutz halten? Tatsächlich ist rund ein Viertel der 44 Quadratkilometer großen Gemeinde **Mörfelden-Walldorf** geschütztes oder FFH-Gebiet. Hinzu kommen ausgedehnte Wälder und vorbildlich renaturierte Flächen wie die frühere **Mülldeponie Oberwaldberg** und ihre benachbarten Seen.

Auf rund 100 Hektar belaufen sich die für ihre seltenen Pflanzen- und Insektenarten bekannten **FFH-Sandtrockenrasen** zwischen den beiden Stadtteilen, und mit dem **Mönchbruch** besitzt Mörfelden-Walldorf gar den Löwenanteil am zweitgrößten, rund 940 Hektar messenden Naturschutzgebiet Hessens. Nach einigen Erweiterungen seit 1954 erhielt es 1995 seine heutige Dimension,

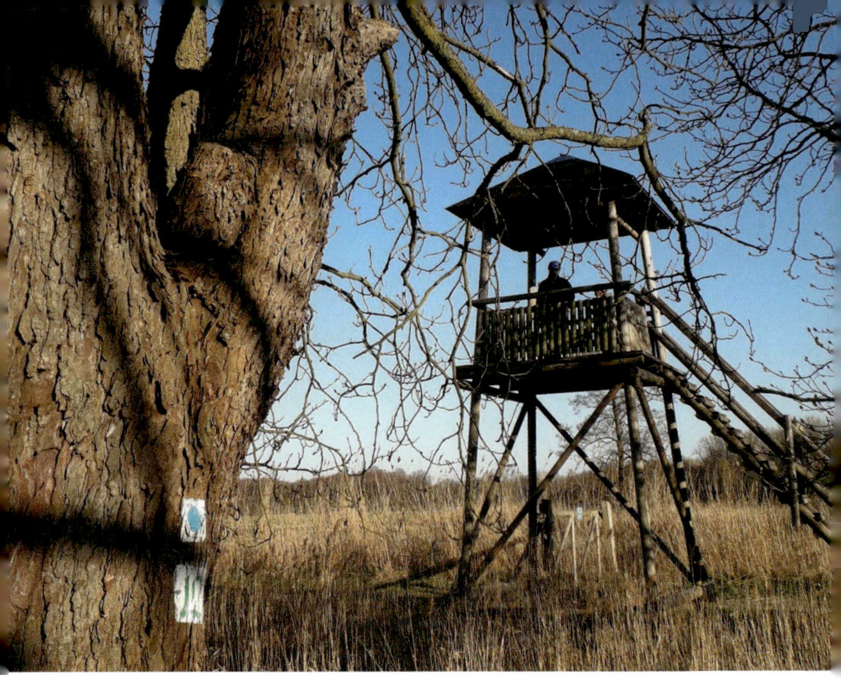

Heute ist das Gebiet mit 940 Hektar das zweitgrößte Naturschutzgebiet Hessens.

wobei nicht nur mehrere urwaldartige Biotope dazukamen. Nun ist auch der mit über vier Kilometern längste durchgängige Wiesenzug des Landes verbunden, bevölkert von einer vielhundertköpfigen Damwildschar.

Die Nähe zum Flughafen scheint sie kaum zu stören, und selbst Befürchtungen in den achtziger Jahren, das Areal könnte durch den Bau der Startbahn West versteppen, bewahrheiteten sich nicht. Ganz im Gegenteil liegt der eigentliche Wert des Mönchbruchs in seiner außerordentlichen Artenvielfalt, resultierend aus gleichermaßen trockenen wie feuchten Gebieten. Alleine rund 540 verschiedene Pflanzen, darunter 60 bestandsgefährdete, werden gezählt.

Was heute geschützt und bewundert wird, ist letztlich auch Kulturlandschaft und nur mit des Menschen tatkräftiger Unterstützung in dieser Form zu bewahren. Insbesondere dem Verbuschen der ursprünglich für Jagdzwecke angelegten und später durch Torfabbau

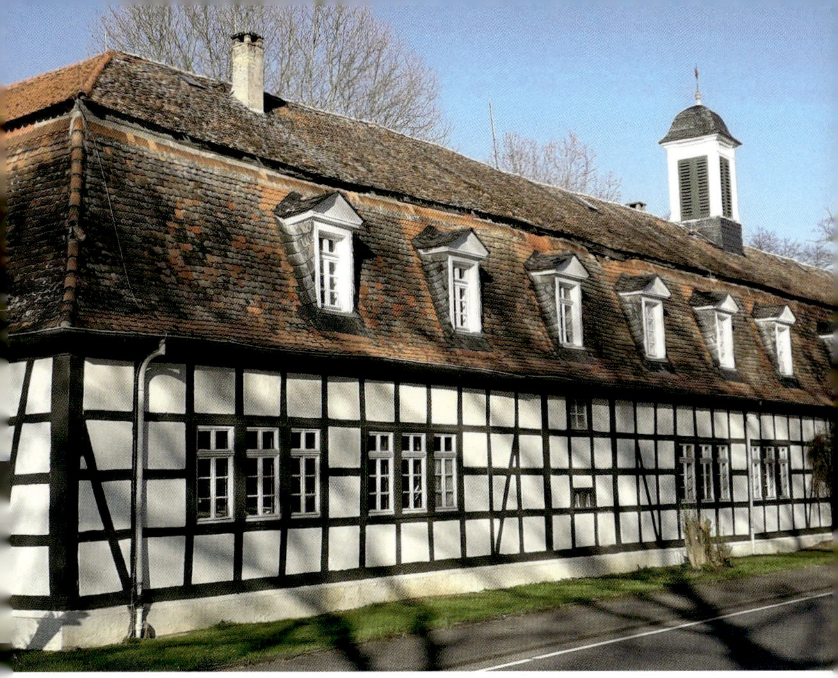

Wendepunkt der Tour ist das frühere Jagdschloss Mönchbruch der Landgrafen von Hessen-Darmstadt.

geschaffenen zentralen Wiese muss regelmäßiges Mähen entgegenwirken. Nicht alle Triebe mag das Damwild.

Gleichwohl bewahrten Kargheit und Morast den Mönchbruch vor dem Roden und landwirtschaftlicher Nutzung. Für die 1699 durch Landgraf Ernst-Ludwig von Hessen-Darmstadt in Walldorf angesiedelten Glaubensflüchtlinge („Waldenser") aus den Savoyer Alpen war dies nur ödes Land und bewog die meisten weiterzuziehen.

Gerade 15 Familien genügten jedoch, um aus dem „welschen Dorf" eine blühende Stadt werden zu lassen. An die Anfänge erinnern noch eine Hofreite von 1717 (heute **Heimatmuseum**) und das 1805 neu aufgeführte **Kirchlein**. Sie bildeten das Zentrum zwischen den einstöckigen Fachwerkhäuschen der unterdessen auf einen Kilometer angewachsenen Langstraße. Heute der direkte Weg vom Bahnhof zum Mönchbruch.

Wegbeschreibung

Bei Anfahrt mit der S-Bahn, Station Walldorf, findet man gegenüber den Zugang in die Langstraße. Wie die ersten stehen die meisten Häuser giebelseitig zur Fahrbahn. Fast zehn Minuten geht das so, ehe **Waldenserkirche** und das **Heimatmuseum** auftauchen. ❶

Begleitet von großformatigen Tafeln mit Episoden aus den Frühtagen der Kolonie läuft man weiter zum Ende der Straße vor einem **Sportzentrum**. Gleich danach erreichen wir auf breitem Weg den Wald, gekennzeichnet durch Radweg 8 sowie dem grünen Fraktur-L des Lutherwegs. Zwischen den Bäumen schimmert bald die **Mönchbruchwiese**, die am besten aus zwei **Schutzhütten** einsehbar ist. Die zweite, nach Genoveva benannt, überrascht mit Wohnzimmeratmosphäre: Bilder und Bücher an den Wänden, und von gepolsterten Sitzbänken aus lässt sich das Damwild bequem beobachten. ❷

Allerdings äst es mitunter so entfernt, dass es erst per Feldstecher näherrückt. Sumpfige Zonen meidet es ganz. Sie liegen vor allem westlich der Eichenallee, an der das Offenland abkürzend gequert werden kann. Der weite Bogen über das **Jagdschloss Mönchbruch** ist freilich jeder Meter wert: Linkerhand säumen umgestürzte Bäume den Weg und rechts breiten sich nun Schilf, Seggen oder Knabenkraut aus.

Selbst an der Bundesstraße 486 dominiert dieses Bild, wenn wir sie nach Durchschreiten eines Metallgitters auf dem Fußweg der anderen Fahrbahnseite rechts begleiten. Retour geht es in Höhe des Hotel-Restaurants gegenüber vom Fachwerk-Schlösschen Mönchbruch, eine der vielen jagdlichen Einrichtungen der Hessen-Darmstädter Landgrafen aus dem 18. Jahrhundert. ❸

Dahinter schließen wir erneut ein Metalltor und halten kurz danach rechts auf eine **Aussichtsplattform** zu. Sie markiert den Beginn einer Kastanienallee über die Flachwasserzone zum nahen Forst. Auch hier bleibt das Altholz unter hohen Eichen liegen, bietet aber lichte Zonen für großflächige Bärlauchteppiche.

Etwa 500 Meter nach dem Waldeintritt knickt man an der Kreuzung rechts in Richtung **Stangenpyramide** ab (Walldorf ist am So-

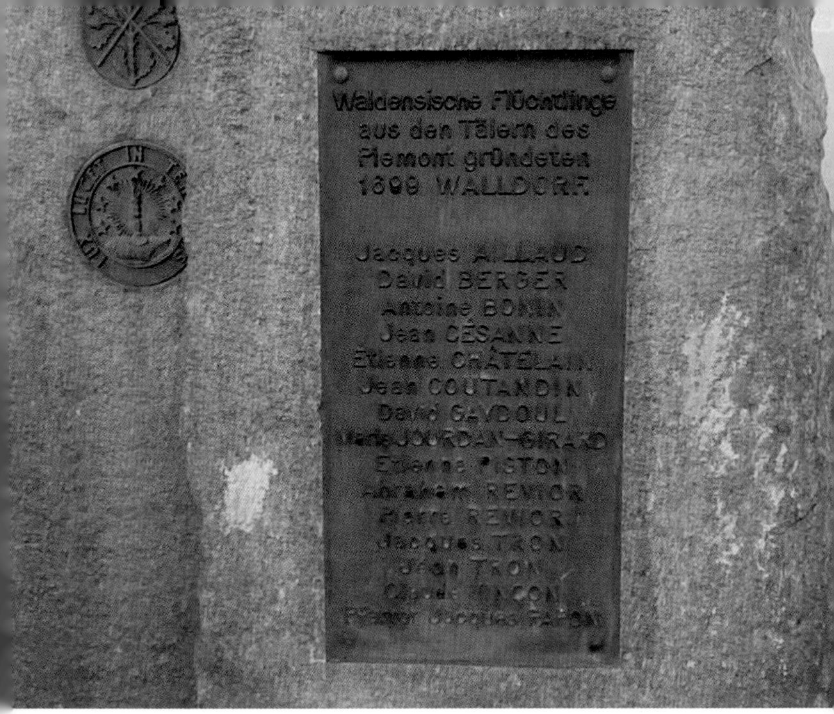

Erinnerung an die Aufnahme der ersten Siedler von Walldorf 1699, religiös verfolgte Waldenser.

ckel angezeigt). Damit ändert sich erneut die Vegetation. Erste Kiefern und Birken deuten trocken-sandige Böden an, verdichtet seit der Hochspannungstrasse und dem Linksschwenk ein Stück weiter gen **Startbahn West**.

Man umrundet die rechte vordere Ecke und folgt dem Zaun etwa 200 Meter, bis in die Schneise mit Radweg 6 rechts abgebogen wird. Schnurgerade stellt der streckenweise etwas holprige Weg über gut 1.500 Meter die Verbindung zu einem idyllischen **Angelteich** her. An dessen linker Seite heißt es dann entlang, überwechselnd in das breite Wiesental des Gundbachs. Einige Hundert Meter später queren wir ihn per Holzbrückchen nach rechts, dem sich eine letzte Waldpartie anschließt, endend am Sportzentrum. Zur S-Bahn geht es retour wie gekommen.

30 WAS DIE STADT ZUSAMMENHÄLT

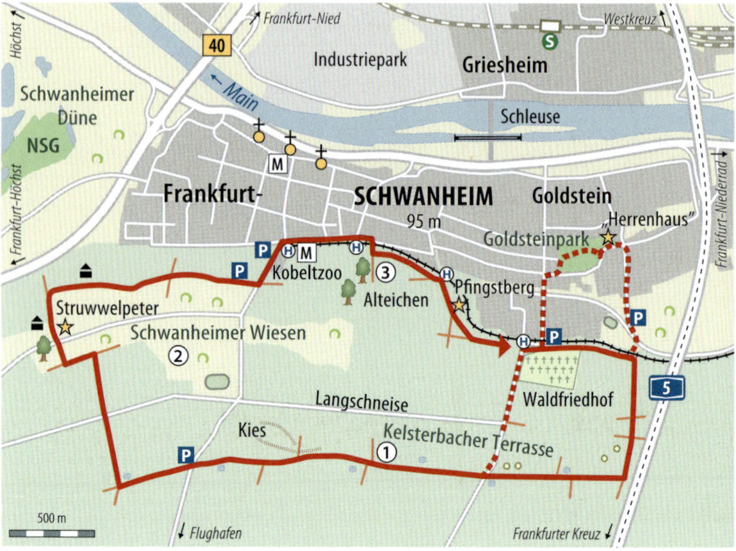

Frankfurt-Schwanheim. Eine Erfolgsgeschichte – seit 1991 schützt der „Grüngürtel" ein Drittel des Stadtgebiets vor Begehrlichkeiten. Mit Wäldern, Wiesen und Alteichen ist der Südwesten besonders vielfältig.

Start: An der Straßenbahn-Haltestelle Waldfriedhof in Frankfurt-Goldstein; davor ein langer Parkstreifen
Länge: 10 (12) km
Höhenmeter: gering
Einkehr: Unterwegs keine; in Schwanheim ist die Apfelwein-Wirtschaft „Frankfurter Hof" eine Institution
Geöffnet: Heimatmuseum (Alt-Schwanheim 6), sonntags 14 bis 16 Uhr; Verkehrsmuseum, sonntags 11 bis 17 Uhr

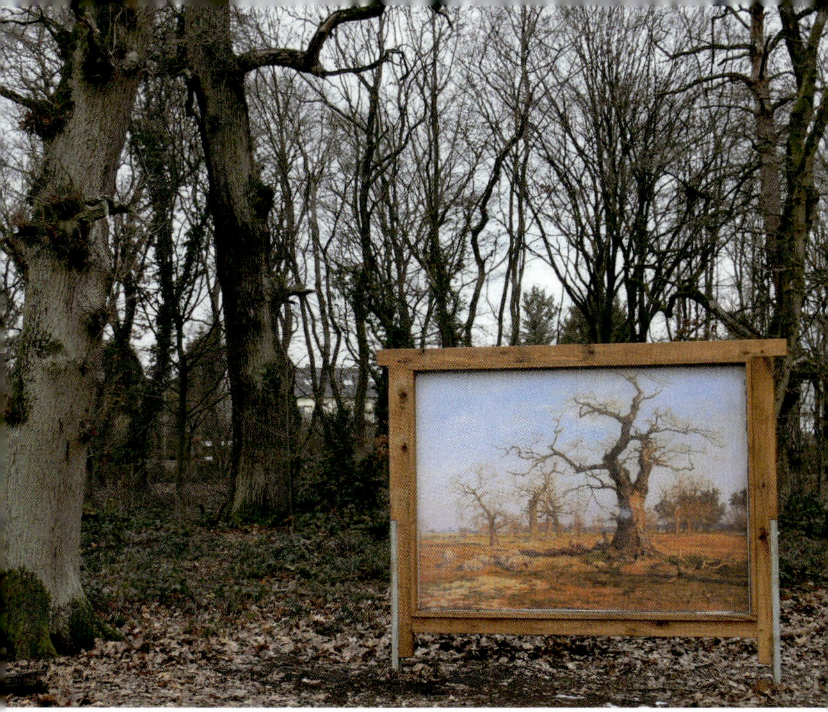

Gemälde und Gemalte: Fritz Wucherers als Replik aufgestelltes Werk von 1899 „Bei den Schwanheimer Eichen" zeigt, dass die einst der Viehmast dienenden Bäume noch stehen. Nur das Umfeld hat sich stark verändert.

An einem Tag ist er nicht abzugehen, der 65 Kilometer messende Rundweg des Frankfurter Grüngürtels. Neben einer etwas längeren Radroute steht er für das Band, das die 1991 begründete Grünzone rings um die Mainmetropole sichtbar und symbolträchtig zusammenhält. Und doch berührt die Schleife nur den geringsten Teil jener 8.000 Hektar, entsprechend einem Drittel der Gesamtfläche, die seit einstimmigem Beschluss der Stadtverordneten dem geläufigen Denken entzogen sind, in freien Arealen primär Bauerwartungsland zu sehen.

Trotz zunehmenden Siedlungsdrucks blieb der alle Landschaftsformen berücksichtigende Grüngürtel – Wälder, Obstwiesen, Felder, Biotope, Parks – bis auf wenige Hektar unangetastet. Vor einer Zweckentfremdung bewahrt ohnehin den größten Teil die Auswei-

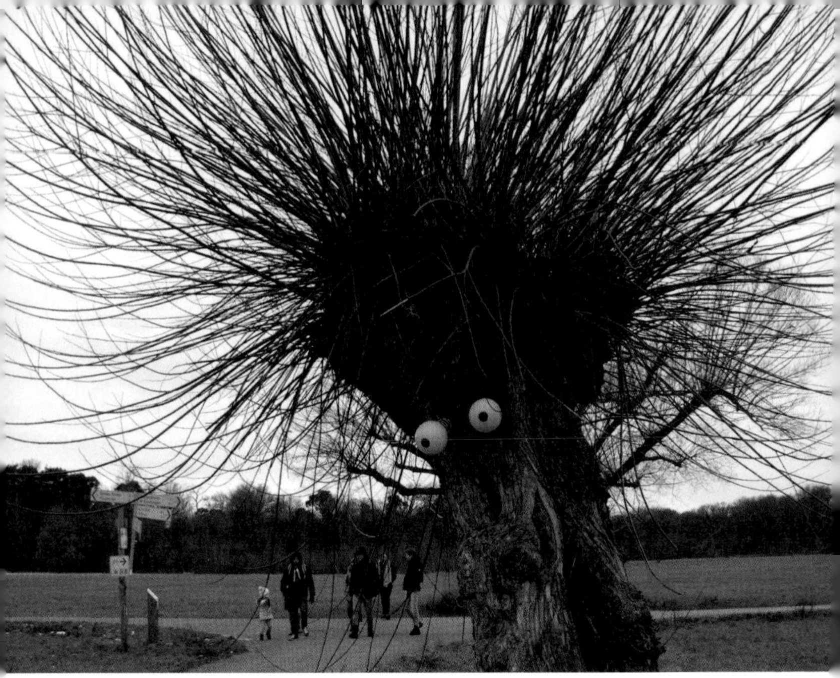

In jüngerer Zeit brachte die Kreativität eigenwilligere Werke hervor. Künstler der sogenannten Neuen Frankfurter Schule durften den Grüngürtel witzig-hintersinnig bereichern. Etwa mit dem von F.K. Waechter geschaffenen „Struwwelpeter".

sung als Natur- oder Landschaftsschutzgebiete. Ihre Besonderheiten sind denn auch die Leitschiene des **Grüngürtelwegs**.

Vom Berger Rücken folgt er im Norden vorwiegend dem Einzugsgebiet der Nidda, springt bei Höchst über den Main, berührt die Schwanheimer Düne und durchmisst dann den gesamten Stadtwald. Zweifellos bildet er das Herzstück, nicht nur nach Ausdehnung (über 4.000 Hektar) und als Frischluftmotor, er ist auch historisch eng mit der Mainmetropole verbunden. Durch den Erwerb des Königsforstes 1372 stieg Frankfurt zur Reichsstadt auf, und hier, geht man noch stärker zurück, liegen seine Anfänge buchstäblich begraben.

Konservierend wirkte insbesondere die **Kelsterbacher Terrasse** nahe Schwanheim. Diese bis 20 Meter hohe, kilometerlange Geländestufe wurde vor etwa 100.000 Jahren vom ungleich mächtigeren

Main aus nacheiszeitlichem Schwemmgut abgelagert. Hochwasserfrei am Rande einer fruchtbaren Senke, zog sie bereits früh Menschen an, was sich in zahlreichen Hinterlassenschaften niederschlug. Erste Artefakte werden einem etwa 60.000 Jahre alten Hominiden zugeschrieben.

Auch die jüngere Vergangenheit des erstmals anno 880 genannten „Sueinheims" findet im Landschaftsbild ihren Niederschlag. Die jahrhundertelang vorherrschende Weidewirtschaft hat mit den **Schwanheimer Wiesen** ein bedeutendes Grasbiotop geschaffen. Sie werden von Verbuschung freigehalten wie ihr Gegenstück, die Alt- oder Huteeichen, von zu starkem Unterwuchs. Allein das zum Fressen in die Wälder getriebene Vieh ermöglichte das Auswachsen der Bäume zu mehrhundertjährigen Patriarchen.

Im 19. Jahrhundert von der Kronberger Malerkolonie als Augenweide entdeckt, dann aufgeforstet und verstruppt, sind die rund 500 Jahre alten Eichen im Rahmen der Grüngürtelmaßnahmen unterdessen „freigestellt". Fritz Wucherers Gemälde von 1899 „Bei den Schwanheimer Eichen" steht zum Vergleich mit der damaligen Ansicht als großformatige Kopie daneben.

Wegbeschreibung

Wanderstart ist an der Straßenbahn-Haltestelle Waldfriedhof in Goldstein. So nicht ein Abstecher zum **Goldsteinpark** unternommen wird, folgt man den Gleisen links über die nächste Station Waldau hinaus und kurz danach rechts in die gleichnamige Waldschneise.

Dort schließt sich auch die Runde bei einer Extraschleife: Dann am Parkplatzende in den autofreien Tannenkopfweg und weiter dessen Verlängerung jenseits der Straßburger Straße. Aus dem nächsten Sträßchen (Am Wiesenhof) heißt es rechts, begleitet von mächtigen Eichen, zum Goldsteinpark, eine der ersten Anlagen Heinrich Siesmayers mit beeindruckendem Baumbestand auf hohen Flugsanddünen.

Entgegengesetzt steht das um 1860 anstelle einer mittelalterlichen Wasserburg der Frankfurter Patrizierfamilie Goldstein entstandene

Herrenhaus. Etwas dahinter, ab der Kreuzung mit Obstgeschäft, gelangt man rechts in die Straße Zur Waldau; weiter an ihrem Ende am Zaun der **Sportanlage** gegenüber entlang, ausgangs rechts und gleich links über die Gleise zu besagter **Waldauschneise**.

Pünktlich steht hier das stilisierte G (weiß) für den Grüngürtelweg bereit. Zunächst eben, nimmt es Schwung zum Entern der **Kelsterbacher Terrasse**. Oben weist es rechts ein. Die einstige Ausdehnung lassen die noch in bemerkenswerter Höhe erhaltenen Grabhügel der Bronze- und Eisenzeit erkennen. Erst wenn wir die **Unterschweinstiegschneise** passiert haben – über die sich vom **Waldfriedhof** auch verkürzend einsteigen lässt –, stürzt die Flanke rechts steil ab. ❶

Ihre Gleichförmigkeit verrät unschwer menschlichen Eingriff, und tatsächlich fehlt es nicht an einer Erläuterung, dass der 1888 eröffnete Frankfurter Hauptbahnhof auf Schwanheimer Kies gründete. Über einen Kilometer wurde das nördliche Plateau abgetragen. Die tiefsten Narben umgeht der Weg später mit Linksbogen, wobei vermehrt Kiefern auftreten. Dominierend sind freilich Buchen und Eichen, so auch nach Kreuzen einer Straße.

Etwa 500 Meter dahinter knickt das Zeichen an einem der vielen **Wasserwerke** scharf rechts ab und durchmisst die hier von Abbau unberührte Terrasse auf ganzer Breite. Voraus erkennen wir bald die Schwanheimer Wiesen, knapp davor links und 200 Meter weiter rechts die einst gemeinschaftlich genutzte Viehweide gequert. Kaum zu übersehen ist an einer Kreuzung **„Struwwelpeter“**, dessen Haare eine Kopfweide bilden. Dieses durch F. K. Waechter gestaltete Opus gehört ins Umfeld der „Neuen Frankfurter Schule“, deren Protagonisten den Grüngürtel künstlerisch aufwerteten und ihm auch sein phantasievolles, von Robert Gernhardt geschaffenes Symboltier schenkten. ❷

Drüben, wieder im Forst, biegen wir in den ersten Weg rechts ab. Jetzt bleibt das G zurück, was wenig am aufgelockerten Waldbild ändert. Mit Blick zur Wiese ist in zehn Minuten ein **Spielpark** erreicht; dort links neben der Straße hinüber zur Endstation der Linie 12 vor dem ältesten Stationsgebäude Frankfurts von 1888. Ein

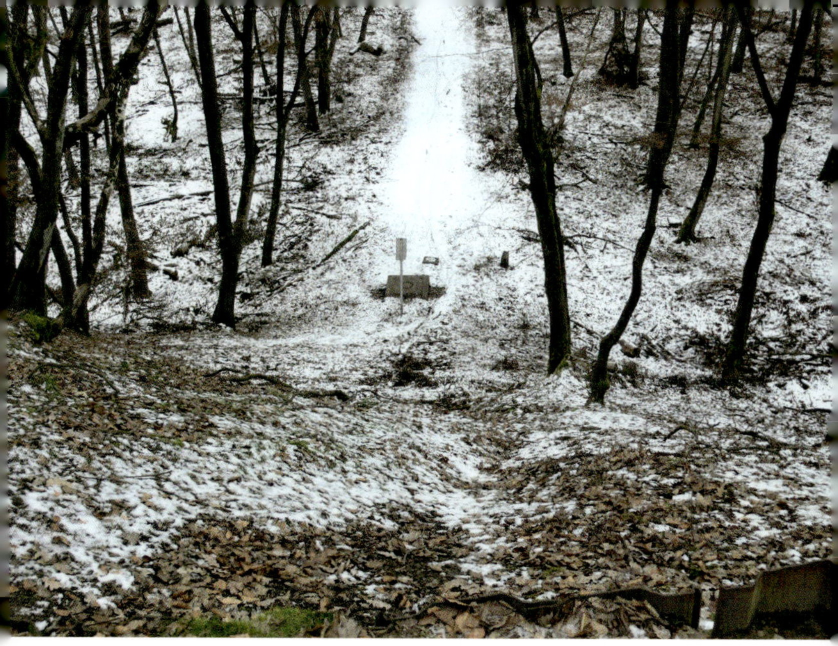

Nacheiszeitliches Schwemmgut des Mains bildete die bis 20 Meter hohe Kelsterbacher Terrasse. Hochwasserfrei war sie früh besiedelt, wie die Funde von bis zu 60.000 Jahre alten Artefakte belegen.

früheres Depot dahinter dient dem **Verkehrsmuseum**, einer Sammlung aller Fahrzeuge, die je Frankfurter Schienen befuhren.

Weiter dann neben den Gleise in der Rheinlandstraße bis zum frühestmöglichen rotweiß beschrankten Übergang und jenseits links in den Wald. Nicht lange, und die „tausendjährigen" Eichen recken ihr bizarr ausgewachsenes Geäst in den Himmel; nach einigen Hundert Metern entdeckt man auch die übergroße Replik von Fritz Wucherers Gemälde. 3

Am nahen Querweg biegen wir rechts ein und bald im ausholenden Linksbogen durch weitere der gut 30 Eichenveteranen. Wo sie erhöht stehen, ist der **Prinzenberg** angezeigt. Früher, als das Gelände dahinter noch unbebaut war, feierten die Schwanheimer gerne an der eiszeitlichen Flugsanddüne. Kurz danach begleitet man den Gleiskörper, und dann kommt auch schon der Ausgangspunkt in Sicht.

REGISTER

A

B

D

E

F

G

H

M

N

O

P

Q

R

S

U

W

DER AUTOR

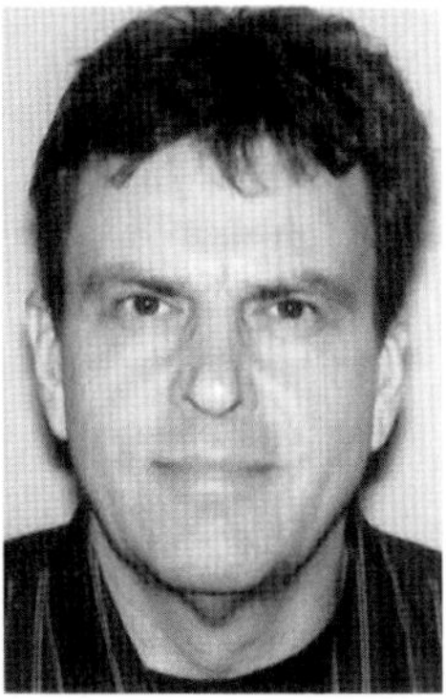

Seit Kindesbeinen ist Thomas Klein im Rhein-Main-Gebiet und den Nachbarregionen unterwegs. Erst mit den wanderbegeisterten Eltern, dann für touristische und kulturelle Einrichtungen und schließlich als Kolumnist der Frankfurter Allgemeinen Zeitung, zunächst in der Sonntagsausgabe, dann ab 2005 für die legendäre, bis in die sechziger Jahre reichende Wanderreihe. Zuletzt wurde sie um eine Online-Version erweitert mit der Möglichkeit, den Verlauf (Track) für GPS-Geräte herunterzuladen. Klein gewann 2008 den 3. Hessischen Journalistenpreis für eine Reportage über den Nationalpark Kellerwald-Edersee.

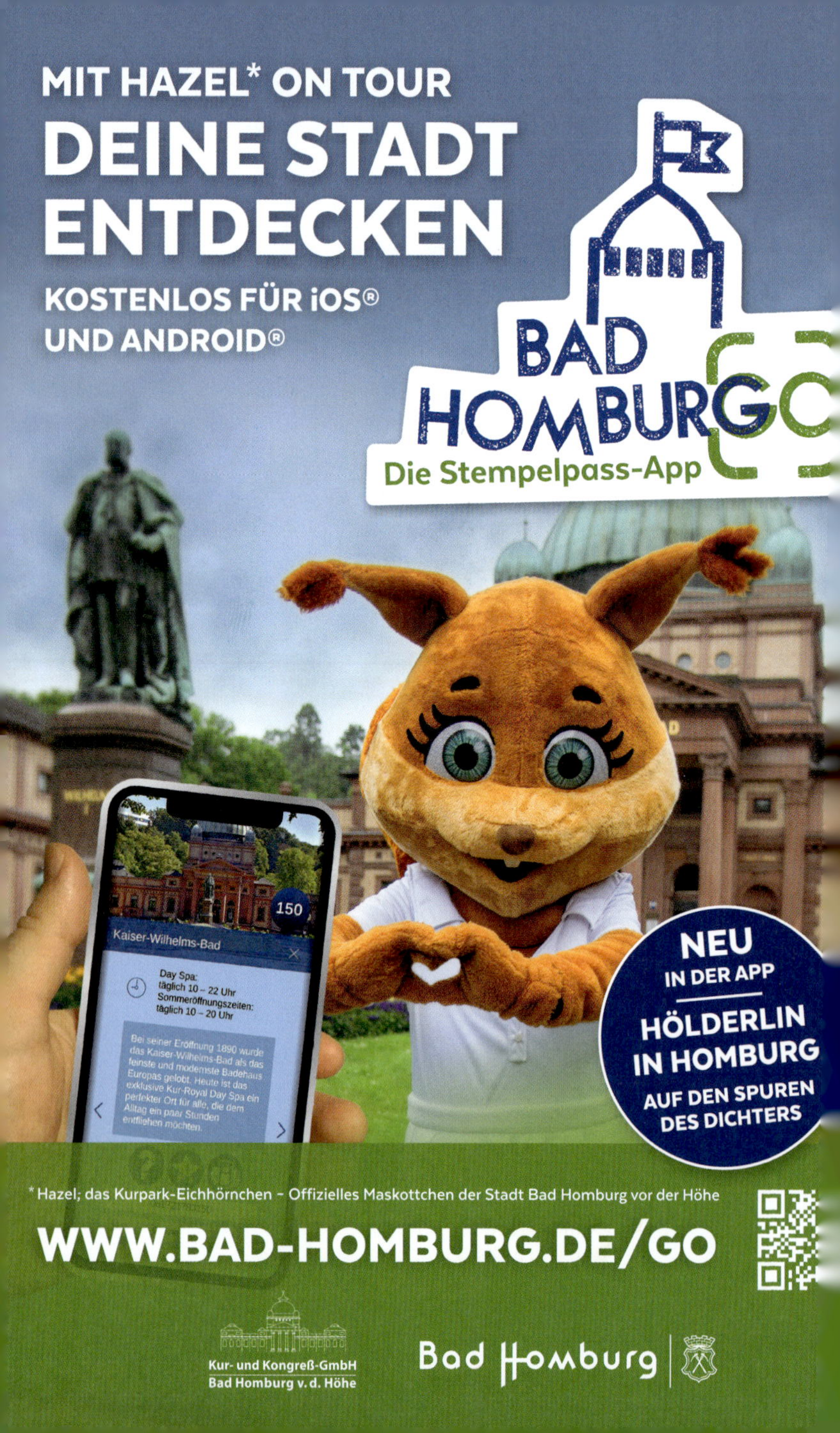

MIT HAZEL* ON TOUR
DEINE STADT ENTDECKEN
KOSTENLOS FÜR iOS®
UND ANDROID®
BAD HOMBURG GO
Die Stempelpass-App
150
Kaiser-Wilhelms-Bad
Day Spa:
täglich 10 – 22 Uhr
Sommeröffnungszeiten:
täglich 10 – 20 Uhr
Bei seiner Eröffnung 1890 wurde das Kaiser-Wilhelms-Bad als das feinste und modernste Badehaus Europas gelobt. Heute ist das exklusive Kur-Royal Day Spa ein perfekter Ort für alle, die dem Alltag ein paar Stunden entfliehen möchten.
NEU
IN DER APP
HÖLDERLIN IN HOMBURG
AUF DEN SPUREN DES DICHTERS
* Hazel; das Kurpark-Eichhörnchen – Offizielles Maskottchen der Stadt Bad Homburg vor der Höhe
WWW.BAD-HOMBURG.DE/GO
Kur- und Kongreß-GmbH
Bad Homburg v. d. Höhe
Bad Homburg